全球文明史译丛

主编：王献华　周楠

绿林社
AGORA
学 术 支 持

Sarah Maza
The Myth of the French Bourgeoisie

法国资产阶级
一个神话

萨拉·梅萨 著
郭科 任舒怀 译
周楠 译校

ZHEJIANG UNIVERSITY PRESS
浙江大学出版社

图书在版编目（CIP）数据

法国资产阶级：一个神话／（美）萨拉·梅萨著；郭科，任舒怀译.—杭州：浙江大学出版社，2018.8
书名原文：The Myth of the French Bourgeoisie: An Essay on the Social Imaginary, 1750-1850
ISBN 978-7-308-18327-7

Ⅰ．①法… Ⅱ．①萨… ②郭… ③任… Ⅲ．①资产阶级-研究-法国 Ⅳ．①D756.561

中国版本图书馆CIP数据核字（2018）第128394号

THE MYTH OF THE FRENCH BOURGEOISIE:An Essay on the Social Imaginary, 1750-1850
Copyright©2003 by the President and Fellows of Harvard College
Published by arrangement with Harvard University Press
Through Bardon-Chinese Media Agency
Simplified Chinese translation copyright © (2018)
By Zhejiang University Press Co., Ltd.
ALL RIGHTS RESERVED

浙江省版权局著作权合同登记图字：11-2018-355号

法国资产阶级：一个神话

（美）萨拉·梅萨（Sarah Maza）　著

郭　科　任舒怀译　周　楠译校

责任编辑	谢　焕
责任校对	杨利军
封面设计	城色设计
出版发行	浙江大学出版社
	（杭州市天目山路 148 号　邮政编码 310007）
	（网址：http://www.zjupress.com）
排　　版	浙江时代出版服务有限公司
印　　刷	浙江省邮电印刷股份有限公司
开　　本	880mm×1230mm　1/32
印　　张	9.125
字　　数	234千
版 印 次	2018年8月第1版　2018年8月第1次印刷
书　　号	ISBN 978-7-308-18327-7
定　　价	58.00元

目录

绪论
此文中是否存在着阶级？

本书讲述了1750到1850这百年间，社会秩序在法国人眼中是什么样的，并特别集中于法国资产阶级*这个棘手问题。本书的写作动力源于数年前思考这个问题时我所经历的挫折感。首先碰到的问题是，没有一部对我来说能讲得通的、关于这一历史阶段法国"资产阶级"的通史。虽然有一些（而且每年持续出现）关于地方精英的优秀社会史研究，可一旦某位历史学家开始撰写关于法国资产阶级的综合历史，结果总是如同细目清单一般混乱不堪。在这些研究中，资产阶级被定义为他们所不是的那些人（要么不是贵族，要么不是体力劳动者），其结果必然是将各色人等混杂在一处，从最富有的银行家到知识分子及专业人士，直至做街坊生意挣扎求生的杂货店主，全都包括在内。[1]

这些著作的课题不可避免地将不同的人分门别类，法国人尤其热衷

---

* 鉴于本书的主要论题是bourgeoisie这个词在法国语境下文化含义的复杂变迁，译者在选择如何对其进行翻译时采取了以下方法：考虑到马克思理论在塑造资产阶级和资产阶级革命这些术语中的关键地位，译者通常将法国大革命之后的bourgeoisie译为"资产阶级"，之前的则译为"布尔乔亚"。但在翻译某些学术性的"客观描述"，以及对此概念的一般讨论时，仍倾向于翻译为"资产阶级"。在两种含义皆有涉及、难以区分的地方，则保留原词bourgeoisie或bourgeois。如果读者在遇到这个词的时候，能够将其还原为bourgeois这个原文形态及其负载的多重含义，无疑将会获得对文义更为准确的理解。——译者注

于此项任务——分类一直是该国的国民爱好。艾德琳·多马尔（Adeline Daumard），这位研究19世纪法国资产阶级的最杰出的历史学家将她的研究对象分为"金融贵族"（Financial Aristocracy）、"上层资产阶级"（High Bourgeoisie）、"优质资产阶级"（Good Bourgeoisie）、"中层资产阶级"（Middle Bourgeoisie）和"大众资产阶级"（Popular Bourgeoisie）。根据这一思路，她进一步细分了这些类别。这样做的结果是，如果你想定位"中产阶级"，你将会发现它涵盖了第三类（优质资产阶级）的底层、整个第四类（中层资产阶级），以及第五类（大众资产阶级）的顶层。[2]鉴于被纳入此类人群的差异性，除了一般性的总结之外，我们对于资产阶级这一概念必然难下任何定论：比如，最富有的群体是越来越富吗？阶层之间的差距是越来越大吗？底层群体的境况是否不断恶化？可是，历史学家做出这样的泛泛之谈又有什么用呢？

矛盾的是，"资产阶级"这个观念在社会学上的模糊性始终伴随着某种关于法国文化和心态的特别明确的假设，而这正是我挫败感的第二个来源。"资产阶级"是一个名词，但更是一个形容词，在招引陈词滥调方面具有磁铁般的吸引力。常见的不言自明的假设是：人人都知道，资产阶级意味着他们是个人主义的、追求利益的、求胜心切的、保守的、道学的、以家庭为导向的、父权的、被压抑的——这个单子可以接着往下列得很长。许多历史学家，以及其他学科的学者，以一种"你知道我说的是什么"的草率态度，把这个概念用在各种词组中，比如"资产阶级规范""资产阶级心态""资产阶级文化"，以及含糊却颇为流行的"资产阶级的性（sexuality）"。[3]更糟糕的是，这些用语中常常暗含着一种飘飘然的屈尊俯就的态度：你我都知道，资产阶级是什么，因为我们和他们不一样。

最后，法国文化的一个方面令我感到困惑，这一点虽然经常被提及，却从未得到充分的解释——任何研究法国文化或者在法国长期生活过的人都知道，尽管人们普遍认为在法国占主导地位的是资产阶级，却没有人承认自己是资产阶级。即使是明确支持保守主义、信奉宗教或道德准则、颂扬家庭和财产价值的法国人，也从来不说"我是资产阶级"，除非以最滑稽的、最自嘲的方式。

法国人也没有轻易接受"中产阶级"（middle class）这个说法，部分是由于其负面含义，更多则是因为它听起来非常做作又太过专门。la classe moyenne*不是法语中自然出现的常用词组，而作为形容词的"中产阶级"则根本不存在。

法国人对资产阶级身份的抵制与中产阶级这一身份在英美国家的流行形成了鲜明对比。尤其在美国，那里除了犯罪分子和极穷的人之外，几乎每个人都声称自己属于中产阶级。[4]对资产阶级身份缺乏认同代表着法国文化的一个核心特征（但它通常借助油滑的心理文化论述来解释，法国人自己也这么想），在法国，每个人都是资产阶级，却没有人肯承认，法国人"心在左边，钱包却在右边"，或者说资产阶级是没有安全感的自我憎恶者，当然永远不会承认自己的本性。我着手这项研究，目的是想要证明，资产阶级认同在法国历史上的隐而不见并非是普遍伪善或自我憎恨的反映，而是由深刻且特定的历史和文化逻辑所驱动的。法国人对于"资产阶级"这一术语的含义的拒绝不是简单的一种怪癖，而是对其民族文化身份认同进行建构时的核心要素。

几十年前，有关资产阶级的问题远不如现在这样具有争议。直到20世纪70年代，大多数人仍然相信某种版本的历史唯物主义叙事，即资产阶级于18世纪上升到显著地位，在1789年夺取政权，继而在19世纪的大部分时间里实行至高无上的统治，而这一切都拜势不可挡的资本主义发展潮流

---

* la classe moyenne，意为中等阶级或中产阶级。——译者注

所赐（即使在政治上对左派抱有敌意的历史学家也普遍接受这种叙事的某一些版本）。然而，最近30多年，社会学家和经济学家已经在这个条理清晰的剧本中找出种种破绽。基本问题是这样的：资本主义（鉴于它确实存在）在这一时期处于边缘位置，直到19世纪50年代，法国经济仍以农业和小规模生产业为主。[5]早在30多年前，打破传统的英国历史学家艾尔弗雷德·科班（Alfred Cobban）就已经指出，在19世纪50年代以前，显然地主才是法国社会与政治的支配群体，因此，将当时的社会说成由资产阶级或中产阶级主导是灾难性的误导。[6]

可大多数法国史学家即便承认"资产阶级上升"这一叙事并不适用于19世纪晚期之前的情况，也仍然固守"资产阶级"一词。此举部分是因为在18、19世纪期间，法国人自己曾将这一术语应用于特定群体（通常不是资本家）。但他们这样做是由于不愿意放弃历史唯物主义术语带来的安全感，因为就算他们承认"资产阶级"与这一时期的资本主义基本无关，也由衷认为质疑某种形式的资产阶级的存在就等同于否认某些因素的现实性与重要性，比如不平等、贫困、权力，以及剥削。然而，一旦取消"资产阶级"与"资本主义发展"之间的关联，就完全没什么实际理由非使用这个词不可，除非将它当作中间和中上阶层的简称。把大革命后的法国精英称为"资产阶级"不过是为了指出他们并非是贵族而已，但是如此表达很成问题，因为使用它势必会激活这个词背后所隐含的种种假设与联想。有关"资产阶级"的问题是亟须解决的一个难题。这个难题包括这样几个因素：1850年以前工业资本主义在法国几乎完全不存在；对于历史上的法国人和现在的我们来说，"资产阶级"一词都被赋予了过于丰富的含义；过去和当今的法国人都对自称"资产阶级"心存抵触；并且，当代学者对这一术语的眷恋既不精确，也无帮助。

还有个附带因素使得这一问题更加复杂，那就是两个相互重叠却又相差甚远的概念之间的关系——资产阶级和中产阶级。"资产阶级"一词在法语和英语中的用法通常都是指社会精英。在法国，这个词的意思在本书所涉及的年代中逐步演变，从适用于城市精英，到指认资本主义的统治阶级，与此同时它又始终保留着贬低的、二流贵族的隐含意义。布尔乔亚（bourgeois）一词可以追溯到中世纪早期，而在19世纪20年代才开始系统使用中产阶级（classe moyenne）这一词，并且其意义源自于社会科学，而非历史。"中产阶级"这个说法更多的是指有更高阶层的存在，而并不是指真正的中间阶层，正如它长久以来在英国并且至今仍在一些发展中国家的用法所表明的那样，只是它指定的社会范围通常比"资产阶级"更为广泛。在西方文化中，"中产阶级"一词的出现是与某种对社会的认识有关，这种认识把社会看作一个抽象的、可量化的独立实体（而不是某种可以被具象地描绘为一具身体或一架阶梯的东西）。我在本书中指出，法国人出于基本相同的原因拒绝将这两个术语当作社会理想：他们坚决抵制从一个理想化的同质性民族中划出任何群体进行区别对待，并且拒绝将物质因素——无论是基于商业或者量化——作为社会区分的基础。不管怎样，这里要强调的是资产阶级，并非中产阶级，因为前者在法国的使用要频繁得多，负载的历史和文化重要性也要显著得多。

此项研究起始于我对1750年到1850年期间对社会、某些特别的团体和社会问题进行描述的一手资料所做的尽可能广泛的阅读。结果是惊人的。在1789年大革命之前存在相当数量的社会评论，其中大部分都痛惜社会和经济的变革，但没有任何一篇认为资产阶级或中产阶级是这些问题的来源或者解决方案；1789年之后的数年间，没有任何卷入过这场所谓的"资产阶级革命"的人声称要代表中产阶级和资产阶级展开行动。只有到1815年之后，一个名为"资产阶级"的类别才明确地在社会中凸显，但这个词几乎总是被用在负面的表达中：对其进行的描述大部分带有敌意或蔑视，并且在1830年以后，他们通常被认为处于衰败之中。关于当时描述资产阶级的基本模式——1815年之前的缺位和1815年之后的厌恶——仅仅存在两个例外：1789年以前存在过一个有限的并且定义明确的法律范畴的资产阶级；1815年至1830年的波旁王朝复辟期间，一些著名的自由派政治家试图将资产阶级置于法国历史和政治的中心位置。

本书的中心论点是法国资产阶级并不存在。起初，人们并没有认为存在着这样一个群体，而当它最终出现在描述和评论中时，其作用如同神话一般：资产阶级曾经（现在可能仍然如此）被用以从负面来定义法国最深层的社会、文化和政治理想。说资产阶级不存在，我并不是否认在此期间成千上万的法国男女过着富裕且体面的日子，生活在富人与穷人之间的社会中间地带。我也不否认，在18—19世纪，人们常常用"布尔乔亚"（bourgeois）一词表达多种多样的、往往相互矛盾的惯用含义：他是个城镇居民，一个有点钱的人，一个雇佣工人的老板，或者缺乏品味和社交风度的某个人。这个论点要表达的意思是，除了上文提到的例外，在法国从来不曾有过自称为资产阶级的群体出现并且为自己争取过文化或政治权力和中心地位：资产阶级几乎一成不变地总是"别的人"。

认为法国资产阶级不曾存在是一个夸张的说法，但我本着理查德·克莱恩（Richard Klein）一条评论的精神，刻意为之："夸张的效力和其常常传达出的真理，依靠的是一条连神枪手也衷心认可的原则：有些时候，瞄准过头是击中目标的条件。"[7]就我所讨论的资产阶级而言，关于其"不存在"这个表述能够以一系列的方式加以限定。但麻烦在于，这个问题长久以来都被过于小心谨慎地掩盖了：资产阶级的社会轮廓是如此的不确定，同时这一术语本身负载了太多不同的、自相矛盾的含义，以至于大多数对其进行概括的尝试往往以一团混乱告终。我们如果采取假设该群体不存在的激进立场，将能更好地衡量和解释资产阶级这一概念的神话性质及功能。

资产阶级并不存在的论题来自于我的一个信念，即只有当一个阶层意识到自身的存在，它才真正存在，而这一认知是与其明确表达自己身份的能力密不可分的。[8]我在此假定，社会群体的存在，既根植于物质世界，同时又被语言所塑造，尤其是叙事的塑造：一个社会群体为了在社会和政治领域发挥作用、采取行动，就必须有一个或多个关于自身的故事，必须通过故事将对过去的回忆与对未来的渴望联结在一起。法国资产阶级暂时得到了这样一个鼓舞人心的故事，它主要由19世纪20年代的自由派政治家和历史学家所书写，这些人包括奥古斯丁·梯叶里（Augustin Thierry）、弗朗索瓦·基佐（François Guizot）和阿道夫·梯也尔（Adolphe Thiers）等。然而这一叙事并没有盛行很久。

资产阶级根本不存在，这是因为他们不曾以任何引人注目或令人信服的方式确认过自己的身份，讲述过自己的故事——对于这种说法，有些历史学家会回应说，在18世纪和19世纪初，资产阶级意识确实存在过，只是其性质被其他表象所掩盖。这是所谓"资产阶级的普世主义"的典型论点。[9]当18世纪上层阶级的自由派大讲人道（humanité），革命家们高谈平等（égalité），或19世纪的政治家们阔论"民族"(the nation) 的时候，他们不过在更宏大、更冠冕堂皇的措辞的掩饰之下致力于促进本阶级的利益——他们同时对（有时是非常严厉地）接受教育和参与政治的权利设下了限制。

这种观点假定：社会存在是一种客观的、物质性的现实（reality），它被动地反映于语言中，有时也被语言所遮蔽。然而，我相信语言不是被动的，而是展演性的（performative）；人们身份的构建是通过吸纳文化因素然后将其表达为个人和集体的故事来进行的。[10]如果资产阶级存在的话，为何它会拒绝为自己正名？为何它觉得有必要隐瞒自己的存在和目的？的确，政治领袖倾向于将他们的主张埋伏在能够为其争取最广泛支持的语言之中，但英国和美国的例子表明，可以为了政治目的而对中产阶级进行无限的扩展——可法国人偏偏选择不这样做。而且，当同一时期的贵族以及工人，尤其是后者，毫不避讳地提出基于各自群体身份的主张时，资产阶级为何成为唯一一个否定自身存在的阶级？对于资产阶级自私自利的评论常常让人想起对于弗洛伊德的"否认"（denial）这一概念的通俗解读：越多人声称某物不存在，反而越是证明它的存在。这使得人们不禁怀疑关于资产阶级普遍性的说法反映的其实是知识分子对资产阶级的厌恶，他们假定资产阶级身份是一个可耻的秘密，如果可以的话，人们会想要自然而然地将其隐瞒。

在后面的章节中，我将认真对待，并对18和19世纪评论家的文字进行解读，而不用后来出现的社会科学范畴对其进行解释。在此，我致力于建立一些关于反复出现的图像和主题的意义模式（比如"奢侈""贵族""民族"，当然还有"资产阶级"）。虽然我最终的目标是将它们与广泛的社会和政治动态机制联系起来，但我会避开对其所指涉的社会现实进行任何先验假设。[11]总之，我将文化研究的方法应用到社会领域，尽管多年以来历史学家们已经在政治、性别、种族和民族的各项研究中采用了这种方法。

始于20世纪70年代的文化史转向导致历史学家把过去的身份(identity in the past)当作文化构建进行解读。这股推力首先来自于女性主义历史学家，她们致力于论证：女性和男性的身份都并不是固定的、超历史的范畴，而是一些概念，这些概念的意义和彼此间的关系在不同的文化中差异显著，并且随着时间推移产生巨大变化。这个已有近20年历史的学术传统，可被勉强命名为"文化建构主义"（cultural constructionism），它毫无意外地聚焦于不同民族语境（national contexts）之中的不同对象。在美国工作的历史学家一直感兴趣的是20世纪骄傲或解放运动（pride or liberation）的目标人群的身份建构：性别、种族（race）、性取向，以及族裔（ethnicity）。结果是产生了大量丰富而复杂的文献，它们研究从遥远的过去直到现在，身为女性、黑人、同性恋、爱尔兰人、犹太人等究竟意味着什么。[12]法国的历史学家以及研究法国的史学家们，最初也被这个在传统上与民族性（nationhood）和政治意识形态密切相关的民族史的重大问题所吸引：早在20世纪80年代，法国历史学家已经着手编撰一部享有盛名的多卷册合集，通过历史记忆对民族身份的建构进行研究。这部将政治作为文化进行研究的著作，最初就是在法国革命史的学术战场上成型的。[13]

当历史学家和其他社会科学家滔滔不绝地列出身份认同的标准清单时，阶级通常会与种族和性别一道厕身其间。耐人寻味的是，对于阶级是如何像性别或种族那样通过语言和文化得以建构的问题，历史学家所做的工作相对较少。[14]对此看法也偶有例外，比如，威廉·休厄尔（William H. Sewell）、雅克·朗西埃（Jacques Rancière）和唐纳德·里德（Donald Reid）对19世纪法国工人的开创性研究。不过，最持久和最自觉的相关写作当属近年英国的历史学家。[15]在西方国家当中，唯有英国，阶级是身份最明显的标志，可以说阶级分类在那里造成过最深的创伤。结果就是，英国的史学实践与法国和美国相比，对阶级的反思更为持久，也更有创造性。

英国拥有悠久的关注"阶级"的社会史传统，至少可以追溯到20世纪初，并且于多年前因为爱德华·汤普森（Edward Thompson）1963年的史学杰作《英国工人阶级的形成》而达到巅峰。汤普森本人始终以文化研究的方式解读社会身份。他坚持认为"阶级"不是一个武断划分的经济学类别，而是由权力不平等的人与人之间的互动来定义的，而这些互动通过用文字、符号和行动得以表达。历史学家只有通过观察这些文字和行为才能揭示阶级的本质，在很多情况下，这些与正式的经济和政治关系并没有多少联系。[16]后来，英国历史学家延续了汤普森进行阶级分析时对语言和文化的敏感性，而放弃了他对物质基础—上层建筑这一模式的无上推崇。早在20世纪80年代初，加雷思·斯特德曼-琼斯（Gareth Stedman-Jones）就已提出，宪章运动的语言——19世纪30和40年代为工人争取选票的激进运动——并没有"反映"（"reflect"）出工人阶级的社会经验，而是实际上创造了那些经验，并在此过程中，开启了一个政治传统。在有关中产阶级和工人阶级身份建构的个案研究中，帕特里克·乔伊斯（Patrick Joyce）认为，阶级"是一个想象出来的形式，而不是由超越这个形式而被'真实'世界所赋予的某种存在"。他强调阶级身份的不稳定性，以及通过叙事创造社会"主体"（"subject"）的方法能够借助政治而作用于这个世界。德罗尔·瓦赫曼（Dror Wahrman）研究了政治舞台上的阶级创造，审视了从18世纪90年代到19世纪30年代期间，英国的自由派政治家是如何以他们与"中产阶级"之间的关系为依据来对抗激进主义并且牢牢盯住了政治领域的中心位置的。大卫·康纳汀（David Cannadine）则描绘了一幅更为广阔的全景，展示出从18世纪到玛格丽特·撒切尔时代，阶级在英国的核心位置是如何时而被肯定，时而被否定，从而服务于政治目的的。[17]

最近许多关于英国的作品都将政治语言置于社会身份创建的核心位置。上述的历史学家中，没有人认为阶级只是政治虚构或者其文字与现实经验无关。比如，德罗尔·瓦赫曼就煞费苦心地指出，物质因素和社会经验确实把人们描述世界的方式限制在了一定范围之内，但它们本身却不是这种描述的决定性因素。考虑到像城市和商业的增长以及农村小农庄的衰落这种不可避免的社会发展，历史学家的兴趣在于研究某一位政治家是否以及为什么将这些进程放在"中产阶级的出现"这一框架中进行解读。瓦赫曼敏锐地把他的研究对象表述为"社会现实"（"social reality"）及其表征（representation）之间"充满各种可能性的空间"——这也是我在这本书中要做的事。[18]

本书将资产阶级置于法国社会文化景观之中进行研究，采纳了与上述历史学家相似的方法，但与他们不同的是，我没有那样高度关注作为社会定义生成器（the generator of social definitions）的政治语言。在接下来的章节中我会表明，我同意政治可能是公共生活中社会想象最重要的来源。从专制君主到革命群众的领导人，各路政治家总是以他们声称自己的体现、代表或为之奋斗的社会群体为依据来维护自己的合法性，从"贵族"或者"不可分割的民族"，到"愤怒的白人男子"（"angry white men"）或者"足球妈妈"*。在这一过程中，他们有时创建出这些类别，但更常见的是，他们会借鉴一些已经在文化中得到充分认可的强有力的概念和形象。与社会神话的其他创造者相比(除了当今社会的一些市场营销专业人士之外)，政治发言人和政治作家们在利用这些神话去尽可能广泛地宣传他们的主张这件事上有着更强烈的兴趣。

如果本书的目的是要对法国历史上的资产阶级这一难题提出一些新见解的话，它在方法论对话方面力图做出的贡献则是有助于对我称为"社会想象"（"social imaginary"）的这一历史学考察对象进行定义。据我所知，关于"社会想象"，并不存在一个标准的定义或描述，而法国学者比其他地方的同行更为普遍地使用这一措辞。[19]历史学家们已经对社会表征（representation）进行过无数的研究——在不同的文化情境中，针对不同的群体，尤其是那些成为激烈反应和争论焦点的群体（如女性、种族上的异类、罪犯、妓女）——只是最近我们才开始更加系统地思考如何构建我

---

*足球妈妈（Soccer Moms），指非常重视小孩运动，亲自开车接送小孩参加运动和活动的美国中产阶级女性。——译者注

们对社会的看法。我将社会想象简单地定义为"我们用以建构我们对社会环境进行理解的那些文化元素"。社会想象的最明显的来源是政治话语（书面的、口头的，或体现在视觉作品中的），学术的（在最广泛的意义上）以及其他类型的社会评论，还有虚构作品，比如小说、戏剧和电影。这些文本记录在任何特定的社会世界中都在直接对何为对错进行讲述，它们也是我在随后的讨论中引用得最多的一类资料。（其他资料还包括警方记录，它有时会记载着对社会地位及社会预期的直接评论，以及法律资料，比如审判记录和摘要，这些材料往往会产生惊人的社会想象。）[20]

出于分析的目的，我们对社会环境的体验可以分成三个组成部分，即使它在人们的实际生活中是不可分割的：有关社会地位的基本元素，比如财富、地位，或权力；社会实践，比如耕作田地、弹钢琴，或参军；再就是我所说的社会想象。大部分属于"社会史"范畴的作品涉及前两个元素（社会实践包括各种文化事务，比如宗教信仰、教育和娱乐），但忽略了第三个元素，即对社会环境的理解，以及关于社会环境的争论和幻想。如果我们给后者更多的空间，并认真对待其本身的意涵（而不是以武断的方式这样说："它们真正的意思是……"），我们就能够对过去的人们如何体验其社会环境提出全新的和意想不到的见解。

的的确确，研究中最有意思的地方是有很多这样的一些实例，也就是说那些关于社会的话语似乎并没有反映出我们这些历史学家所认为的真实社会面貌：当数百名18世纪的作家思考贸易、城市和消费的增长现象时，都把这些进程视作一种极为感同身受的社会疾病，名为"奢侈"；当众多法国大革命中的行动者在面临不同阶层革命者中弥漫着的紧张气氛和发生着的公然暴行时，他们仍然固执地认为，法国人民是一个团结统一的民族；也可以看看1850年前后，作家们自信地断言，资产阶级的鼎盛时期已过，目前正处于衰退之中。这样的语言不能简单地归类为意识形态、宣传或否认，因为最具启发性的恰恰是这种脱节，即他们看到些什么和我们认为我们知道些什么之间的不一致。历史学家并没有忽视社会生活的文化方面：在法国史领域（包括以年鉴学派文明的20世纪的社会和文化史传统）显然并非如此。但是很多社会史研究未能正视并将当时的人们对他们自己社会环境的观察纳入研究之中，我希望本书能够阐明对这些内容的关注可能会改变我们对一个历史时期的看法。

这是一本小书，但是讨论了一个非常大的主题，由于篇幅限制而未能囊括的内容，我感到非常遗憾。要想完全系统地将这一世纪中法国历史上被研究得最为透彻的有关社会的话语与社会和政治的发展联系起来，是一项需要穷尽一生的事业。这几年的阅读和思考难免是片面的、有选择性的。为了使行文简洁，我忽略了一些出色的专著，并跳过了许多18、19世纪重要的作家。由于这本书是基于已出版作品，它不可避免地过度代表了受过教育的男性的视角。另一种基于档案资料的研究将透露更多未受教育的贫民的社会想象，[21]并且可能开始提出一个重要的问题：女性对社会环境的体验是否不同于男性？虽然我在泛泛而谈"法国人"时感到不安——在本书中我常常如此——但我也相信，在讨论复杂问题的某些时候，概括是必要之恶。我希望读者拿起本书时注意一下标题中出现的"试论"（essay）一词：该词意指后文只是建议性的，而不是决定性的，旨在（最好能够）激发一些分歧、更多的研究和更深入的讨论，从而将对资产阶级这一问题的研究往前推进。

本书标题的另一个中心词是"神话"，它同时表明书中论述所包含的批判性和建设性两个方面。韦氏词典提供了"神话"一词两个不同的含义："通常表面看来是历史事件的传统故事，部分地展现了一个人群的世界观"，以及"无确实根据的信念，持有此种世界观的人对其缺乏批判性"。

　　本书对资产阶级神话的讨论就是在上述第二个意义上展开的，这个处于支配地位的、自觉的、或多或少统一的资产阶级神话是由现代历史学家构建而成的。对这一神话，我从一个后马克思主义的视角进行挑战，但我必须强调，这不是反马克思主义的视角。这本书更重要的是关于资产阶级神话在18世纪和19世纪初期的法国发挥作用的方式：为什么这一群体被认为处于社会中心位置但又遭到系统性的贬低，以及对于"资产阶级"这一个类别的抗拒如何在法兰西民族身份的建构中成为尤其重要的因素。在此，我采纳符号学家罗兰·巴特（Roland Barthes）对神话的定义，他主张我们所说的神话并非谎言或否定，而是信息或交流的方式：社会通过将历史转化成自然，使自身显得合情合理。制造神话的那些人——历史学家、记者、广告商——既不掩饰自己的目的，也不将其矫饰为意识形态，他们只是使其显得自然而然。从这个意义上来说，神话既不是一个谎言，也并非意识形态的公开声明，却是一种语言的屈折（inflection），使得被创造出来的东西看起来似乎天生如此。[22]"奢侈"就是这样一个18世纪的神话，"资产阶级"则是一个始于19世纪并延续下来的神话。

　　虽然本书的中心论题是资产阶级不存在，但最终的论述目的是积极的而不是消极的。如果法国人不信奉资产阶级或中产阶级的规范和理想，那么他们相信什么？我提出这样的回答：一个想象中的被唾骂的资产阶级在法国文化中始终若隐若现，因为它的作用是通过对比来定义该民族真正的（但经常是隐而不宣的）社会理想：反物质主义、公民服务（civic service）、至高无上的国家，以及不可分裂的人民。尽管面临诸多批评，但历史学家们已经开始审视这样一个假设：资产阶级曾经是，并且一直是法国社会的规范阶层。本书的目的是表明，当资产阶级从中心位置被转移到边缘地带，并且成为在锻造民族的价值和命运时作为想象的他者被当作负面参考时，一幅关于现代法国文化诞生的更加清晰的画面就会浮出水面。

注释

1. 关于这个问题，突出的例子见：Elinor Barber, *The Bourgeoisie in Eighteenth-Century France* (Princeton: Princeton University Press, 1955); Regine Pernoud, *Histoire de la bourgeoisie en France* (Paris: Le Seuil, 1960-1962); Adeline Daumard, *Les Bourgeois et la bourgeoisie en France* (Paris: Aubier, 1987). 同样的症状也影响了一些出色的社会史教科书中关于资产阶级的章节，尽管它们在其他方面都很不错，如Pierre Goubert, *The Ancien Regime: French Society, 1600-1750*, trans. Steve Cox (New York: Harper and Row, 1973), pp. 239-252。我对这些文献所做的综述概括的尝试，不应被视作对大量法国史著作的批评，这些作品描述了没有贵族头衔的城市精英中特定细分群体的状况，大部分都是非常精巧的学术研究。它们包括了对单个家庭的研究，比如Robert Forster, *Merchants, Landlords, Magistrates: The Depont Family in Eighteenth-Century France* (Baltimore: Johns Hopkins University Press, 1980);关于地方精英，如Jean-Pierre Chaline, *Les Bourgeois de Rouen: une élite urbaine au XIXe siècle* (Paris: Presses de la Fondation Nationale de Sciences Politiques, 1982); 城市社会史，比如Maurice Garden, *Lyon et les Lyonnais au XVIIIe siècle* (Paris: Belles Lettres, 1970); 关于不同职业的专著，比如有关律师的研究，Lenard Berlanstein, *The Barristers of Toulouse in the Eighteenth Century* (Baltimore: Johns Hopkins University Press, 1975)，还有David Bell, *Lawyers and Citizens: The Making of a Political Elite in Old Regime France* (New York: Oxford University Press, 1994); 又如关于医疗业的研究，Matthew Ramsey, *Professional and Popular Medicine in France, 1770-1830: The Social*

World of Medical Practice (Cambridge: Cambridge University Press, 1988) 以及 Laurence Brockliss and Colin Jones, *The Medical World of Early Modern France* (Oxford: Clarendon Press, 1997)。更多的例子可以厕身其中。在我开始这项研究以来的这些年里，已经出现了三部有关中产阶级的重要的、令人印象深刻的社会史研究，其中一部是家族史，另外两部是具更广泛意义的地方史：Christine Adams, *A Taste for Comfort and Status: A Bourgeois Family in Eighteenth–Century France* (University Park: Pennsylvania State University Press, 2000)；David Garrioch, *The Formation of the Parisian Bourgeoisie, 1690–1830* (Cambridge, Mass.: Harvard University Press, 1996)；Carol Harrison, *The Bourgeois Citizen in Nineteenth–Century France: Gender, Sociability, and the Uses of Emulation* (Oxford: Oxford University Press, 1999)。

2. Adeline Daumard, *La Bourgeoisie parisienne de 1815 à 1848* (Paris: S.E.V.P.E.N, 1963), pp. 216–217. 四分之一个世纪之后，同样的分类方法在 Daumard 更加综合性的作品 *Les Bourgeois et la bourgeoisie en France* (pp. 117–119) 中得以重申，与此同时，她也对如此细分的意义表示怀疑："鉴于如此鲜明的对比，此扩展的含义来理解'资产阶级'一词真的有道理吗？"

3. 一个显著的例外是彼得·盖伊（Peter Gay）关于19世纪后期欧洲资产阶级文化史的渊博研究 *The Bourgeois Experience: Victoria to Freud,* 5 vols. (New York: Oxford University Press, 1984–1998)。尽管盖伊在削弱关于资产阶级文化的许多陈词滥调方面做出了卓越贡献，但他的作品从整体上来说仍将资产阶级这一群体的社会身份视作理所当然，因此没有在资产阶级的定义和定位方面取得真正的突破。

4. Benjamin DeMott, *The Imperial Middle: Why Americans Can't Think Straight About Class* (New York: Morrow, 1990).

5. 本书第二章和第六章将会对此展开论述。有关该发展各个方面的史学综述，可参见William Doyle, *Origins of the French Revolution* (Oxford: Oxford University Press, 1980)；Colin Heywood, *The Development of the French Economy, 1750–1914* (Cambridge: Cambridge University Press, 1992)，以及 Peter McPhee, *A Social History of France, 1780–1880* (London: Routledge, 1992).

6.Alfred Cobban, "The 'Middle-Class' in France, 1815–1848," *French Historical Studies 5* (1967): 41–52。Cobban超前地指出，关于classes moyennes和"资本主义君主制"的措辞主要是个政治舆论的问题，见p.49.

7. Richard Klein, *Cigarettes Are Sublime* (Durham: Duke University Press, 1993), p. 181.

8.我的看法与Joan Scott相似，她认为"阶级和阶级意识是同样的事情——它们是政治性的清晰表达，为日常生活的事件和活动提供了分析，提供了一个前后连贯的思考模式"。John Scott,*Gender and the Politics of History* (New York, Columbia University Press, 1988), p.56. 我对这个观点的坚持较少受到抽象理论的影响，更多受影响于致力于研究语言及文化相关问题的社会史家们，除了Scott的作品之外，还有以下作品：William H. Sewell, Jr., *Work and Revolution in France: The Language of Labor from the Old Regime to 1848* (Cambridge: Cambridge University Press, 1980); Lynn Hunt, *Politics, Culture and Class in the French Revolution* (Berkeley: University of California Press, 1984); Gareth Stedman-Jones, *Languages of Class: Studies in English Working-Class History* (Cambridge University Press, 1983)。对阶级和近期有关阶级的学术讨论的精彩综述见Patrick Joyce , *Class* (Oxford: Oxford University Press, 1995).

9.在这一领域最显著的例子见Patrice Higonnet, *Class, Ideology and the Rights of Nobles during the French Revolution* (Oxford: Clarendon Press, 1981). 其他更具综合性的相关讨论可参考Terry Eagleton, *Ideology: An Introduction*

(London: Verso, 1991), ch. 2.

10.该传统的奠基作品是哲学家J. L. Austin的*How to Do Things with Words* (Cambridge, Mass.: Harvard University Press, 1962). 综述概括可见Terry Eagleton, *Literary Theory: An Introduction* (Minneapolis: University of Minnesota Press, 1983), ch. 3, especially pp. 118–119. 关于性别展演影响最深远的当代理论家是Judith Butler，见其*Gender Trouble* (London: Routledge, 1991) 以及*Bodies That Matter* (London: Routledge, 1993).将叙事展演性（narrative performativity)理论应用到历史研究之中的充满启发性的作品，见Judith Walkowitz的*City of Dreadful Delight: Narratives of Sexual Danger in Late Victorian London* (Chicago: University of Chicago Press, 1992).

11.我将Lynn Hunt和François Furet诠释法国大革命政治文化模式的方法引入到社会研究领域。参见Hunt, *Politics, Culture and Class*, ch. 1, 以及François Furet, *Interpreting the French Revolution*, trans. Elborg Forster (Cambridge: Cambridge University Press, 1981).

12.对此学术脉络做出最初也是最重要的贡献的历史学家们包括：关于性别，Joan Scott, "Gender: A Useful Category of Historical Analysis" in *Gender and the Politics of History*；关于种族，Barbara Fields, "Ideology and Race in American History," in J. Morgan Kousser and James McPherson, eds. *Region, Race and Reconstruction* (New York: Oxford University Press, 1982)；关于（同）性经验，Martin Duberman, Martha Vicinus, and George Chauncey, *Hidden from History: Reclaiming the Gay and Lesbian Past* (New York: New American Library, 1989).在这些方法论话语出现后的15到20年间，所有关于这些主题的历史文献已变得如此庞大，以至于无法在合理的篇幅内罗列出最重要的作品。

13.Pierre Nora, *Les Lieux de mémoire*, 3 vols. (Paris: Gallimard, 1984–

1992)。在英文出版物中，关于民族文化建构这一主题被引用得最为广泛的作品仍然是Benedict Anderson, *Imagined Communities: Reflections on the Origin and Spread of Nationalism,* rev. ed. (London: Verso, 1991).在法国历史领域确定了将政治作为文化进行研究这一方法的是Furet, *Interpreting the French Revolution, Hunt, Politics, Culture and Class,* 以及Moan Ozouf, *La Fête révolutionnaire, 1789–1799* (Paris: Gallimard, 1978).

14.尽管如此，最近有两部优秀的文集表明了劳工史学和社会学家转向了这个问题：Lenard Berlanstein, *Rethinking Labor History: Essays on Class and Discourse Analysis* (Urbana: University of Illinois Press, 1993) and John R. Hall , *Reworking Class* (Ithaca: Cornell University Press, 1997).

15.Sewell, *Work and Revolution in France*; Jacques Rancière, *The Nights of Labor: The Worker's Dream in Nineteenth–Century France*, trans. John Drury (Philadelphia: Temple University Press, 1989); Donald Reid, *Paris Sewers and Sewermen: Realities and Representation* (Cambridge, Mass.: Harvard university Press, 1991).

16.在广为引用的一句话中，汤普森（E. P. Thompson）宣称："我没有将阶级看作一个'结构'，或者一个'范畴'，而是作为实际上发生的（也可以证明已经发生的）人际关系。"［*The Making of the English Working Class* (London: Penguin, 1968), p. 9.］他这一研究方法——将阶级视为被文化所定义的关系——在这些文章中更加清晰，见Thompson的 *Customs in Common: Studies in Traditional Popular Culture* (New York: The New Press, 1993).

17.Stedman–Jones, *Languages of Class*; Patrick Joyce, *Visions of the People: Industrial England and the Question of Class, 1840–1914* (Cambridge: Cambridge University Press, 1991) and *Democratic Subjects: The Self and the Social in Nineteenth–Century England* (Cambridge: Cambridge University Press, 1994);

Dror Wahrman, *Imagining the Middle Class: The Political Representation of Class in Britain, c. 1780–1840* (Cambridge: Cambridge University Press, 1995); David Cannadine, *The Rise and Fall of Class in Britain* (New York: Columbia University Press, 1995). 更加经典的关于阶级的社会史研究也能在英国历史中见到。Leonore Davidoff and Catherine Hall, *Family Fortunes: Men and Women of the English Middle Class* (Chicago: University of Chicago Press, 1987)，此书是对于中产阶级世界令人赞叹的重建，没有纠缠于瓦赫曼和其他人关于描述社会的术语的种种问题。

18.Wahrman, *Imagining the Middle Class*, pp. 6–9, quote p. 14.

19.就我所知，唯一试图做出综合性论述的是Bronislaw Baczko, *Les Imaginaires sociaux* (Paris: Payot, 1984).

20.我采用了之前两部著作中的警方记录和司法档案，它们都讨论了社会群体的表征问题：Sarah Maza, *Servants and Masters in Eighteenth-Century France: The Uses of Loyalty* (Princeton: Princeton University Press, 1983)和Sarah Maza, *Private Lives and Public Affairs: The Causes Célèbres of Prerevolutionary France* (Berkeley: University of California Press, 1993)。

21.对这类研究，一个精彩的、也许有争议的尝试，见Robert Darnton, *The Great Cat Massacre and Other Episodes in French Cultural History* (New York: Basic Books, 1984), chs. 1 and 2.

22.Roland Barthes, *Mythologies* (Paris: Éditions du Seuil, 1957), pp. 193–224.

第一章 大革命之前法国的社会想象

　　"中产阶级"是否贯穿了历史，并且存在于大部分的时间和地点之中？复杂的社会大多包含各种社会群体，从富人到穷人，并且大多还包括位于两个明显极端中间的人。一个或数个显著的中等群体的存在当然也与客观因素有关，比如城镇、贸易，以及服务。可关键的历史问题是中产阶层是否是可见的（is seen）：首先，一个统一的、处于关键位置的中间或者中上阶层的存在是否被认可？其次，这个阶层是否被赋予了历史的、道德的，以及/或者政治的重要性？在任何特定的历史情况下，中间群体——无论被称作什么——是否代表着社会想象的本质（essence）、它最珍视的理想、它重要的过去经历、它恐惧或期望的未来？

　　对于这些问题的种种回答显示出有关中产阶级的想法是如何充满弹性，同时又饱含象征意味的。这样的说法是司空见惯的：在当今美国，因为长期以来对工人阶级和贵族的质疑，所有生活在极度贫困线以上的人，包括特别富有的群体，全都认同自己是中产阶级。与此几乎完全相反的情况普遍出现在旧制度时期的法国。相当数量的中间群体在社会中肯定是存在的，包括法律上有定义的城市bourgeoisie，但他们极少引发人们无论正面或负面的议论。尽管资产阶级经常被嘲笑，但他们既没有被看成是严重问题的根源，也没有被认为是社会弊病的解决之道。大多数时候，在关于社会的描述和争论之中完全看不到中产阶级。令旧制度的社会评论家们痴迷的是贵族——他们从哪里来？其作用应该是什么？是否要对其进行改革，还是有可能废除这个阶级？但是，当他们想象贵族的替代物时，认定的是国家或者土地，而这些都完全与中产阶层无关。

神赐的秩序

社会并非一个物质的实体，而是一个概念，因此人们对其进行描述或讨论时必须借助隐喻。我们通常讲到社会秩序，会把它想象成一种阶梯或者看起来像某种建筑的社会结构，又或者像更为扁平的但令人愉快的田园空间，即社会领域/田野 (social field)。旧制度的法国，与工业化前大部分的欧洲一样，有关秩序的隐喻非常普遍。根据古老的传统，法国社会分为三个等级：教士、贵族和第三等级。这种划分对现代人来说毫无意义。教士阶层是人数少但社会成分混杂的群体，贵族阶层是一小部分精英，而第三等级则是包含了"所有其他人"的庞然大物。我们已经距离这一社会安排的古老起源太过遥远，几乎不可能真正理解这样的社会划分。它不是基于人口或收入水平，而是建立在精神功能的基础之上。事实上，到了18世纪，对大部分法国人来说，这种古旧的划分方法也已经十分不合情理。1789年的大革命正是由第三等级代表对三级会议的反叛触发的。他们认为没有理由给两组占少数精英的代表优先权和政治主导地位，并基于人数和社会功能宣告自己的主权。

然而，三级秩序的划分已经合理存在了数个世纪：数字三表现了神圣的起源和社会的性质，而秩序的概念则确立了君主统治与社会之间的密切联系。三级分类法（最常见的是教士、武士和农民）源于一个古老而广泛传播的印欧模式，可以追溯到从印度至斯堪的纳维亚的广阔地区。[2]中世纪史学家乔治·杜比（Georges Duby）解释说，在基督教欧洲，这种三位一体的社会规划，使得人类世界类似于三位一体的天堂，也类似于更广泛的三分性质的创世说（神、动物和无生命物）。社会被描绘成一个三角形，长久以来金字塔的形状被认为与神性相关，它体现了统一的权力、等级及稳定，并将三种功能折叠成一个实体。[3]

至于等级，这是一个自然的属性，是社会本身所固有的，在一个较小的尺度上映照出神性创造的存在之链。[4]语言学家玛丽-弗朗斯·佩吉（Marie-France Piguet）注意到，在18世纪，尽管等级（ordre）和阶级（classe）这两个术语都应用于社会群体，但这两者之间有着非常显著的差异。阶级与主动动词搭配，用以表现人的能动性：为了征税，统治者或管理者会将人群分成各个阶级，就如同自然科学家为了方便分析而对动物分门别类，或者哲学家将各种观念分门别派。但是，当迪博神父（abbé Dubos）或者孟德斯鸠（Montesquieu）这样的学者们描述一些历史上的或外国的社会时，他们会把等级一词使用到被动的建构中，比如萨克森的人口被分为（was divided）几个等级。"一个等级，"佩吉总结道，"是一组人（偶尔也指物），其存在似乎与人类的智识或意志无关。"[5]

社会等级起源于神意，本质上是自然的，这也是主权者权力的一种表现。被纳入等级（be ordered），不仅仅是被组织化（be organized），还指接受命令。社会世界被安排成按等级排序的梯形，让每一级的人可以对处于其下的人行使权力，从而保证了君主的最高权威。社会被秩序化得如同军队，也是为了同样的目的：保证纪律，维持稳定，以及最高权力的有效性。[6]只有到了17世纪，自然法理论界才开始想象社会组织可以先于主权权力而独立存在（换句话说，认为社会领域与政治领域有着本质的区别）。又过了一个多世纪，这些理论才得以传播并产生具体效果。在那之前，人们通常借助有机物——最常见的是身体的形象——来理解人类社会，也就是说，重要的是功能，而不是数字或平均水平：一具身体拥有心脏、四肢、肺和肠，而不是数学上的中位数。

这就是为什么旧制度的观察者在描述社会的时候通常自上往下罗列其中各个要素，犹如播放配有评论旁白的老电影，而不是利用计算性的统计数据。真正重要的不是人口的数量，而是人的性质（quality）——他们处于啄食顺序的什么位置，以及他们是否真正履行了自己身份所要求的事务。举个例子，1709年警方向勒泰利耶神父（Father Letellier）递交了一份关于巴黎人口的报告，他当时刚刚就任路易十四的告解神父。[7]这份文件首先概述了对于全市人口群体划分的官方标准（ligne directe），然后描述了被称为处于阈限*的（liminal），因而是更加危险、不稳定的类别。该报告描述了多种严格排序分层的群体，并且对它们一一加以评论。从最高级别的贵族开始，其后是由治安官和城市官员组成的"城市贵族"（urban nobility），接下来排在第三位的是这座都城"古老而富有的有产者"——商人、金融家、包税人（tax farmer）。医生、律师之类的专业人士在此阶层的底端摇摆不定，据该报告作者的评论，他们常会设法让自己的女儿上嫁。再往下就是手工业者和批发商，比如金匠、珠宝商、布匹商、"大"药剂师，以及杂货商人。[8]

当作者接着写到更下一级零售商的时候，他对上层阶级势利做派的隐忍不满情绪转变成了对地位较低的商人的彻底愤怒，"大嘴巴，公开地争吵，随时准备在某个街角挂上链条制造路障"[9]。接着往下的是行会工人，再然后是挑水人、临时工那样的非技术劳动者，他们来自法国各地，从奥弗涅（Auvergne）到萨瓦（Savoie）。标准分类指南结束于此，作者继续记录那些居住在这座城市但是无法归入，或暂时还无法归入官方类别

---

* 阈限（liminality）是人类学概念，在阈限期，个人处于转型状态，悬而未决，既不再从属于之前所属的社会群体，也尚未重新整合融入新的社会群体。——译者注

的人。没错，做学问的人和其他学生就是应该被大批（en masse）绞死的土匪，但他们通常还是会成为老实可靠的居家男子。仆人、跟班这样的男佣却往往没好下场，因为他们爱模仿主人的放荡。社会最底端则是恶棍、吉普赛人以及骗子组成的下层阶级，其中还包括一些令人惊讶的其他成员，比如占星术士、学者和英国人。[10]

这一列表中确实存在一个有产者阶级，但那个群体并没有包括所有我们认为是资产阶级的人（比如，批发商就被排除在外），更不用说那些我们称之为"中产阶级"的群体。事实上，在一个如此碎片化的描述中，想要弄清社会的中间阶层究竟位于何处，确实非常困难。在这样一种对城市环境的描绘中，阶层的定位参照的并不是社会整体，而更多的是参考与其相邻的其他阶层的关系。这份警方报告向我们所展示的，并不像社会阶层的考古挖掘现场，反而更像一场列队游行。

在旧制度下，游行仪式也确实是表现城市社会最常见的方式。在大革命前的法国公共文化中，君主统治与社会的相似之处在于两者都必须以具体的形式得以体现、得以展示。就像圣餐礼的面包和酒能使神性看得见、摸得着一样，君主实实在在地象征着国家：从他的身体、仪式化的登台、奢华的宫廷景观，到他非常公开的婚外性生活，都占据着王国象征的正中心位置。以同样的方式，社会差别借助看得见的服饰信号得以体现，或者展示出来。关于社会秩序的权威讨论，就像1610年查尔斯·卢瓦瑟（Charles Loyseau）的《论等级》（*Traité des ordres*）那样，探讨的大多是袍子的颜色和长度、佩戴夸耀性饰物的权利（比如牧杖、马刺、佩剑），以及头饰的性质和装饰。[11]一个群体的地位也通过谁有优先权得以表明，同样具体的是谁能够比谁先走或先坐。[12]

大约在大革命之前20年，也就是1768年，一位匿名的外省作家对南部城市蒙彼利埃（Montpellier）的描述与卢瓦瑟的非常相似，也强调秩序、等级和优先级。在细读这一不同寻常的文本后，罗伯特·达恩顿（Robert Darnton）认为，尽管作者并没有真的记叙一场发生在蒙彼利埃的游行，但他的描写相当于通过文本组织了一场游行。"对城市社会来说，游行就是一种传统的表达风格，"达恩顿写道，"它是在大街上展开的宣言，一座城市以此对自己表现（represent）自己。"[13]在作者开篇对城里宗教和行政精英的呈现中，确实隐约可见游行队列的轮廓，他们按照等级森严的顺序出场，对服饰的琐碎细节无比重视。主教披紫色圣衣，大教堂和教堂的教士们穿白色或灰色的法衣，有的在深红缎带上佩戴珐琅十字架，白衣忏悔者和蓝衣忏悔者*套着染有象征色彩的兜帽和麻布衣。从最高法院官员**的黑色丝绸和貂皮帽，到律师的红袍，到首席法官副手的短礼服、斗篷以及佩剑，世俗权威也由种类繁多的颜色和材质体现出来。城市最高官员，也就是城市执政官们（Consuls）也毫不逊色，他们穿带有紫色兜帽的深红色缎面礼服，其随扈则身着饰有该城盾型纹章的半红半蓝的套装。如此这般接着通过游行队列的是大学、商会，以及109种官方认可行业的队伍。[14]

这种对于社会的传统的叙述方式是固守在具体形象之上的，它将社会各要素展示为一种"尊严"的游行队列——也可以说实际上是"耻辱"的游行，比如罗列不守规矩的职员、仆人，或罪犯。一个人在社会秩序中的位置要么来自于切实可感的劳动对象（土地、皮革、面包、肉类），要么（对更抽象的职业来说）是由身着服饰的细节彰显出来的。

这种对于社会的想象如此紧密地与可触可见的实体相联系，使得当时的人们很难，甚至不可能去设想一个以抽象概念为基础的分类方法。比如

---

* 白衣忏悔者（White Penitents）和蓝衣忏悔者（Blue Penitents）皆为天主教修会修士的代称，依其着装进行分别。白衣忏悔者通常指粪法隆大修会（Archconfraternity of the Gonfalone）的修士，其总部位于罗马。蓝衣忏悔者则指一系列修会的修士，他们在法国特别多，往往以圣杰罗姆（St. Jerome）为主保圣人。——译者注

** 最高法院官员（Cours des aydes）：旧制度下法国的最高法院，主要处理经济财政事务。——译者注

说，一个包括各种生产资料所有者在内的有产者阶级，或者一个用统计数据来定义的中产阶级。要如何在游行中展现生产资料呢？游行队列的中间位置又在哪里呢？

蒙彼利埃文本的作者并未满足于他在开篇对于市政官员和礼仪排序的展现。他意识到这些并不能代表这个繁忙富裕的省会城市里社会生活的真实情况。在写到一半的时候，他提出了自己对于真实的社会秩序的看法。值得注意的是，在描述了受命于神的市镇秩序之后，他又在一个标题为"贵族–居民的分类"（"Nobleses. Classes des habitants."）的简短综述中表达他对于阶层划分的个人看法。在这部分文字中，他认定排在首位的是古老的封建贵族，虽然人数极少；排在第二位的是规模较大的担任司法或行政职位的穿袍贵族（robe nobility）。接下来是有产者等级（état bourgeois）或称第二等级（令人困惑地排在第三位），由专业人士和商人组成，随后是排名第四的工匠和其他工人，家庭佣人则位列第五。[15]

虽然这个安排确实将一个位于中间的有产者阶级置于五大类中的第三位，但其整体描述却是古怪和个人化的。它将高等贵族视为不存在，却又把仆人单独列出成为一个类别，并以此为由对他们抱怨不休，同时还完全忽略了神职人员。正如达恩顿所指出的，这位蒙彼利埃作者在使用约定俗成的说法来描绘该市的社会构成时感到非常困难。[16]传统的尊严游行的展示方法已经不再适用于一个变化中的城市的现实状况，所以作者想出的方案看起来类似于古老的三分法，但是经过了大幅的修改。尽管他设计的分类方法乍看相当现代，将一个商人–专业人士组成的有产者阶级置于中心，但实际上从整体框架来看，这个群体上面有两组贵族，下面还有仆役这样一个尤为前现代的阶层垫底。

蒙彼利埃的这位作者在设法使传统观念合理应用于当下社会时感到的困难，其实是18世纪作家面临的典型困境，其中许多人都苦苦寻找某种描述社会的方法，而这种方法可以既保留又更新传统的三等级分类。一个常见的解决方案就是将三个等级细分为六个。比如，达克骑士（chevalier d'Arcq）在他维护传统贵族的作品中指出，第一等级包含"第一和第二等的神职人员"，贵族等级也可按类似的高低级别进行划分，第三等级则含有一个资产阶级和一个普通大众的分类。[17]六组分类的模型较为周全地考虑到了现实社会的多样性，但它仍然有四个精英群体凌驾于两个平民阶层之上，而且有产者阶级也下降到倒数第二的位置。另一些作家提出了一种四重分类法，仍然特别偏袒精英阶层，但也反映出法国高等法院（parlements），或者至少是它们越来越大的权力，日益增长的重要性。18世纪中叶，著名经济学家维克多·德·米拉波侯爵（Victor de Mirabeau）将各等级列为神职人员、贵族、地方法官，以及"市民等级"（municipal order）。1789年，时评小册子作者贝浪热（Berenger）同意四个等级模式，但他的版本略有不同，他划分的四个等级为：神职人员、贵族、地方法官和人民。[18]在法国，"第四等级"这个词从16世纪就开始被使用，但它到底是指哪个群体却没有定论，众说纷纭，从地方法官到律师到城市工人，各色意见都有。[19]

还有一些作家提出了更加奇异的分类清单。大约在蒙彼利埃这位观察者的同一时期，另一位进步作家也看到了五个主要的社会群体：王室成员和大贵族，小贵族和高级行政官员，"第一流的有产者阶级"（"bourgeoisie of first rank"），地位较低的群体包括基层官员、零售商和工匠，最后是乡村居民。[20]10年后，杜·比亚-楠赛伯爵（Du Buat-Nançay）通过由下往上列举社会阶层而突破了传统：贫困人口、农人、商人、富人，以及贵族。[21]大革命前几年，社会评论家安托万·波利埃·德·圣-热尔曼（Antoine Polier de Saint-Germain）也确认了五种"不同的等级和社会地位，（公共）舆论将其分配给了人们"：大贵族、小贵族、富有的非贵族群体、工匠阶层，以及所有为别人干活的人。[22]

所有这些例子都可追溯到18世纪下半叶，引人注目的是它们的多样性。这些以贵族为首的清单头重脚轻，这一事实反映出了这些作者拥有普遍较高的社会地位（这是他们的社会身份），也反映出了一种传统意愿的力量，即承认王室家庭和他们的宗族拥有单独属于自己的阶层。有些作者，比如米拉波，几乎无视超过人口四分之三的低收入劳动者。然而，除了这个基本的倾向之外，对于社会群体的人口数量和性质，评论家们没有达成什么共识：贵族总是被分成一个或两个阶层，从事行政工作的高等贵族有时单独被分作一类，大多时候却没有；神职人员往往不在这些清单内，但也并非总是如此；而非精英的大多数人口则以各种各样的方式被塞进一个到两个类别里。

虽然大多数18世纪的作者抛弃了传统的三等级模式，他们却继续坚持其背后的假设：各个社会群体有着不同的功能，需要严格清晰的划分，对社会群体之间森严等级的维护是他们君主制社会和政府的核心原则。达克骑士写道，各种等级之间的微妙平衡对君主制是至关重要的：如果太多人向上流动，将出现一个共和国；而如果人们往下流动，专制将随之而来。[23]因此，至关紧要的是整体结构，而并非任何一个群体的确切身份。正是由于等级和功能的具体细分如此重要，在18世纪有关社会的话语中，bourgeoisie（更不用说中产阶级）才这样令人难以把握。有时候，有的作者将我们称为资产阶级的某个群体包含其中，以其确切功能为参考：法官、商人，或米拉波的"市民等级"。但是，在这样一个框架之中，想象一个更为广泛的bourgeoisie或中产阶级几乎是不可能的。正如蒙彼利埃的例子所示，这样的群体在实践中可以被定位，但在理论上却无法被识别。18世纪大多数的法国思想家自然无法设想存在一个功能多样、地位含糊的社会群体。想象这样一个不稳定的、定义不明而又涵盖广泛的群体会威胁到君主社会的核心。如果说，能否看到中产阶级（middle class）的选择归根到底是一个政治问题，那么理所当然的，从一个有序的君主制的角度来看，资产阶级（bourgoiesie）从本质上来说是不可见的。

中产阶级绅士

熟悉法国历史的读者可能会想要抗议，认为资产阶级在旧制度下绝非是不可见的，它在上述提到的大多数社会分类清单中都被明确命名，而它在革命前的城市社会中作为一个官方类别也的确是存在的。虽然这一切毫无疑问都是真实的，但无论是这个被称作bourgoiesie的群体的官方地位，还是与其松散地相关联的政治文化内涵，都问题丛生。无论从短期还是从长期来看，旧制度下布尔乔亚（bourgeoisie d'ancien régime）的遗留问题正是使得资产阶级身份后来在法国不可能作为一个核心规范或理想出现的原因之一。

正如每一部有关旧制度的教科书解释的那样，bourgeois这一称呼被赋予了一个在法律上独立的、拥有特权的、非贵族的上层阶级身份。早在11和12世纪，加佩王朝的国王们就将其授予居住在新市镇的自由民。[24]世易时移，这些城市自由民的地位演变成了一整套变化不定的义务和特权。在早期，当这一个群体的社会成分更加混杂但他们仍然还是自己市镇的主人时，这一身份意味着沉重的财政和军事义务，比如参与修缮城墙以及服当地民兵役。[25]随着王权国家的巩固，以及法国国王们日益增强的分而治之的动机，布尔乔亚实际上越来越清晰地变成了一个享有皇家税务特权的群体。

到了18世纪，尽管法律定义的bourgeois之确切权利和责任在各地显著不同，但这一地位已经与法律上（de jure）或事实上（de facto）的

"闲散"紧密关联。在巴黎,各种法令禁止身为"巴黎自由有产者"
(bourgeois de Paris)的市民从事手工劳动,售卖除了自身资产所出以外
的任何商品,以及做任何在法律上损害他们地位的事情——这些约束与
针对同一时期贵族的约束非常相似。作为回报,"巴黎自由有产者"也
享有许多财政和荣誉特权——比不上贵族拥有的那么多,但在种类上相
似。[26]总而言之,司法定义下的"巴黎自由有产者"看起来非常像一个地
位较低的贵族。在巴黎,"自由有产者"的法律头衔是世袭的,在沙特
尔(Chartre)这样的省城里虽然并非如此,但它通常被认可为一种财务
上的成功,意味着一个人可以无须工作而靠财产收入生活,因而成为一
个——用纳税清单上难以理解的术语来说——bourgeois vivant noblement,
也就是"过着贵族生活的布尔乔亚"。[27]因此,尽管法律定义的自由有产者
(bourgeoisie)是位于贵族和穷苦平民之间的中间群体,但它却与我们所
谓的工作勤勉、精英主义的中产阶级理念完全无关,因为其法律地位通常
是基于财政特权、世袭权力与强制性的无所事事的组合结果。对于追寻法
国中产阶级起源的历史学家们来说,这是一个大问题。因为这一群体的名
称,他们必须将其纳入考虑范围,但随之又会倾向于将其仔细隐藏在人们
更为熟悉的、更为明确的类型之中,例如商人、医生以及律师。而事实上
(这是负载着各种历史后果的事实),旧政权的布尔乔亚阶级严格来说就
是一群影子贵族。

让情况变得更加复杂的是:bourgeoisie是一个政治术语,大约等同
于"城市公民身份"(urban citizenship)。事实上,可以说,这一术语
在社会意义上的含糊不明恰恰是它在政治上具有特定性的必然结果。在
旧制度的标准词典中,有关"布尔乔亚的和布尔乔亚"(bourgeois and
bourgeoisie)的条目通常以一个对城市自由有产者的传统定义开篇,而这
一定义十分类似于古典意义上的公民:一个可以换喻地代表市镇、拥有

政治能动性的精英群体。例如，1694年那版"神圣的"《法兰西学术院词典》中，"布尔乔亚的和布尔乔亚"这一条目如此开头："公民，市镇的居民。如'巴黎自由有产者''实实在在的自由有产者'。在定义性的表达中，人们说到'布尔乔亚'时，参照的是全体市镇居民，如'布尔乔亚起来反抗''布尔乔亚拿起武器'。"[28]1704年耶稣会的《普世辞典》（*Dictionnaire universal*）把拉丁语中的公民一词列为布尔乔亚的同义词，并在例句中更有针对性地表明城市动乱的危险。"布尔乔亚，集体名词，居住在一个市镇的人[人民]（peuple）的集合，公民（Cives）。'千万不能把武器交到布尔乔亚手中。'……布尔乔亚市民（bourgeois）也可以说是市镇中的每一个居民，单个公民（Civis）。'这位商人，这位律师，是一个好的布尔乔亚市民。'"[29]当然，这些字典也同样指出，布尔乔亚也与特权同义，尤其是他们享有特殊的豁免权，不需缴纳平民的标准税收——人头税（taille）。

大革命迅速切断了特权与公民权之间这种不合时宜的关联。一部1791年出版的关于政治和宪法术语的字典这样解释公民（citoyen）一词："法国人民过去不是公民，直至大革命把他们天然的权利交还……对他们来说，公民和布尔乔亚过去是同义的，后者与贵族相似，仅指少数市镇的居民享有特权。"[30]虽然有法律定义和历史事实，但布尔乔亚这个概念等同于公民仍是成问题的。对旧制度来说，它具有危险的民主倾向（所以才有字典中那些关于布尔乔亚拿起武器的告诫性的例句）；对大革命来说，它又具有可憎的排他性，乃至带有贵族色彩。随后，在复辟政权、七月王朝以及第三共和国等不同的时间点上——作为自豪的市民和城市奠基人的旧制度布尔乔亚形象被各种群体所利用，出于政治原因他们急于以布尔乔亚的名义宣扬自己的主张。然而，在旧制度和第一共和国统治下，正是出于相似的原因，作为市镇公民的布尔乔亚都是一个威胁性的概念：它增加了从全体臣民身份（universal subjecthood）或公民身份叛逃的可能。

　　bourgeoisie这一概念在政治上问题不少，它的社会内涵也模糊不清，在文化方面更是被大加诋毁。毫无意外，旧制度时期的字典中对于布尔乔亚的社会文化定义几乎完全是负面的。他们通常只能从高于或低于自身阶层的角度才能被理解，因此布尔乔亚成了他们所不是的那些人。对工人来说，le bourgeois一词意思是业主或者老板。（该词的这一含义一直保留到20世纪。）从17世纪90年代到18世纪90年代，《法兰西学术院词典》解释说，这是个被工人和仆人用来指代雇主的词："必须服务于布尔乔亚，不应欺骗布尔乔亚。""石匠和工匠总是试图欺骗布尔乔亚。"从这个意义来看，这些例句的作者和读者毫无疑问都是这个阶级的人。[31]但反过来，布尔乔亚作为形容词，在每一部字典中都被定义为用以描述某人缺乏教养和上流社会的优雅风度。1694年的《法兰西学术院词典》解释道，这意味着："一个不属于宫廷的人；'有一股子布尔乔亚的味道。'就此意义而言，该词常用作形容词：'布尔乔亚的做派，布尔乔亚的谈话，他有一幅布尔乔亚的模样。'"其他的字典也与之相应和："不够礼貌，太随意，不够庄重。""与宫廷人士形成对比，缺乏风度和机智的人。"[32]相隔几十年，一场革命过后，这样的定义仍然生效，不过使用时略有非难之意："这个词还表达了一种轻蔑，用以贬低某人不是绅士，或者说此人没有上流社会的经验。"[33]

　　这些定义表达出的带着反感的蔑视（"有一股子布尔乔亚的味道。"）引发了很多问题，特别是由于它针对着一个被普遍认为是富有又守法的群体。资产阶级通过双重否定得以定义——既不是劳动者，也不是绅士——这明确地表现出了一种遭到排斥的临界地位或混合杂交状态，而不是一个自得的、受到肯定的中间位置。事实上，同时期的评论者确实暗示，正是资产阶级这种双面神似的社会地位引发时人的厌恶。1717年，作家马里沃（Marivaux）写道："夫人，巴黎的布尔乔亚，是一种杂交动物，看上去既像贵族又像人民。展示昂然风度时，他总是一只猿猴；流露卑微庸常时，他倒是出自天然。因此，他靠模仿学做贵族，按性情本是平民。"[34]

自中世纪以来，法国丰富的讽刺文学就以布尔乔亚为攻击对象，给它贴上态度粗俗、虚荣、贪得无厌而又野心勃勃等种种标签。此类作品中最出名的例子当然是莫里哀笔下的茹尔丹先生（Monsieur Jourdain），那位通过速成班学习小步舞曲和短诗写作、其身份如同矛盾修辞的绅士布尔乔亚。茹尔丹只是诸多舞台和文学作品中最著名的布尔乔亚形象之一，他们由于低下的出身、贪婪的心理（金融家是作家最喜欢攻击的目标），以及想与贵族并肩的欲望而备受谴责。这类广泛的反布尔乔亚文学的主题值得注意：对金钱的过度关注、急剧的社会流动、周旋于生产者与消费者之间的职业生涯——商业、法律、金融。[35]

布尔乔亚含糊暧昧的地位对于等级社会的核心原则造成持续的威胁。[36]与家庭佣人相似，布尔乔亚有机会通过高度结构化的系统内部的裂隙迅速升至高位，事实上，他们在作家笔下常常就是如此——比如在勒萨日（Lesage）的戏剧《杜卡雷》（Turcaret）中。[37]在法国文化中，布尔乔亚与另一个社会地位不明同时又备受责难的群体——犹太人，有很多相似之处。与布尔乔亚类似，犹太人也是一种想往上爬的文化意义上的局外人，一种过于注重物质利益的造物，一种通过协调不同群体需求来谋生的人。布尔乔亚和犹太人之间的这种相似之处表明，旧制度下有关布尔乔亚的看法挑战了我们对于中产阶级的假设——它是稳定的、可靠的、值得称赞的。恰恰相反，旧制度的布尔乔亚被认为是卑鄙和危险的——关于他们的定义太模糊，流动性太强，承载了太多不同和相互矛盾的意义。

到目前为止，我一直使用阳性代词，因为字典所定义的以及虚构作品中所描绘的布尔乔亚几乎都是男性，他们的妻子大多被忽视。然而，在布尔乔亚的定义和形象方面，有关性别的议题并未缺席。在字典定义中，bourgeoisie一词有一个用法总是褒义的：这就是当它与家庭和私人生活联系起来时。《法兰西学术院词典》的后期版本指出，形容词"布尔乔亚"适用于这些搭配：一顿饭、一道汤、一瓶从自家酒窖中取出的好酒，而不是酒馆里喝的酸酒。[38]在蒙彼利埃编年史作者的文本中，达恩顿也发现了类似的正面意义集中在布尔乔亚烹饪这一概念周围——简单舒心的四道菜的正餐。[39]虽然达恩顿把这些对于食品、美酒和舒适居家生活的正面评价解释为布尔乔亚可靠身份的核心要素，我却想提出一种不同的、不那么乐观的解释。当布尔乔亚在公共世界中主张自己的权利时（当他像一位公民那样拿起武器时，当他觊觎贵族的地位时，当他在上流社会的公共舞台上努力表现自己却总是招致羞辱时），他是危险的、可鄙的。只有涉及私人领域的时候，布尔乔亚的品质才能得到赞扬，这就是当它与表现居家亲密的仪式（汤、佳肴、美酒）相联系时。简而言之，布尔乔亚被含蓄地规定为女性化的，或者至少受到与女性一样的限制：当他的活动限制在家庭以内时才能得到赞扬，当他胆敢突破规定范围时就会遭到谴责和嘲笑。

因此，布尔乔亚肯定存在于旧制度的法国，无论是作为一个法律类别，还是作为一个特殊的（或许说成问题的）社会想象的元素。所谓旧制度的布尔乔亚（bourgeois d'ancien régime）作为享有特权的地方精英长期以来一直兴旺发达，然而他们与贵族相似的地位以及作为市镇居民的特殊性质使得他们在1789年之后迅速消失。在更为广泛的社会文化意义上被定义的布尔乔亚则成为被蔑视甚至恐惧的对象，其存在冲击了社会的核心原则——稳定性和社会类别差异性。在18世纪，对任何试图诊断或治疗社会弊病的人来说，无论是提出社会改革的建议，还是梦想建设一个更加和平更加道德的民族，在物质主义的、不稳定的、粗俗的布尔乔亚那里都是最不可能产生解决方案的。

反思贵族

只有从大革命之后两个多世纪的回顾来看，有关资产阶级的问题，也就是他们是谁以及他们如何被看待的问题，才显得重要。对于18世纪的居民来说，这样的问题是不存在的。直到大革命的前夕，当第三等级成为激烈的争论焦点时，也没有人热心思考过富有或中层平民的身份、权利和责任。就算有人曾经关注过这些问题，那样的思考也都被淹没在更为喧嚣、更为激烈的有关贵族的辩论之中。在启蒙时代，人们所争执的并不是新精英出现的可能性，而是法国古代贵族的起源、本质、作用和未来。对于任何哪怕仅略微涉猎当时文学作品的人来说，最为突出的人物都是贵族，通常是放荡的享乐主义者，就像《危险关系》中的瓦尔蒙子爵和梅尔特伊侯爵夫人那样。就算我们可能无法弄清仆人费加罗的确切的社会地位（中间阶级还是劳动阶级），但毫无疑问的是其主人阿玛维瓦伯爵的社会身份，那个野蛮的家伙试图行使他对苏珊娜的童贞的封建权利。大革命时期最显著的社会议题——反抗贵族的斗争——就深深根植于长达一个世纪的辩论中：贵族到底是体现了民族荣誉还是威胁了民族的健康和完整。

举个例子，这个世纪中叶最著名的关于经济变革的社会影响的辩论涉及的不是资产阶级，而是贵族。1758年，一位不大知名的作家和前耶稣会成员，加布里埃尔·科瓦耶神父（abbé Gabriel Coyer）发表了一篇题为《商业贵族》（*La Noblesse commerçante*）的短论文。[40]根据经济学家让-弗朗西斯·梅隆（Jean-François Melon）的观点，对一个民族的国际力量而言，贸易已经变得比战争更加重要。科瓦耶建议允许贵族参与经商，无须因此遭受传统的惩罚而失去贵族地位（他给限制贵族从事贸易的法律贴上"哥特精神残余"的标签）。科瓦耶指出，法国已经处于和平状态二十多年，许多贵族不仅贫穷而且无所事事。他们为什么不能从事贸易？这对国家和对他们自己来说都是无穷无尽的财富之源。他还提出，战争已经从陆地转移到海洋，国家需要真金白银来进行这种新的权力斗争。[41]科瓦耶论文的发表恰逢七年战争的爆发并不是偶然的。

无论他是否有意，科瓦耶这一看起来很实际的建议引爆了激烈的辩论。他的小册子被重印多次，对其最有名的回应来自达克骑士，后者的作品也被重印数次，另外还有许多其他作家加入论战。全国及国际期刊都对这场争论进行了广泛报道。[42]大多数对科瓦耶的回应是负面的，常常是激烈的反对。对生活在18世纪50年代的很多人来说，商业贵族（noblesse commerçante）与绅士布尔乔亚（bourgeois gentilhomme）相仿，出于同样的原因，两者都是一种自相矛盾的措辞。科瓦耶提出要务实地抛弃一个过时的法律，他的论敌则提出反对意见，认为这是对本民族最深刻的社会政治认同的攻击。长久以来，个人在社会中的流动都是完全可以被接受的，但是对于基本类别的重组或扰乱则不行。一位参加这次辩论的女士奥克达维·吉夏尔（Octavie Guichard）非常明确地表达了这一观点。她写道，如果某一个贵族希望像普通人一样追求财富，他可以那样做，"可是一旦对这种收益感到满意，他就不该再模仿那些声称具有双重特性的两栖动物"。如果一个平民在法院或者战场上的表现优异因而成为贵族，那同样是可以接受的："至少，只有个人的社会地位发生变化，而阶层的整体性完善无损。"[43]

达克骑士和他的许多追随者都认为，科瓦耶的提议对于法国政府和社会的本质来说是危险的。自从1748年孟德斯鸠的《论法的精神》出版以来，每个受过教育的人都知道政府的不同类型取决于其依赖的不同原则，而荣誉恰是法国这样古老稳健的君主统治的核心价值。达克认为，如果用商业追求来取代只能在战场上赢得的荣誉，其结果要么是财富腐化君主及其臣民而导致"奢侈的"专制主义，要么是整个国家转向没有灵魂的共和制物质主义。[44]在对科瓦耶严厉批评的背后，隐藏着对这一世纪中叶面临的双重威胁的恐惧：重商主义和英国联合起来对国家造成的威胁。一位达克的追随者就明确地写道："物质利益支配着[英国的]贵族，而我们的贵族仅奉荣誉为宗旨。我们不要贬低它，不要让对利益的贪婪取代对荣耀的热爱。"[45]

但是，在军事贵族捍卫和维持的荣誉以外，法国君主制的本质是君主与社会的关系。根据科瓦耶论敌的总结，他所提议的是在一个等级社会之中，将一个群体的指定职能转移到另一个群体。达克认为，等级间的不平等正是一个君主国家的本质，"当各个等级之间的区别减弱的时候，当他们开始彼此混杂融合的时候，当他们开始互相吸纳对方成员的时候，"这个国家就会被动摇、被颠覆。[46]同出一脉的论点也来自于孟德斯鸠，这一看法主要基于他关于中间等级对温和君主制度具有中心性的理论。在这场辩论中，所用的隐喻要么是结构性的（移除一张牌，整个扑克牌堆将会倾倒），要么是关联性的。关于后者一个特别突出的例子来自奥克达维·吉夏尔笔下，她认为科瓦耶的建议会"抹杀所有处于工匠和绅士之间的中间阶层"。随着商人阶级中间地位的消失，通向王权的坡度会变得过于陡峭，臣民与他们的国王之间的险峻斜坡会使得后者看起来像是"令人不敢直视的巨人"。[47]她警告说，削弱贵族阶层，将会危害到所有臣民与他们的君主之间的关系。

在这整场辩论背后的假设是：是贵族定义了法兰西民族的身份。从我们今天的视角来看，值得注意的是，没有人为这个困境提出明显不同的解答，即让贵族继续他们的浮夸或闲散，同时让国家提升商人阶层的社会和政治地位。关于后者，达克勉强给出几句傲慢的、居高临下的评论："让我们支持第三等级中那些通过商业脱颖而出的人。让他们得到奖励，甚至荣誉，只要这种荣誉有别于授予贵族的那种……我完全不想让商人陷入他们理当逃避的默默无闻之中。"[48]如果让少数贵族从事贸易的提议就引发了如此激烈的反对，可以想见，任何把商人放在接近民族领导地位的念头在当时都是不可想象的。

然而，科瓦耶和达克之间的辩论不应该被简单归纳为进步的平民与反动的贵族之间的典型冲突。神父引发论证的焰火，并非因为他建议贵族应该审视其存在的传统理由，而是他这一建议的特殊性质。贵族的存在理由（当然，是理想情况下）是超群无私地履行其职责：他们接受培养和训练，为的是在战场上冒着生命危险维护其家族和国王的荣誉。科瓦耶的建议如此令人震惊是因为在关于商业是新的战争形式的论点背后，他似乎在告诉贵族们，他们作为国家荣誉守护者的精神性功能应该转换为自利的对物质所得的追求。对于那些认为贵族正被要求将他们的灵魂卖给财神的人来说，商业是一种公共服务这一观点毫无意义，但这也并不意味着，18世纪的贵族抵制任何重新定义其阶级功能的尝试。

18世纪的法国贵族绝不是一个统一的、反动的、传统主义的整体。可以说，贵族是当时国内最显著的一个进步群体。例如，贵族们战斗在反对绝对主义滥用权力的最前线。正是孟德斯鸠男爵，一位有着无可挑剔的贵族血统的法官，写下了关于数十年间以高等法院为阵地反抗王室及大臣专制斗争的剧本。许多最激进的哲学家（达朗贝尔、霍尔巴赫、爱尔维修、萨德）都拥有高贵的蓝血，而启蒙运动作为一个整体，从百科全书（the Encyclopédie）到沙龙再到各省的种种学院，贵族对这一运动的资助和参与都远远多于其他任何群体。最后，贵族是大革命初期突出的意识形态家和领导者，许多人背叛了自己的阶层，投身于第三等级的反叛之中。[49]因此，在这整个世纪中，贵族自己都积极参与了重新定义其集体存在的根基，这并不是个令人意外的发现。在对18世纪法国贵族的经典修正主义研究中，盖伊·肖锡南–诺加雷（Guy Chaussinand-Nogaret）表明贵族扩展了他们为自己凭什么可以持有领导权所列的品质清单。对于传统的荣誉（honneur）和品格（valeur）而言，依循惯例是勇气和道德方面的品质差异将他们与位于其下的人区分开来。到了17世纪60年代后，贵族开始为自身添加其他品质标准，比如功绩（mérite）和能力（capacité），这些看起来属于个人成就而不仅仅来自于高贵的血统。[50]

肖锡南–诺加雷基于这一点很快得出了结论：贵族理想的扩大化应该视为他们对于资产阶级个人主义和任人唯贤价值观吸纳的结果。但是，为什么对个人才能的尊重被视为资产阶级特有的价值观？并且，在血统谱系的重要性和个人成就的价值之间是否真的存在矛盾？在最近一本十分重要的研究17和18世纪王室效命文化的书中，杰·史密斯（Jay Smith）提出了这些问题。[51]史密斯反对将能力与出身视为对立的老套观点，认为有关功绩和任人唯贤的理想并不是启蒙运动的发明，而是贵族服务于国王的传统文化的重要组成部分。18世纪之前很长一段时间，法国国王们对于最高行政官员的选择就不仅仅限于古老卓越的家族，也包括那些才华突出的个人。家族血统既保证了对国王的忠诚，又是维护勇敢而忠实地服务于王权的家庭崇高声誉的需要。

至于个人功绩，史密斯认为，是通过与国王的私人关系得以确认的。法语中的动词mériter意思是应得某物或者赢得某物，但它也一直与介词de（mériter de）连用，表示在某人或某一群人眼中具有优点。国王的凝视（gaze），特别是路易十四的凝视，对于构建史密斯所谓的"功绩文化"（"the culture of merit"）至关重要。通过紧盯着那些为他工作的人，路易"使已经建立起来的效命文化变得极为个人化了"，创造出要在国王眼中竞争并胜出的愿望。[52]随着18世纪王室官僚机构的扩展，某位国王的凝视将这种短暂的特性转化成了一种更为持久、更少个人化的权威，那就是国家的权威：现在国王的在场是隐性的，而非实际的。[53]

因此，法国高层公务员竞争性的、任人唯贤的文化——即使在今日仍然尤为显著——并不是针对君主制和贵族制，而是通过它们并在这些制度中间构建起来的。"对才智之士开放的事业"这一想法，早在它被认为是典型的资产阶级价值之前，就一直深深吸引着贵族。熟练、投入的国家服务作为法国的核心社会理想——一个既联结又超越了各种政体的理想（君主制、共和制、帝国）——承载着有关荣誉和无私的信念。达克及其盟友们推崇的正是这种理想、这种荣誉的信念，而不是某些对于祖先和特权的蒙昧迷信。正是这种理想的持久力量，解释了在科瓦耶辩论中对国家精英从事不名誉的、自私自利的商业活动的抵抗。竞争，在官场和战场上都是令人钦佩的，而应用于物质私利的追求则令人鄙夷。

18世纪的贵族渴望重申他们这个等级的荣誉和作用，因为正是在该世纪中，一个拥有头衔和特权的精英群体饱受抨击。文学和哲学作品中对贵族的谴责当然是启蒙运动的支柱，从孟德斯鸠和伏尔泰的尖锐嘲笑，到卢梭对上流社会之腐败的全面谴责，到该世纪最成功的戏剧作品中费加罗对其主人的辛辣讽刺："你凭什么值得拥有这么多优势？费了点儿劲，让自己被生下来了，除此以外，别无其他。"[54]《费加罗的婚礼》展现了贵族老爷拥有仆人新娘初夜权这样令人震惊的情节，而这只是从18世纪60年代到80年代期间这类型的作品中最出名的一部，正是它们发明了并以耸人听闻的方式描绘了所谓的封建主义。18世纪的最后几十年见证了这类作品的爆炸式增长，它们以真实的或想象的领主权利为主题。封建权利是农村社区和领主之间激烈争议的主题，双方都有法学家们支持，他们探查档案，提出诉讼请求和反诉。[55]重农主义者和其他经济学家们将封建租赋视为农业改良的主要障碍。[56]最令人惊讶的是，在以伏尔泰为领袖的一代人道主义作家所谴责的滥用封建权力的现象中，许多完全是想象出来的。更为惊悚的发明之一便是对死手法（mainmorte）*一词来源的描述，这限制了佃户对自己亡故后财物的自由处置权利。作家们声称，从前的领主们在佃农死去后，会要求看到从尸体上切下的手（main morte）。而最出名的传说，则被博马舍极为成功地写入了《费加罗的婚礼》，那就是"领主的权利"（the droit du seigneur）或是"预尝"（prélibation），也就是领主对于其佃户新娘的"初品"。尽管无法定夺是否真的存在过这样的权利，但百科全书还是对其认真对待，以至于为此专门列出了一个条目，而且伏尔泰轻巧地断言，即使是担任教职的领主也充分享用了这一特权。[57]

围绕贵族这一话题真正实质性的论战以及那些最有力地定义了封建主义的论战，发生在历史写作领域。到了18世纪，已经没有哪个受过教育的人相信三个等级是永恒的或是神赐的，并且从该世纪早期开始，历史学家们已经就王国内相互竞争的各种势力的起源展开了激烈的争吵。至少在最初，这些争论的核心问题是关于贵族和君主各自的力量问题：两者中谁最先出现，谁拥有最大权力，他们各自与法兰西民族的关系如何？

这场早期历史学家间的战争于1727年开场，由布兰维利耶伯爵（Boulainvilliers）发动首轮攻击，其作品《论高等法院的历史书信》（*Lettres historiques sur les parlemens*）简直是贵族至上的宣言。在布兰维利耶版本的传统日耳曼主义的观点中，法国贵族是入侵法国并于5世纪征服高卢的法兰克（日耳曼）部落的后代。[58]与布兰维利耶进一步的论证相比，这个说法还不算是原创和有倾向性的。他接下来提出，墨洛温王朝的

---

* 死手法（Mainmorte），字面意义是"死手"，是欧洲封建制下的一种财产制度。封建领主，主要是教会，对于土地等不动产具有永久所有权；其下的农奴，虽然在生时可以在领主的许可下处置自己的份地，但死后则不能以遗产等方式对其进行转让。——译者注

奠基人克洛维（Clovis）只不过是由其法兰克同僚们推选出来的军事指挥官，继而成为"平等中的第一人"而不是权力神授的领袖。在路易十五年幼时的贵族骚乱期写作的布兰维利耶公然提出，与君主相比，贵族拥有历史的——因此也就是政治的——优先权。他也没有回避这一叙述的另一方面，也是后来证明对贵族阶层造成最大损害的一点：法国贵族在种族上就与平民不同，并且他们把自己的优越性归功于征服这一残酷事实。他写道："当然，普通法中，所有人都是平等的。是暴力导致了*自由和奴役、贵族和平民*之间的区别；但是，尽管他们的起源是邪恶的，[这种区分]在世界各地都如此普遍的存在，他们已经获得了自然法的权威。（斜体为原作者所加）"[59]

没过多久，君主制的支持者们就通过迪博神父的作品向布兰维利耶发动反击，他将自己的罗马主义的观点收入1734年出版的《关于法国君主制在高卢建立的批判史》（*Histoire critique de l'établissement de la monarchie françoise dans les Gaules*）。迪博并不否认贵族的法兰克起源，但对他而言，他们不是胜利的征服者，而是一个与罗马帝国缔结的联盟并听命于罗马的、对高卢进行统治的群体。克洛维不是当选的军事指挥官，而是罗马人任命的行政官员，并且在罗马帝国的支持下，获得许可可以将他的权力传递给他的后裔。迪博论道：没错，贵族权力确实是来源于暴力，但是他们开始征服发生的时间更晚并且局限于王国内部。自10世纪开始，曾经是王室忠诚仆人的公爵和伯爵们开始逾越他们被授予的权限，牺牲国君和人民的利益，声称对原本只归他们管理的土地拥有统治权。与一般观点截然相反，并非王权从贵族中间产生出来，而是贵族通过反抗已经完善的君主制而争取到了自己的权利。

无论是政治的还是历史的反贵族作品通常都是由君主制的支持者所写。18世纪下半叶最重要的法国历史学家加布里埃尔·博诺·德·马布里神父（Gabbel Bonnot de Mably）在18世纪40年代开始了他作为一个坚定的君主主义者的写作生涯，随后他和卢梭一起成为最具影响力的古典共和主义的倡议者。[60]在他的历史著作，尤其是初版于1765年的影响深远的《论法国历史》（*Observations sur l'histoire de France*）中，马布里向他的同时代人提供了一个同时批评君主制和贵族制的叙述，这个文本的影响力十分惊人，从大革命时期直至19世纪，自由派和激进派都对其爱不释手。马布里认为，起初既没有贵族制也没有君主制。法兰克是一个残酷而骄傲的武士社会，有领袖却没有国王。他们从来没有奴役过高卢人，后者是自由的。在最初的数个世纪中，这个国家是由像克洛维这样的王公统治，他们也不过是管理着一群准民主制的武士的"首席官员"。当这些原始民主的漫游部落定居下来并获得财富时，他们之中最不择手段的、最贪婪的那些人开始为自己攫取土地和财产，"公共利益为私人利益所牺牲"，从此法兰西贵族诞生了。[61]

法国国王们对这种发展负有很大的责任，因为正是他们分封大量土地为下属的采邑，以获取自己最具掠夺性的追随者的忠诚。虽然最初这个社会中唯一的差异是基于个人功劳所得的奖赏，但是很快，拥有金钱和土地的显贵们坚持要使自己的优势成为世袭，于是便产生了一个排他的阶层："一旦在国家公民内部出现了仅凭出身就能占有某些特权的人，这些人就会鄙视那些不再与他们平等的人，并形成一个团体，*其自身的利益与君主和人民的利益都截然不同。（斜体为作者所加）*"[62]除了查理曼统治时期这一短暂的例外，这个国家在加佩王朝初期那些国王们的统治下（10—11世纪）衰退成为"封建的无政府状态"，封建诸侯们在公共权力的真空中实施着不稳定的统治。

对于后辈们来说，特别是在19世纪20年代，马布里作为资产阶级史的预言家将会变得非常重要，因为他把救赎的希望定位于自由城镇，这些城镇由法国国王们于11—12世纪确立，用以制衡过于强大的封建领主。但是，在马布里的作品中，最令同代人感到惊讶的也最令像兰盖（Linguet）和列特隆（Le Trosne）这样的后辈历史学家们深受启发的，是他对贵族统治恶行的生动描绘，他描绘了封建无政府主义、贪婪和自私的统治是如何分裂国家的。[63]

在所有这些历史叙事中，一个异族的、残暴的、自私的贵族形象浮现了出来。对布兰维利耶这位贵族辩护人来说，种族差异是既定的（法兰克人征服高卢人），而对马布里来说，是贵族创造了自己对血统的痴迷。但两者最终结果都是一样的：一个生物学上具有差异的群体形成了，因此这个群体在本质上是外来的——《马赛曲》中就唱到"不纯洁的血液"灌溉着法国土壤的沟犁。在保王主义者和共和主义者的法国历史版本中，这个群体的定义性特征是自私自利、贪图物质，它在民族景观中的存在起着深刻分裂性的作用。封建贵族创造了无政府状态，在18世纪的词典中，这正与自由相反。

在大革命前夕，贵族的形象彻底反转。 贵族存在的传统理由是其对国王和国家的无私奉献，但是在各种类型作品中——尤其在历史写作中——所创造出来的封建主义传说，将贵族塑造成接近布尔乔亚类型的某种群体：极度自私，无视并破坏民族共同体的广泛利益。[64]如果特权使得旧制度的布尔乔亚看起来像较低等的贵族，那么财富和自利的结合使得贵族看起来像异常强大的布尔乔亚。 既是异族的又是自私自利的，贵族将成为大革命明确的敌人，而它的布尔乔亚弟兄还在候场，等待成为日后那些后期政权的替罪羊。如果说在18世纪下半叶，贵族被认为是一个问题，布尔乔亚则几乎不可能成为这个问题的答案。

大地良田

到了18世纪后期，用秩序和等级的传统习语来描述真实的社会经验已经无法令人满意。因为饱受对其传统特权的攻击，许多贵族正在想方设法为他们的社会角色寻找全新或者更新换代的定义。难道启蒙运动没有设计出一套合理的新语言来谈论社会秩序，没有将某些社会群体视为民族希望的载体吗？事实上，革命前法国知识分子中一个影响深远的分支，被称为重农学派（在当时更常见的称呼是"经济学家"）的一个群体，确实提供了一种了解社会的新思路。但是，尽管这些政治经济学的早期提倡者推崇货物的自由流通〔他们中的一位创造了"自由放任"（laissez faire）一词〕，但是与任何其他同时代人一样，他们也没有更倾向于界定出一个现代的中产阶级，或是赋予它社会领袖功能。[65]

重农主义者主张农业处于社会秩序的中心地位，认为在所有经济活动中，只有土地耕作才能产生净盈余。他们对社会的分析性描述反映了这一假设。其后成为描述社会标准公式的第一个例子出现于1766年，出现在该运动的一位创始人，医生和经济学家弗朗索瓦·魁奈（François Quesnay）的作品中。魁奈写道，国家应该被"化简"为三个"公民阶层"：通过耕种土地每年更新国家财富的"生产阶层"；拥有土地的"地主阶层"（class of proprietors），包括君主和神职人员；还有所有其他人组成的"不产阶层"（sterile class），包括那些从事服务行业或从事除了农业以外其他工作的人。[66]魁奈的分类法很快被他在这一运动中的盟友们所采用，尽管对于具体标签存在着些许异议，博多（Baudeau）、米拉波（Mirabeau），杜邦·德·内穆尔（Dupont de Nemours）、梅西埃·德·拉里维耶尔（Mercier de la Rivière）、列特隆和杜尔哥（Turgot）都追随这一权威的三分法。在土地上劳作的阶层有时被称为"生产的"，有时是"耕作的",有时又是"土地劳动阶层"（laboureurs）；拥有土地的阶层被称为"所有人的"，或是"空闲的"（disponible），甚至是"贵族的"；最后一个阶层是"不产的""勤劳的""唯利是图的""制造性的"，或者"工匠及工薪劳动者阶层"。虽然它们总是依照上面的顺序被引用，但是拥有土地的阶层被称为"第一"，耕作土地的阶层被称为"第二"，而剩下的一类则是"第三"或"最后"。[67]这一矛盾现象承认一个群体对于社会的实用价值不一定与其社会地位相符。

重农主义的规划因其对传统的忠诚以及概念上的创新而引人注目。最显而易见的是重农主义者对于三分模式顽固的坚持，似乎除了把社会分成三个部分之外的其他任何想法都是异端。对于土地和地主阶级的强调似乎也是传统的，但更准确地说，是对传统进行了颠倒：传统三分法中的最后一个群体，劳动者（the laboratores），现在成了第一位。更广泛地说，重农主义模式是一种反转，在某种程度上是传统等级划分的镜像：魁奈及其追随者们的分类中有两个群体紧密与土地相联系，随后是一个包罗万象的"不生产的"类别，这就取代了传统模式——两个具有精神职能的群体引领一个庞大的、主要从事土地耕作的群体。他们的逆转又提供了一个早期启蒙运动更广泛的智识进程的典型例证，即以自然职能取代精神职能作为具有普遍意义的组织性范畴。[68]然而，重农主义者最为现代的一点在于，他们解析社会群体的方法是"阶层"（classes）——如上所述，这一术语意指对人类的分类。他们的分类方法不是基于有形的和可观察的实物，而是根据科学的抽象，是一种纯粹的概念操作。[69]根据财富的生产来定义阶层到根据他们与生产资料的关系来进行定义，只有一步之遥了。

然而，显而易见的是，将重农主义者们听起来十分现代的分析与传统方案相比较，并不能界定出一个中间阶层，也不能提升人们对于商业或金融事业的尊重。如果有什么区别的话，那就是城市中产阶级在重农主义的规划中变得更糟，与仆人和厕所清洁工一道被塞入"不产的"群体。"不产的"这一标签就算在重农主义者内部也引发了争论。魁奈费心解释说，他的三个说法并非应用在人上，而是应用于支出上，以期在从事生产性劳动的人和无法产生可衡量盈余的人之间建立一种纯粹分析性的区分。但是，他无法阻止从劳动到劳动者这不可避免的转喻性滑动；这引发了他的朋友杜尔哥的抗议，认为这简直是个丑闻，冒犯了所有从事工商业的"正人君子"们（honnêtes gens），因为往好里说，也是把他们称为无用的。[70]但是，即使把这一群体从"不产的"升级到"勤劳的"或"制造性的"，也能明显看出这些从事工商业的群体在新的世界观下还是处于从属地位，一如第三等级在传统分类中的地位。

科学分析从来不是价值中立或判断中立的，而"农业的"和"生产的"之间的等式在18世纪中叶收到了深远的文化和情感上的共鸣。但举一个例子，在米拉波侯爵早期影响深远的作品《人民之友》（L'ami des hommes，1756）中，对农业的狂热听起来就绝不是分析性的。侯爵写道：任何其他技艺都无法与农业相比，因为它的"创立就是神圣的；它对于我们的存在就像呼吸一样至关重要……总而言之，农业是普世性的技艺，是天真和美德的技艺，是所有人和所有阶层的技艺"[71]。很难说重农主义者是否在以其经济观点回应同时代人的文化假设，或者他们在定义社会想象的某些元素方面是否发挥了重要作用——猜测两者都有可能更靠谱些。

毫无疑问，重农主义提供了一个科学框架，借此赋予了那个时代已存在的有关社会问题的文化观念以更大的合法性：与人口和农业同时相关的、对于"丰产"这个观念无处不在的浓厚兴趣。从18世纪30年代起，法国人相信，他们的国家遭受到经济贫困和人口减少的双重威胁，而各种各样的作家和艺术家为此寻求解答和安慰，他们的策略是描述丰饶的农业、幸福的村庄生活，以及健康的婴儿在母亲胸脯吸吮乳汁的形象。与这些相反的是，围绕着那些单身或是实行非生育性性活动的群体——僧侣和修女、家庭佣人、放荡的贵族，危险变得具体化了，因此极端污名化的形容词"不产的"也就应用于商人和工匠了。卢梭和博马舍不过是对母亲的乳房大唱赞歌的作者中最出名的两位。玛丽-安托瓦内特（Marie-Antoinette）在特里亚侬（Trianon）为自己和朋友们建造了一座洛可可风格的村庄，并在那里玩过扮演挤奶女工的游戏。而在她这一举动很久之前，法国上层阶级就已经消费了大量关于他们想象中的理想化乡村生活的图像和经验。重农学派利用他们文化中这一强大的主题，对此进行经济分析，歌颂土地所有者和农民，同时又贬低商人和手工业者——而后者正是有可能形成中产阶级的核心群体。

文化分析表明，大革命前夕的法国，有关布尔乔亚的问题总是如此令人困扰而又难有定论。尽管为数众多的、我们会称之为中产阶级的人们在这个社会中生活并致富，但是在诸多讨论社会的主流方式中，没有任何一种能够明确这样一个庞大的中间阶层，或者为这一群体的优点而争辩。最古老的措辞要么完全绕过中间阶级（比如三个等级），要么将其分割成许许多多不同的群体，于是它就在被描述的过程中分解消失了。而被称为"资产阶级"的特定范畴则是各种含义的组合体，这些含义都颇成问题，它们包括：特权、社会模糊性、文化匮乏。

前革命时期关于社会的作品的独有特征在于，它们同时致力于高贵和平等这两个相互冲突的理念，以及它们坚持要以道德共同体的形式对社会加以定义。例如，科瓦耶神父从来没有维护过商业性自利的功利主义的优越性。他反而将商业定义为一种爱国和无私的活动，并提出如果贵族从事贸易，他们将更容易融入生产性的（productive）——因而是具有德性的（virtuous）——民族主流。科瓦耶争论中的各方都认为需要重新界定社会与政治之间的关系，并且都同意社会应该基于美德、公民身份和荣誉这三者的某种组合——他们存在争议的地方仅仅是如何最好地实现这些理想。[72]许多作者仍然指望贵族们在战场上彰显民族的荣誉，而显要的经济学家们则相信，法国的未来取决于她的农民和拥有土地的绅士。没有人提出论据去论证商业活动的固有价值，它最多只是作为实现更高目标的一种手段被捍卫，比如为了维护国家的荣耀或在战争中追求荣誉。

从各种诊断社会弊病的喧嚣声中，出现了为社会寻求某种更高的、准神圣意义的需求。在传统的专制主义理论中，是国王的意志平衡了政治体系中不同成员的利益，正如基思·贝克所述："法国人作为王权的臣民，间接地相互关联着。"[73]依照传统，最高形式的社会地位分配给了直接服务于神（神职人员）或国家（贵族）的群体。重农学派经济学家简单地颠倒了传统的秩序，狂热地称颂耕作土地的人们拥有某种精神上的、具有再生能力的美德。在所有这些观点中，由专业人士、商人和手工业者组成的城市中间阶层没有找到显著的支持，而且也没有重要的意识形态理论家兜售这些人的美德。具有讽刺意味的是，彼时的法国正实现着商业财富、城市发展和物质舒适程度的惊人增长。

注释

1.Dror Wahrman, *Imagining the Middle Class: The Political Representation of Class in Britain, c. 1780–1840* (Cambridge: Cambridge University Press, 1995), ch. 1.

2.Georges Dumézil, *Mythe et épopée: l'idéologie des trois fonctions dans les épopées des peuples indo-européens* (Paris: Gallimard, 1968).

3.Georges Duby, *The Three Orders: Feudal Society Imagined*, trans. Arthur Goldhammer (Chicago: University of Chicago Press, 1980), pp. 1–9.

4.Authur Lovejoy, *The Great Chin of Being: A Study of the History of an Idea* (Cambridge, Mass.: Harvard University Press, 1936).

5.Marie-France Piguet, *Classe: Histoire du mot et genèse du concept* (Lyon: Presses Universitaires de Lyon, 1996), pp. 20–21, quote p. 21.

6.Duby, *The Three Orders*, pp. 2,73–75.

7.Jacques Peuchet, *Mémoires tirés des archives de la police de Paris*, 4 vols. (Paris, 1838), I: 197–217.

8.Ibid., I: 204–206.

9.Ibid., I: 206.

10.Ibid.,I:207–208.

11.Roland Mousnier, *Les Hierarchies sociales de 1450 à nos jours* (Paris: Presses Universitaires de France, 1969), p. 63.

12.Ibid., pp. 64–69.

13.Darnton, *Great Cat Massacre and Other Episodes in French* Cultural History (New York: Basic Books, 1984), pp. 116, 120.

14.Joseph Berthélé, Montpellier en 1768 et 1836, d'après deux manuscrits inédits (Montpellier, 1909), pp. 11–110.

15.Ibid., pp. 67–69.

16.Darnton, *Great Cat Massacre*, pp. 24–126, 140.

17.Philippe Auguste de Sainte-Foy, chevalier d'Arcq, *La Noblesse militaire ou le patriote françois* (Paris, 1758), p. 16.

18.Élie Carcassonne, *Montesquieu et le probl è me de la constitution française au XVIIIe siècle* (Paris, 1927), p. 236; Harvey Chisick, *The Limits of Reform: Attitudes Towards the Education of the Lower Classes in Eighteenth-Century France* (Princeton: Princeton University Press, 1981), p.65.

19.Michael Bush, *Social Orders and Social Classes in Europe since 1500: Studies in Social Stratification* (London: Longman, 1992), p. 6.

20.Chisick, *Limits of Reform*, pp. 122–123.

21.Carcassonne, *Montesquieu*, p. 248.

22.Antonie Polier de Saint-Germain, *Du Gouvernment des moeur* (Paris, 1984), pp. 17–23.

23.D'Arcq, *Noblesse militaire*, pp. 16–18; Carcassonne, *Montesquieu*, ch. 5.

24.Régine Pernoud, *Histoire de la bourgeoisie en France*, 2 vols. (Paris: Le Seuil, 1960–62), I: chs. 1–3; Adhémar de Cardevaque, "Essai sur la bourgeoisie d'Arras avant la Révolution de 1789," *Mémoire de l'académie des sciences, lettres et arts d'Arras* IIe série (1888): 195–225; Joseph di Corcia, "Bourg, Bourgeois, Bourgeois de Paris from the Eleventh to the Eighteenth Century," *Journal of Modern History* 50 (June 1978): 207–331.

25.Pernoud, *Histoire de la bourgeoisie*, I: chs. 2,3; di Corcia, "Bourg, Bourgeois," pp. 213–219; Emile Ducécé, "La Bourgeoisie Bayonnaise sous l'ancien régime (moeur, usages, costumes)," *Bulletin de la société des Arts Lettres et Sciences de Pau* 18 (1888–1889); 87–225.

26.Di Corcia, "Bourg, Bourgeois," pp. 224–231.

27.Michel Vovelle and Daniel Roche, "Bourgeois, rentiers, propriétaires: éléments pour la définition d'une catégorie sociale á la fin du XVIIIe siècle," *Actes du 77e Congrès des Sociétés Savantes* 84 (1959): 419–452.

28.*Dictionnaire de l'Académie françoise*, 2 vols. (Paris, 1694), article "Bourgeois, Bourgeoise".

29.*Dictionnaire universel françois et latin* (Trévoux, 1704), article "Bourgeois".

30.Gauthier, *Dictionnaire de la constitution et du gouvernement français*, article "Citoyen", reprinted in appendix to Sonia Branca–Rosoff, "Les Mots de parti–pris: Citoyen, Aristocrate, et Insurrection dans quelques dictionnaires (1762 ‐ 1798)", *in Dictionnaire des usages socio–politiques* (1770 ‐ 1815), 3 vols. (Paris: Klincksieck, 1988), p. 71.

31.Articles "Bourgeois" in the *Dictionnaire de l'Acad é mie française*, 1694 and 1798 eds.; *Dictionnaire universel*, 1704 ed.; Antoine Furetière, *Dictionnaire universel*, 3 vols. (Paris, 1690); Pierre Richelet, *Dictionnaire françois*, 2 vols. (Geneva, 1680).

32.Article "Bourgeois" in *Académie française* (1694), Richelet (1680), and Furetière (1690).

33.Article "Bourgeois" in *Académie française* (1798).

34.Pierre Carlet de Marivaux, *Journaux et oeuvres diverses* (Paris: Garnier, 1969), p. 14.

35.Jean Alter, *Les Origines de la satire antibourgeoise en France*, 2 vols.

(Geneva: Droz,1970).

36.Ibid., II: 89.

37.Sarah Maza, *Servants and Masters in Eighteenth-Century France: The Uses of Loyalty* (Princeton: Princeton University Press, 1983), chs. 3 and 5.

38.Article"Bourgeois"in the 1762, 1798, 1802, and 1835 editions of the *Dictionnaire de l'Académie française*. 关于1762 和1802年的版本，见 appendix to Michel Perronet, "Bourgeois, Bourgeoisie: Les définitions du dictionnaire de l'Académie (1762-1802)," *Il Pensiero Politico* 19 (1986): 111‑112.

39.Darnton, *Cat Massacre*, pp. 137, 140.

40.对于科瓦耶小册子的描述以及其引发的讨论见Carcassonne, *Montesquieu*, pp. 223‑232; J. Q. C. Mackrell, *The Attack on "Feudalism" in Eighteenth-Century France* (London: Routledge & Kegan Paul, 1973), ch. 4; John Shovlin, "Towards a Reinterpretation of Revolutionary Antinobilism: The Political Economy of Honor in the Old Regime," *Journal of Modern History* 72 (March 2000): 35‑66. 最近最富有启发性的相关讨论是Jay Smith, "Social Categories, the Language of Patriotism, and the Origins of the French Revolution: The Debate over *Noblesse commerçante*," *Journal of Modern History* 72 (June 2000): 339‑374.

41.Abbé Gabriel Coyer, *La Noblesse commerçante* (Paris, 1758).

42.Mackrell, *Attack on "Feudalism,"* pp. 87‑98.

43.Octavie Guichard, dame Belot, *Observations sur la noblesse et le tiers-état* (Amsterdam, 1758), pp. 80‑81.

44.Pierre Antoine de Sainte-Foix, chevalier d'Arcq, *La Noblesse militaire ou le patriote françois* (Paris, 1758), pp. 10‑13.

45.*Lettre de M. D*** à M. D***, quoted in Carcassonne, *Montesquieu*, p.

226.

46.D'Arcq, *Noblesse militaire*, p. 16.

47.Guichard, *Observations, pp.* 13, 104 - 105.

48.D'Arcq, *Noblesse militaire*, p. 48.

49.在他许多关于18世纪文坛的社会学研究中，罗伯特·达恩顿强调其贵族成分，这与长期以来的将其视为一种"资产阶级"意识形态的观点相反。其中最值得注意的，见 "The High Enlightenment and the Low-Life of Literature" in *The Literary Underground of the Old Regime* (Cambridge, Mass.: Harvard University Press, 1982), pp. 1 - 40. 另见他的 "The Facts of Literary Life in Eighteenth-Century France" in Keith Baker, ed., *The Political Culture of the Old Regime* (Oxford: Pergamon Press, 1987), pp. 261 - 291. 关于在地方知识社群中贵族的参与，见Daniel Roche, *Le Siècle des lumières en province: académies et académiciens provinciaux, 1680 - 1789,* 2 vols. (Paris: Mouton, 1978). 关于贵族在与君主对抗中的突出表现，参见Carcassonne, *Montesquieu,* and Franklin Ford, *Robe and Sword: The Regrouping of the French Aristocracy after Louis XIV* (New York: Harper Torchbooks, 1953).

50.Guy Chaussinand-Nogaret, *La Noblesse au XVIIIe siècle: de la Féodalité aux Lumières* (Brussels: Editions Complexe, 1984), pp. 53 - 64.

51.Jay Smith, *The Culture of Merit: Nobility, Royal Service, and the Making of Absolute Monarchy in France, 1600 - 1789* (Ann Arbor: The University of Michigan Press, 1996).

52.Ibid., ch. 4, quote p. 163.

53.Ibid., ch. 5.

54.Pierre Augustin Caron de Beaumarchais, *The Marriage of Figaro*, Act 5.

55.Mackrell, *Attack on "Feudalism,"* ch. 3; Hilton Root, *Peasants and King in Burgundy: Agrarian Foundations of French Absolutism* (Berkeley: University of California Press, 1987), ch. 5.

56.Mackrell, *Attack on "Feudalism,"* ch. 6.

57.Ibid., ch. 5.

58.关于这份文献的讨论见Mackrell, *Attack on "Feudalism,"* ch. 2; Piguet, *Classe*, pp. 22 - 30; Carcassonne, *Montesquieu*, ch. 4; Jean-Marie Goulemot, *Le Règne de l'histoire: Discours historiques et révolutions, XVIIe - XVIIIe siècle* (Paris: Albin Michel, 1996), chs. 9 and 10.

59.Quoted in Piguet, *Classe, p.* 24.

60.Johnson Kent Wright, *A Classical Republican in Eighteenth-Century France: The Political Thought of Mably* (Stanford: Stanford University Press, 1997), esp. ch. 6.

61.Gabriel Bonnot de Mably, *Observations sur l'histoire de France*, 2 vols. (Geneva, 1765). 见Keith Baker, *Inventing the French Revolution: Essays on French Political Culture in the Eighteenth Century* (Cambridge: Cambridge University Press, 1990), pp. 48 - 49.

62.Ibid., I: 77 - 78.

63.Mackrell, *Attack on "Feudalism,"* pp. 35 - 38.

64.Shovlin, "Revolutionary Antinobilism," p. 57.

65.关于重农学派的经典著作是Georges Weulersse, *Le Mouvement physiocratique en France de 1756 à 1770*, 2 vols. (Paris: F. Alcan, 1910). 另见Elizabeth Fox-Genovese, *The Origins of Physiocracy: Economic Revolution and Social Order in Eighteenth-Century France* (Ithaca: Cornell University Press, 1976), 还有最近出版的Jean-Claude Perrot, *Une Histoire intellectuelle de l'économie politique, XVIIe - XVIIIe siècles* (Paris: Éditions de l'École des

Hautes Études en Sciences Sociales, 1992).

66.Piguet, *Classe*, pp. 42 - 43.

67.Ibid., pp. 53 - 59.

68.See Jean Ehrard, *L'Idée de nature en France à l'aube des Lumières* (Paris: Flammarion, 1970).

69.Piguet, *Classe*, pp. 49 - 50, 57.

70.Ibid., pp. 55 - 58.

71.Victor de Riquetti, marquis de Mirabeau, *L'Ami de hommes, ou traité de la population*, 4 vols. (Avignon, 1756), I: 142.

72.Smith, "Social Categories and the Language of Patriotism".

73.Keith Baker, *Condorcet: From Natural Philosophy to Social Mathematics* (Chicago: University of Chicago Press, 1975), pp. 203 - 204.

第二章 商业、奢侈以及家庭之爱

　　1768年那位蒙彼利埃的匿名编年史作者为他所在的古老繁忙的城市感到自豪，但他也喋喋不休地记录下了两种相互关联的焦虑。其一是，社会不同层面的各类范畴频繁地混杂并进行重组。他勉强接受了贵族与资产阶级的融合，他写道：这是因为资产阶级的财富和奢侈性的支出"是一种必需"。[1]可是再往下也发生了混淆，"最吝啬的工匠现在跻身于最崇高的艺术家之列"。[2]更糟糕的是，这些地位低下的人家还把他们的儿子送进耶稣会学校，在那里，小伙子们学会读写，开始看不起自己父亲的行当，他们的坏榜样还污染了那些富家子们（fils de famille）。[3]最恶劣的当属家庭佣人，尤其是贴身男仆和卧室清洁女工，他们能够拿到主人丢弃的衣物，并且穿戴起来冒充上等人。穿着绣花织锦的衣物，佩带竞技用剑，这些社会中的变异分子假装绅士在城里的公共道路上溜达。"令人作呕，"作者唾弃道。他认为应该迫使这一类人佩戴明显的标志，表明他们的仆从身份。他总结说，唯一安分守己、固守自己位置的是耕作土地的农民。[4]

　　曾经是固若磐石的社会秩序，现在看起来更像是一片流沙，人们挣扎其上，沉没其中，或者互相绊倒。这一令人不安的发展的原因就是作者的第二桩焦虑，即被18世纪作家称为"奢侈"的欲望。他写道：野心和社会混乱之所以在外省城市如此猖獗，是因为人们能够获得他们的父母和祖父母所完全不知道的各种美丽物品。奢侈在服装的展示中最为醒目。上流社会的女性每一季都穿不同的衣服，主要是丝绸，还有蕾丝披肩和白色锦缎拖鞋。男人则穿着天鹅绒和丝绸，以及金色或银色的背心。他们的饰品和配件值得注意："羽毛、耳环、戒指、闪闪发光的搭扣、带吊坠的金表、金鼻烟盒以及包金的香水瓶、袖筒和扇子。"[5]现在各色人等都开始每天更换袖口（cuffs）和亚麻内衣（linum），甚至连外出工作的女孩也穿白丝袜。在室内家具中出现了同样丰富的雅致新品，它们"十分奢侈，并且塞满了房子"。[6]随着殖民地美食新风尚的盛行，富人们开始炫耀珍贵的早餐餐具、精美得如同直接取自布歇的画作：小巧精致的巧克力以及咖啡壶、水罐、汤匙之类，全都是纯银的。即使中等人家也有了新的各色成套的碟子，还有橄榄勺、油罐、盐瓶和烛台，并且"许多普通的工匠都拥有自己的银盘"。[7]

对于奢侈这一主题，该文本的作者表达出非常复杂的感受，有时似乎在同自己进行一场持续的辩论。自中世纪以来，蒙彼利埃一直是一个中等规模但却繁荣的工商业中心，生产棉花和羊毛织物以及各种产品，从铜绿到纸牌。[8]连该文本作者都承认，谁能反对那种为许多不同年龄和性别的人提供工作的行业？但是，如果生产多余的物品会引诱人们远离田地任其荒芜，那会怎么样呢？其他人可能会问，如果在几季或几年里没有耕耘土地，会造成什么危害呢？最后，他对于制造业产生的奢侈风气很有意见；他说，看看这对道德造成的影响吧。年轻的女裁缝每天才赚四五个苏，但她们在那些丝袜、鼻烟、咖啡和其他美食上就花掉了十个苏。不需要什么想象力就能明白额外的钱来自哪里。[9]最终，好处多多的奢侈对道德和社会秩序都造成了威胁。

在此，我们看到商业城市中一位骄傲的公民，一个可能出身中上阶层的资产阶级作家，把对奢侈的向往作为被我们视为典型的资产阶级的追求（工业、商业、消费）来谴责。他的态度代表了当时讨论社会问题的大多数作家。在18世纪中叶，这位作者所描述的蒙彼利埃的情况普遍发生于法国大大小小的市镇：财富的增长、人口的增加、商业的进步、并且尤为显而易见的是，人们获得消费品的巨大变化。从18世纪20年代至大革命前夕的这一阶段确实见证了明显的经济扩张，尤其是发生于王国的城市和商业中心的经济扩张，而这一点最显著的表现是人民获取房屋、服装和家具的新手段和新态度。

有关这一阶段社会财富和物质文化的新证据或许显示，资产阶级崛起于18世纪这一传统的马克思主义观点毕竟是正确的。然而，这种看法的问题在于，当时的人们并没有感受到这种崛起。他们敏感地注意到商业和消费主义的增长，但是他们所谓的奢侈并没有与任何单独的社会群体发生联系。它被最常见地视为一种影响整个社会的疾病，其主要症状是令人担忧的社会阶层的混乱。 时人所推崇的对泛滥的物质主义和自私自利的补救之道也不是针对某一个群体，而是面向整个社会结构。在18世纪后半叶十分盛行的对家庭和道德的感性崇拜也与中产阶级或资产阶级的道德基本无关：这是对整个社会世界遭到破坏的普遍反应。

财富、流通以及物品的新世界

资产阶级崛起于18世纪的标准解释是基于这样一种观点：某些经济部门（最为突出的是大西洋贸易）当时正蓬勃发展并创造财富，给予了资产阶级在1789年为自己争取政治权力的资本。[10]在20世纪60和70年代，修正主义学派对此提出强烈反对，他们认为这些部门对当时的经济和文化来说是微不足道的；当时的经济体系在很大程度上仍然是传统的，文化总体上则仍然在抵制资本主义的持续发展。这些历史学家认为，贵族式的社会理想如此强大，以至于无论是在商业还是金融领域，各种生意产生的利润更倾向于花费在购买庄园以及与之相适的头衔，或者包养开销巨大的情妇，而不是反过来投入到资本资产上。[11]无论是关注规模巨大的萧条的农业，还是聚焦波尔多或里昂这样一些商业城市，根据关注点的不同，人们既可以得出乐观的结论，也可以得出悲观的结论。然而，自20世纪70年代末以来，经济史学家已经整合了上述两种观点。现在的主导范式认为，18世纪从1715—1720年直到17世纪90年代，法国经济确实经历了显著且持续的增长，然而却没有产生经典的（即英国式的）工业化模式。[12]现在已经确定的是，法国的海外贸易，由大西洋贸易带头，在18世纪增长了5倍，而且法国在欧洲——如果不算美国——占有的市场份额增长速度比英国还要快。经济学家估算，法国的工业产量自该世纪以来增长了七倍，因此在大革命前夕，其人均产出已与英国相当。 在这一时期，法国是否经历了农业革命仍然存在争议，但毫无疑问，农业发展的重大进步足以支持超过25%的人口增长。[13]

尽管没有显示出某些传统意义上的工业化标志性特征——比如产业集中、大量城市劳动人口的出现、重工业的发展——但在启蒙时代的法国，经济的确取得了增长。法国以不同于英国的方式进行了工业化，主要生产轻型消费品，劳动力大多分布于小型工坊和农舍——这种模式现在被称为"原工业化"（protoindustrialization）。[14]然而法国的工业化模式与英国的相比并不逊色，甚至可以说，对于亲历这一过程的工人来说，这种模式对他们造成的伤害小于他们海峡对岸的同行遭受的创伤。正如威廉·休厄尔（William H. Sewell）所说："法国的经济增长模式将大幅工业化与手工业以及农业的持续扩张相结合，因此不应被视为模仿英国成就的失败尝试，而是基于法国情况做出的完全适当的反应。"[15]

虽然法国没有经历那种伴随着英国工业化初期的巨变，但毫无疑问，18世纪的扩张性经济带来了重大的社会变革。最宽泛地说，1789

年前的几十年，一个惯于定居的国家的居民，变得更城市化，更有流动性，而且更具商业头脑 。最确切、最新的估算表明，居住在人口超过2000人的市镇中的法国男女的人数从该世纪最初25年的大约400万增加到约1790年的500万到600万。当然，这种增长对不同地区的影响不同，以较大的城市中心扩张最为剧烈。 法国北部古老的市场城镇——比如鲁昂（Rouen）、昂热（Angers）、沙特尔（Chartres）——人口几乎没有增长，但像圣艾蒂安（Saint-Étienne）、里昂和斯特拉斯堡这样拥有制造业的城镇人口却大幅度膨胀，而增幅最为显著的则是王国北部和西部港口城市——敦刻尔克、勒阿弗尔、南特以及波尔多。巴黎的人口增长较其他城市更加迅猛，增幅超过三分之一，从1700年的不足50万人口增加到1789年的约70万。[16]城市的扩张主要是移民的结果，该世纪的人口激增使得农民离开土地，进入最近的城镇从事制造业、建筑业或家政服务业。[17]虽然这一社会底层的移民不可能是醉心于奢侈的那些人，但他们肯定有助于产生这一现象，同时他们的出现毫无疑问是许多作家感到周围社会景象有一种令人恐惧的陌生感的原因之一。

在18世纪，不仅有更多的人生活在城市，而且从1720年至大革命期间，他们的生活方式也逐渐深刻地发生了改变。在过去20年中，研究亡故城镇居民身后物品清单的历史学家们能够以生动的细节重建广阔的中间阶层人口的物质环境，所依据的正是他们在身后留下的这些文件。这是一个从富裕工人到地位较低的贵族都被包括在内的群体，但是以下这些类别在其中最为突出：商人、传统资产阶级、工匠师傅和熟练技工。[18]所有这些研究都得出同一结论：在18世纪后三分之二段， 城镇居民——特别是巴黎人——的生活条件和物质财产变化极大。

对于处于中间阶层的各种群体来说尤其如此，由于建筑物激增，家庭最直接的环境开始发生决定性的变化。新住所建在正在扩张的法国城镇，同时老房子也进行了改造和扩建，改变了家庭的生活条件。[19]18世纪之前，除了非常富有的人的豪宅之外，典型的住所由两到四个房间组成，每个房间都有几个用途：一个中等宅子通常拥有一间厨房，一到两个被含糊不清地称为室（chambre）或厅（salle）的房间。厨房用来烹饪、就餐，有时还进行娱乐活动，而且有一个或几个人经常睡在那里。一部1660年的辞典将室（chambre）定义为"一个睡觉和接待客人的地方"。厅（salle）则更为明确地被当作社交场所，对于较富裕人家而言尤为如此。[20]大多数时候，这些房间分布于至少两个楼层中：一楼是厨房，或许还有一个厅，楼上则是其他几个房间。这些前现代住宅与当今家居的不同点还在于，如果主要房间是公共的并且没有专门用途，那么它们通常还会包括一些小型私人房间，以及许多非居住功能的"附属品"：商店、作坊、酒窖、马厩、屋外厕所和阁楼。[21]

1730年以后，尤其是在18世纪中叶之后，这些传统的住房形式开始演变成我们今日更为熟悉的结构。18世纪30年代之后，单层的公寓变得更加普遍，直至该世纪末，其数量一直在稳步增长。在日常家务劳作艰苦费力的时代，生活在单层住宅被认为是一种奢侈，而且直到现在，法国房地产的用语中，de plain-pied（在同一层）这一说法仍然意味着地位和舒适。在较新的公寓中，房间的功能往往更加明确，比较富裕的人家现在会炫耀他们的餐厅（salle à manger），以及完全用于社交的房间——一间沙龙会客厅（salon）或客厅（salle de compagnie）。[22]这种功能专门化的新型住宅的一个实例就是1779年外科大夫皮埃尔·福贝尔（Pierre Foubert）的遗孀在巴黎留下的遗产：其六间房位于同一楼层，包括起居室、餐厅、卧室、厨房、厨师的房间，以及女佣人的房间。[23]

与房屋结构和房间功能的变化相比，更令人注目的是住宅装备和装饰的改进，以及出现了的关于舒适和美观的新规范，像更有效的供暖系统之类的新兴技术促进了生活空间的部分转变。在旧式住宅中，起居空间的中心是高耸的壁炉，人们在旁边围坐。老式的壁炉空间是拥有高立的炉罩和斜坡盖顶的庞然大物，非常低效，寒冷的日子里，人们不得不坐在其中才能御寒。到了18世纪，壁炉体积变小而且更具装饰性——炉罩变得较低，烟道也砌成优雅的弧形——同时又更加高效，而且炉灶也更普遍地用来加热家里的一些房间。[24]

与此同时，1730年之后，哪怕再朴素的房屋内部，家具和装饰也发生了巨大变化。在17世纪，大多数住宅中高耸的家具是一张或数张巨大的、通常装饰繁复的床——体积庞大的四柱床体，其价值往往相当于家庭财富的半数，缀于其上的垂幕、丝带、饰穗和床罩都会被详细记录在主人死后的财产清单中。[25]（对于许多家庭来说，主卧的床就如同今天的汽车一样，象征性地综合体现了生活必需、奢侈享受以及社会地位。）然而，这种例外的情况不多，传统家具是多用途的，难以归类，并且依照后世标准来看至少是使用不便或不舒适的。当然，富裕的人家有椅子和扶手椅，但是大部分情况下数量不足，因此客人和部分家庭成员不得不坐在折叠凳上。在17世纪的家居中无处不在的是箱柜（coffre），一种低矮的储物箱，可以当作小桌子使用。正是在18世纪，抽屉柜取代了箱柜，人们不再需要低头弯腰就能更好地储物了。到该世纪末，几乎半数的工人都拥有抽屉柜，更富裕的人家还拥有这类家具的各种精致的变体，比如抽屉立柜和梳妆台。最后，路易十五和路易十六统治期间见证了"扶手椅的胜利"，而沙发的使用也扩散到了小部分精英之外的人家。[26]

通过改变日常生活的姿态进而改善家居生活的身体体验，这些变化都使得城市居民在家中更加轻松，更加舒适和更加愉快：更少的上下攀爬楼梯，更少的弯腰驼背地蹲坐于箱柜；更好的照明和取暖，更舒适的座椅，更多的可用空间。（这一切让人好奇：文学沙龙和"理性话语的公共领域"的兴起在多大程度上与坐上几个小时而不会背痛相关？）但是，城市居民生活方式最明显的变化是室内装饰和家具的革命。仅仅几代人的时间，城市室内设计风尚就由乔治·德·拉·图尔（Georges de la Tour）或夏尔丹式的简朴、深色调转变为明亮的色调或洛可可风格的轻快柔和的色彩。在17世纪，房子和公寓的墙壁通常被覆盖以防止寒冷和潮湿。只有富人才买得起挂毯，对于所有其他人来说，典型的墙挂是一张惨淡的暗绿色香柠布或者褐灰色的毛哔叽。18世纪见证了颜色和形式的爆炸，整体色调变得更亮，人们喜欢用鲜亮的绿色、红色和蓝色，甚至连最普通的人家也能往墙上贴壁纸或如原始的若伊棉（Toile de Jouy）*这样有着丰富印花图案的纺织品。[27]

最后，家庭生活的外观和体验也被前所未有的更多更好的家庭用品所改变。镜子、时钟、印刷品和绘画、花瓶、小型雕像，都曾经是可观财富的标志，现在却随处可见，常常用来装饰新近降低的壁炉架。[28]在这个物品便宜又丰富的新世界，烹饪和饮食变得更加优雅，因为成套的陶盘代替了传统的锡制品。虽然只有富人使用瓷器和银餐具（比如我们来自蒙彼利埃的作者），处于他们社会地位之下的人们却拥有锡制叉子和勺子，以及包括汤罐、大浅盘、沙拉碗和盐瓶之类精致用品的整套餐具。[29]除了重要的厨具和餐具，到了18世纪中叶，家居物品还包括一系列方便或休闲的新型消费品，如雨伞、扇子、鼻烟盒、手表、书籍、扑克牌和各种游戏。[30]

生活空间的改变提供了更多的舒适和愉悦，也注定成为被当时人们谴

---

* 若伊棉 (Toile de Jouy)，1759年法国棉花禁令解除后，巴伐利亚人Christophe-Phillipe Oberkampf于1760年在Jouy-en-Josas建立了棉花印染工厂，生产淡底印花棉布，颇受欢迎。此后与其产品类似风格的棉织品被称为"若伊棉"。——译者注

责为奢侈祸害的中心问题。但是，尽管它们如此重要，这些变化并非总是可见，因此与更明显的着装领域的变换相比，引发的评论较少。当城市为市民们提供体现社会秩序的景观时，服装是在诸如庆典游行等场合展示不同社会群体的地位和权力的最重要的方式。在一种权力借由视觉形象进行表达的文化中(例如围绕着君主进行的宫廷庆典)，这类场合绝不仅仅是欢庆的展示；它们使城市社会变得秩序化，而服装则是这一过程的核心部分。

即使在日常生活中，服饰也被用于精准地标明穿着者的身份地位。弗朗索瓦·贝纳德（François Besnard）于19世纪写了对自己于18世纪中叶在外省的安茹（Anjou）度过的童年时代的回顾，该文揭示了服装语义学的特殊性。"方当伊高头饰（Fontanges），也就是缀有色彩鲜艳的丝带的头饰，以及沿着长袍下摆的褶边，这类饰品仅限于以下这些人使用：贵族妇女、少女，或者由于其丈夫的财政收入或职业状况明显优于其他布尔乔亚家庭的女性。"他继续写道，公证人、外科医生和商人的妻子"只允许佩戴白丝带"，而工人、农民和仆人的配偶只能穿深色连帽外套。从贵族女子的高跟鞋到劳动妇女的木底鞋和拖鞋，就连鞋子的选择也存在森严等级，并且还有一套类似的符号系统规范着男子的着装。[31]

正如贝纳德的回忆录所示，旧制度下的着装规范严酷地割裂了衣着的世界。对于富人和名流来说，明亮的色彩和华丽的饰品彰显了佩戴者在社会秩序中的地位。而对穷人而言，粗糙深色的着装或邋遢的二手衣物更多的是为了实用，以抵抗污垢和恶劣的天气。[32]（并不富裕但精心装扮的男仆则往往是使人们感到不安的因素。）[33]所有这一切在1730年以后的几十年开始发生变化，当时大西洋贸易的迅猛增长促成了棉花和染料货运的激增以及国内纺织工业的发展，这些都为市场带来新的丰富多样的服装供应。在18世纪之前，服装贸易是有限的，因为富人专门定制服饰，而穷人则自己缝制衣物或者从旧货商人（称为fripiers）那里购买廉价的二手货。

在18世纪，特别在女服商、服装商，以及蕾丝商（marchandes de mode, mercières, and dentellières）之类做女性生意的人手中，服装变得更加商业化。[34]

在18世纪中叶数十年间，在社会上各色人等中，大多数人拥有的衣物从数量到价值都有惊人的增长。在巴黎，从事中等阶级职业的人士，其衣物价值的增长超过百分之三百，以家庭为单位来计算的话，涨幅则超过百分之四百。这种变化甚至(或者说尤其)对低收入劳动者产生影响，其中男性的衣物价值翻倍，而女性的则增加了六倍。正如丹尼尔·罗什（Daniel Roche）所指出的，劳动阶层家庭已经进入了"消费的循环"(the cycle of consumption)。[35]穷人不仅拥有比以前更多的衣服，他们的着装风格也更接近地位高于他们的人。例如，劳动妇女的传统衣物是一套各种单件的组合：裙子、几条衬裙、紧身马甲、围裙和外套。一件式全身长裙或连衣裙（robe）是富有女子的装束，是童话故事中教母送给厨房女佣的金色或粉色缎子制成的长裙。然而，到了18世纪末，许多劳动阶级的妇女有了自己的连衣裙：53%在巴黎留下遗产清单的平民女子至少拥有一件连衣裙。[36]在社会天平的另一端，受到卢梭启发的简洁风格在精英妇女中的流行或许更增加了社会混淆的感觉，但是因此就得出上流社会在服饰方面开始走向克制的结论是错误的。丰富多样和不断变化的时尚正是富有女性的生活常态，而该世纪中期的数十年见证了时尚创新的大爆炸。裙子出现了一系列新的形状［利未风格(levites)*、波兰风格(polonaises)**、土耳其风格的长裙］和各种新的色彩，有些命名颇为含糊（"女王的头发""国王的眼睛"），其他一些则令人惊讶地唤起人民的记忆（"巴黎泥""鹅屎"）。[37]

在社会的各个层面，丰富多样的服装和变化迅速的时尚成为18世纪

---

* 利未风格，一种细腰身女式长衣。——译者注

** 波兰风格，一种女式裙装，由上衣、罩裙和衬裙组成。——译者注

的常态，男女装束之间的差距急剧增加。服装和时尚被决定性地重新定义为女性的关注热点，它们使女性更为善变，也提高了她们与生俱来的品位。反过来，品味又体现出民族的关注点，（法国）评论家们就盛赞其为一种具有法国特色的能力，为社会各阶层的女性所分享，她们通过对时尚的选择表现出高超的鉴赏力。[38]如果就此得出结论，认为在18世纪晚期，服装不再显示一个人的社会地位，这未免太过夸张。但随着时尚商业化程度的提高和流动性的不断增长，同时较贫穷的群体现在能享有更多、更时尚的服饰，利用服装判断社会等级和地位的方式不再可靠。反感低下阶级通过无耻盗用上层阶级的服饰来抢风头，模仿上流社会，这数不尽的哀叹背后正是这种意义的改变所带来的恐慌。

虽然我们关于服装和住宅变化的证据主要来自巴黎，但还有很多证据显示商业化和消费主义也影响到了外省，甚至农村地区。比如，让-克劳德·佩罗（Jean-Claude Perrot）对诺曼底地区卡昂市(Caen)的经典研究表明，在18世纪，这座省会城市由一个地方性的纺织中心发展成为国内和国际贸易中心，1740年之后其人口也随着大量农村劳动力的涌入而膨胀。[39]另一位历史学家在追溯蓬-圣-皮埃尔(Pont-Saint-Pierre)地区四个多世纪领主权的演变过程中，记录了财产的集中、乡村经济的货币化、农村市场的扩张，以及兴起于18世纪、作者称之为"农村资本主义"(rural capitalism)的各种现象。[40]最近，科林·琼斯（Colin Jones）强调了在名为《海报》（affiches）的外省报纸上地方性广告的重要性。四十来期《海报》（发行于鲁昂、马赛、图卢兹、欧塞尔这样的市镇，或者在弗朗什-孔泰、皮卡第这些地区）提供了关于当地文化和商业活动的各种信息，不过广告才是它们的主要内容，正如现在的免费报纸一样。《海报》刊登房地产以及所有种类消费品的广告，从普通的服装和家具到出人意料的物品，比如马粪，还有像宠物猴子这样尤为罕见的商品。这些广告似乎预示了当代法国对健康和药理学的痴迷，尤为卖力地兜售医疗物品和服务：公共浴室和私人疗养室；各色医疗设施，比如解剖人偶和玻璃眼球，无穷无尽又往往可疑的药片和酏剂，从健康巧克力（chocolat de santé）到为癫狂患者准备的理智药丸（pilules raisonnables）。[41]琼斯总结道，这些地方报纸，"向一个越来越物质主义、消费主义的世界打开了一扇窗口，那里居住着越来越多的拥有创业精神和宣传意识的专业群体，他们不应该被轻率地归类为传统主义者或者恭敬顺从者"[42]。

那么，我们不是又回到资产阶级的兴起这一主题了吗？难道我们不应该将住房的演变、款式丰富的新服饰和其他商品、地方上高强度的商品交易和服务的交易这些现象看作中产阶级到来的征兆吗？科林·琼斯认为，现在是时候承认，除了沙龙、咖啡馆和共济会分舵这些清高的公共智识空间之外，还有一个由布尔乔亚主持的商业和消费主义的公共空间，其中买家们在友好平等的基础上相互进行交易，就像《海报》的编辑们所鼓励的那种"公民之间的友情往来"（a commerce of friendship between citizens）。[43]在更广泛的意义上，琼斯认为，在经济繁荣、人口增长、商业主义和消费主义方面的诸多证据都表明，人们是时候以这些新历史证据为武装重返资产阶级兴起这一经典范式了。[44]

可是，仍然还是那个同样的问题：如果说资产阶级正在兴起的话，他们并没有明确自己的身份，也没有别人确认出这样一个阶级。琼斯本人没能找到任何明确的资产阶级意识形态或资产阶级意识，于是不得不将以下文本解读为其他形式的话语：通过审视医生、军官和律师这样一些专业人士的语言，他识别出一种称作"公民专业主义"（civic professionalism)的新语言。他认为，18世纪末，专业人士一直处于拒绝他们传统团体观［比如，对于出庭律师协会（Order of Barristers）的强烈认同］的过程中，并且使用新的语言表达对民族、对公众的忠诚；他们将自己视为公民，而不仅仅是医生或律师，因此能够更轻松地建立跨职业的团结关系，这最终将在大革命期间和之后导致阶级的形成。[45]但是，琼斯描述的这种公民意识并非阶级意识——它是普遍性的，而阶级意识形态却意味着阶级成员将自己定义为一个特殊的群体。最后，琼斯自己也不得不承认，他意在描述的（用他自己的话来说）是 "一场沉默的资产阶级革命（a silent bourgeois revolution）"。[46]虽然资产阶级正在兴起，但它显然还是那个不敢说出自己名字的阶级。

关于商业主义和消费主义的新证据是压倒性的，研究18世纪的历史学家无法忽略它们。但是，为何我们要凭借这些全新的信息重返一个有些令人沮丧的老套的范式？与之相反，我们需要找到新的方式来理解在当时的社会中物质经验和意识之间的联系，而为了做到这一点，我们必须放弃一些我们在学术训练之下自动建立的联系。例如，我们倾向于认为，无论哪里存在商业、消费主义和流动性，那里就还应该存在一个具有某种程度的自豪感或自我意识的中产阶级或资产阶级。但是，我们能不能想象第一种现象独立存在，第二种现象却没有紧随其后？虽然18世纪法国的经济和物质世界确实以上述方式发生变化，但是用以理解这些变化的框架却不是历史学家固执地渴望发现的那种。尽管我们需要注意这些具体的转变，但我们更加需要仔细倾听当时的人们用以描述和理解这些变化的用语。

奢侈与"民情"（Les Moeurs）：腐朽和再生

18世纪下半叶，数以百计的文本描绘了类似的法兰西民族的阴郁画面。法国乡村沦为废墟，因为农民为了追求物质财富和欢愉的欲望，离开故土去往城市。一旦到了那里，他们就从事非生产性的行业，比如家政服务。他们不结婚或几乎不生孩子，结果导致人口下降。在城市中，风气是由放纵的富人们引领的，他们挥霍地进行消费，只想到自己，向社会中所有位于其下的人宣扬骄奢淫逸。上层妇女过着尤为可耻的生活，在服饰和其他享受上一掷千金，纵情交欢，把自己的孩子交给雇来的奶妈照料，后者常常不负责任地导致婴儿死亡。精英变得如此自私，穷人则是愈加贪婪，货币和商品如此迅速地流通，社会区隔已经崩溃，往往很难再确定一个人的身份。富人和穷人都失去了道德和宗教意识，而法国越来越受到物质贪欲和社会野心的操控，变得像一个懦弱的专制国家或者像英格兰或荷兰那样没有灵魂的"共和国"。

一个有力的词汇可以代表这个全然不祥的画面：奢侈（le luxe）。有关革命前法国社会和经济变化的大多数评论，无论来自保守派还是自由派，都对以上这幅画面提供了某些版本的描述。"奢侈"显然如一面棱镜，同时代人通过它对社会中商业和消费主义的增长进行观察并做出反应，我们对这一概念的普遍性和文化重要性如何评价都不为过。 正如基思·贝克优雅地论道："很少有词汇比奢侈一词具有更深的社会共鸣，或者能更广泛地贯穿18世纪法国面临的种种社会和政治问题……关于奢侈的争论彻头彻尾地与更广阔的、更具基础性的、有关传统社会性质和价值的争论融为一体。"[47]

当然，18世纪的法国绝对不是第一个也绝对不是唯一一个产生了一系列关于奢侈的评论风潮的国家。对所谓奢侈的忧虑可以追溯到西方历史的开端。从《创世记》到柏拉图到奥古斯丁和教会的神父们，再到19世纪初，这一"概念的变色龙"在许多文化环境中发生变异，同时保持了其主要的双重含义：贪图不必要的东西，以及社会混乱。[48]这个概念主导了18世纪英国和法国的社会批评，在英国到达了"奢侈可能是那个最大的社会问题和最普遍的日常现象"的程度。[49]尤其当传统社会经历了显著经济扩张的时候，对于奢侈的愤怒评论就会大量出现，人们可以将奢侈视为基督教禁欲主义的反面。如果后者是控制社会世界的一种方式，那么奢侈的概念则表示了与之相关的恐惧，因为物质丰富将导致各种形式的失控。"奢侈"是具有威胁性的社会变革的暗语，但确凿的是，随着历史主义思想的普及，这一应用于整个社会的概念在19世纪初消失了。

有关奢侈的讨论主导着18世纪法国关于社会和经济问题的评论，而这一论战是分几个阶段展开的。[50]1700年左右，像费内隆（Fénelon）这样的基督教道德家曾经就宫廷和社会上的错位消费发出过警告。君主或传统精英的奢侈消费是正当的，是为了维持他们的社会地位——在那种情况下，应该被称为排场（faste）；然而，在错误的人手中，比如在那些暴发新贵或野心朝臣手中，炫耀财富被视为骄奢（luxe）并饱受指责。从1700年到1740年这段短暂的时期中，奢侈一度拥有直言不讳的辩护人——曼德维尔（Mandeville）在法国的一些追随者，比如经济学家让·弗朗索瓦·梅隆，以及一些作家，比如伏尔泰和孟德斯鸠就曾赞扬工业和商业促进了大众的福祉。

但是，1749年卢梭《论科学与艺术》（*Discourse on the Sciences and the Arts*）的出版以及随之而来的重农运动的发展，使得辩论的风向于该世纪中叶发生了决定性转变。卢梭对现代文明的攻击以及重农学派对农业活动的理想促生了大量主题相同的文献（可以确定的有一百来种），其内容都是关于财富、商业和风雅造成的腐蚀性影响。在革命前的数十年间，奢侈的批评者远远多于并且决定性地胜过了这个概念的捍卫者。

这类文献的作者通常发现描述奢侈这一现象比较容易，而探寻这种社会疾病的来源则比较困难。奢侈最令人震惊的表现是，通过破格地提升大多数群体的地位以及鼓励所有想要超越自身地位的欲望而扰乱了社会等级。"各个阶层都是一团混乱！"一则标准的痛心疾首的评论这样写道：

"大人物们想要效仿君主的富丽堂皇；中等市民想要跟大人物比肩；穷人想与中间阶层平起平坐，而在这一危险的链条上，追求奢侈的冲动从最高等级一路传导到最低阶层的各色人等。"[51]该文本暗示了奢侈的概念是多么古老，恰好反映出经典的存在巨链：如果社会秩序被配置成梯状，每一级都处于其指定的位置，那么沿用这一思路就可以想象社会的功能失调，如同失序的等级结构。换句话说，如果只能从整体对社会进行想象，那么没有哪个群体可以被想象为推动变革的独立行动者或受益人。

奢侈的主要症状是社会标志的混淆："因此，那些过去被限制使用以区分各个阶层的外在装饰，现在不仅无法标识各阶层，反而混淆了它们。"[52]或者正如哲学家保罗-亨利·霍尔巴赫（Paul-Henri d'Holbach）所说："奢侈是一种冒名顶替，人类同意借此互相欺骗，甚至设法欺骗自己。"[53]这些作品几乎没有例外都对社会标识的失效表示担忧，或者像现代语言学家所说的那样，能指不再与所指一致。正如蒙彼利埃的文本所述，某些，也许全部社会群体都要佩戴可识别的徽章或标志，这类要求不在少数。尽管可以发现很多文本都在谴责布尔乔亚和他们老婆的野心和炫耀态度[54]，这类文献的目的却不是要识别或污名化某个特定的群体——廷臣、贵族、商人、工人、仆人，除了据称拥有美德但正在消失的农民之外的每一类人，都被卷入这股社会腐败的急流之中。

对于奢侈的恐惧属于一种世界观，它将社会实实在在地想象为一具身体；由于社会腐败能够被看到被感知，因此可以对其进行生动的描述。虽然奢侈的原因仍然模糊不清（作家们通常会混淆这种灾难的起源与症候），但其影响在一系列反复出现的有关阉割的主题中得以被图像化被清晰地描绘。"骄奢逸乐/软弱"（mollesse）一词，便捷地归纳了奢侈对受其摆布的人所产生的物理影响。这个词，可以应用于身体或道德的领域，意指松弛和软弱，是绷紧和坚硬的反义词，其性和性别方面的暗示几乎无须指出。[55]在将人口下降归罪于"mollesse"的这类文献中，有关性的潜台词几近跃于表面：这些作者几乎对于奢侈对于男性勃起的影响直言不讳、最为引人注目的是，虽然该词显然意指女性作派——它暗指软弱、柔软、无力——但它作用于男子时可不是对于男子气概的补偿性增强，而是恰恰相反，暗示着疲软。根据勒内·吉拉尔（René Girard）颇有影响的观点，对于社会危机的体验通常不是社会屏障的加强，与之相反，却是社会群体和性别群体之间边界的解体。[56]在这个例子中，奢侈不仅模糊了上等和下等阶级之间的界线，它还将刚健的法国人变成了阴柔的怪胎。金钱、奢侈品、城市生活以及女性的力量不仅造成了人口下降，而且还削弱了全民族的男性气质。[57]

这种折磨人的虚弱感背后隐藏着什么？大量愤怒的、有关奢侈的文献都谈到了一场危机，其原因远比物质上的变化更加深刻、更加复杂。对奢侈的痴迷显然是对商业活动增加、城镇发展以及消费主义兴起的反应，另外，它无疑还与传统形式的政治权威的崩溃有关。原则上，确保社会等级和团结的力量是君主。根据绝对主义理论，国王使所有从贵族等级到地位最卑微的手工业作坊的官方社会团体合法化，而且是由国王的意志对政治体中不同成员的利益进行平衡。18世纪下半叶，在路易十五和路易十六的统治下，君主处于社会中心的神授地位被一系列政治危机破坏：从纵情声色的路易十五的个人不端，到詹森派和耶稣会之间的宗教分歧，以及国王同最高法院之间严重的冲突。[58]18世纪下半叶王权合法性的崩溃无疑导致了社会和政治危机，因为君主的弱化危害了社会规定和凝聚力的传统来源。许多法国臣民——受过教育的，或者至少是各种城镇居民——可能都认同哲学家和政治家安－罗伯特·杜尔哥（Arne-Robert Turgot）于1775年在国家经历革命前最为严重的危机之际的论断："这是个由各种关系混乱的阶层构成的社会，一个成员彼此间只拥有极少社会纽带的民族。因此，每个人都只看得到自己特殊的、独有的利益，几乎没有人会努力履行他的职责或认可他与他人的之间的联系。"[59]社会评论家们描述了这样一个世界，作为社会神圣中心的君主制的崩塌，许多人感到不安。

对于奢侈念念不忘的焦虑的另一个原因可能是法国与英格兰之间的复杂关系，后者不仅是政治对手，同时也被视为法国将来可能效仿的榜样。早期启蒙运动的作者，最为著名是的伏尔泰和孟德斯鸠，已经将英格兰视为一个典范，但是到了该世纪后半叶，法国知识分子中的反英派比亲英派更为常见。[60]导致这种转变的原因很多，其中至关重要的是法国于七年战争（1756—1763）期间面对英国遭遇了毁灭性失败，以及随之而来的殖民帝国的大幅损失。虽然较早时期的哲学家对英国社会的流动性和政治自由主义大唱赞歌，他们的后继者却认为英国社会由贪婪和私利所驱动，在利益和党派间进行平衡的英国宪法则不过是派系之争和暴力的来源。他们自鸣得意地问：什么样的体制会如此轻易地就饱受民众暴力之害，甚至犯下不可想象的弑君之罪？[61]在18世纪50年代末有关贵族和商业的辩论中，英格兰的例子被自然而然地援用，通常被嗤之以鼻。英格兰在财政上是贸易公司和雇佣军士兵的牺牲品，在政治上则被派系和政党撕裂：一位作家声称，这些，就是商业的影响。[62]此外，不仅仅智识精英将英国作为负面案例：18世纪70年代到80年代期间，外省城市卡昂的学校教师曾给他们的学生布置作文，对"商人民族"的腐败［比如英格兰和荷兰，以及"英格兰化"（即商业化）的法国城镇的道德败坏］进行谴责。[63]

霍尔巴赫于1773年在他的小册子《社会体系》（*Système social*）中写道，正是金钱腐化了英国的政治和社会系统。霍尔巴赫反对孟德斯鸠的亲英观点，驳斥了这样一种看法，即英的代议制政府因其对于社会不同阶层之间利益的平衡，应该受到推崇。问题正是"利益"：贵族总是会站在君主这边对抗人民，而下议院则通过贿赂稳获贫穷民众的选票。[64]他危言耸听地问道："对于随时可能因为阴谋、混乱和少数贪婪商人的肮脏私利而被卷入无用的战争的人来说，有什么幸福可言？有什么安全可言？英格兰的人们啊……听一听造成你们的恐惧和痛苦的真正原因吧：对于黄金的热爱从来不曾造就良好的公民。"[65]对于许多法国作家来说，英国呈现出一种依靠分裂和竞争原则运转的国家形象。在法国社会评论家们认为自己的国家正为各种离心力量所困的时候，英格兰式的自由看起来更像是一种威胁，而不是一种希望。

正如这些评论家所看到的那样，18世纪下半叶扰乱法国社会的是一种演变的开端，随后的发展终将使得高卢大地与其海峡对岸"贪婪""腐败"的邻居更加相似。他们一想到金钱会如何影响社会关系，就表现出恐惧："金钱将会拉平所有阶层，洗刷出身的污点；金钱将会抹掉一切罪行的痕迹；金钱将会替代天赋、美德、效命，以及所有一切，包括爱，他们全都能用来出售。"安托万·波利埃·德·圣-日尔曼如此想象在不远的将来，法国会变成什么模样。富人将随之变得越来越骄傲冷酷，而穷人只能越来越卑躬屈膝。[66]

在18世纪后期，对于法国作家们来说，奢侈这一概念表达出深刻的社会危机感，对于英国社会和政治制度之明显邪恶之处的批评正表明了这种焦虑。增长的财富、流通与商业规模以及相互竞争的利益（所有这些通常被视为中产阶级兴起的组成部分）都被视为社会问题的核心，因此不可能成为任何解决方案的一部分。如果认为奢侈这一问题将社会席卷殆尽（理想化的乡村世界仍然幸免），那么解决方案也必须同样以整体性的方式进行构想，而不只是依靠或通过某个独立的社会群体来进行救赎。

在18世纪的最后几十年中，从显赫人物到无名文人等各色法国作者都推崇以社会团结为基础的伦理理想，以对抗奢侈、腐败和社会解体的危险。在所谓民情（les moeurs）的名义下，他们提出了一个社会道德体系，否定社会差异，并试图将法国人团结成一种被称为"祖国"（patrie）的道德共同体，一个扩大了的感性的家庭。与奢侈（le luxe）类似，民情这一概念（我转译为"社会道德"）[67]易于描述，而难以解释。民情这个主题实际上比奢侈更为普遍，而且对于任何熟悉18世纪法国文化的人来说，随之唤起的是一组毫无意外的老套画面：哺乳的母亲、可敬的父亲、贞洁的农家女孩、乡土的乌托邦，还有格勒兹（Greuze）风格的昏厥的家庭成员。[68]民情可以被描述为一种美德禀赋，在任何特定个体身上显现为三种表象：家庭之爱；更为普遍化的社会精神（esprit social），或者说自发地表现为善意和同情行为的人类亲近感；以及，在最抽象的层面，是名为爱国主义（patriotisme）的无私的共同体精神。

显然，这种社会道德感旨在取代传统形式的宗教。霍尔巴赫写道，问题始于国家将道德教化的职能放手交给教会，由于后者的失败，这种转变导致了不道德的社会和政治。对于民情的膜拜是一种尝试，以期在个体对社会的归属感方面推行新形式的精神满足。在这一意识形态系统中，家庭占据高位。作为一个自然单位以及一种源于天然的亲情的化身，家庭既是个人道德情感的起源，又是所有其他种社会联系的榜样。历史学家和社会评论家加布里埃尔·德·马布里（Gabriel de Mably）流传甚广的《福基翁访谈》（Entretiens de Phocion，1763）中的一段话非常典型："正是在家庭的怀抱中，慈爱和谨慎的父亲为社会法则提供了第一个榜样……只有通过家庭美德的实践，一个民族才能为进行公共美德的实践做好准备……最终，家庭道德决定了公共道德。"[69]像许多其他作者一样，霍尔巴赫解释了为何应该如此："任何政治社会只不过是一些特定社群的组合；许许多多家庭组成了一个更大的家庭，人们称之为民族（nation）。"[70]

在一个拥有良好"民情"的社会，每个人都会对其他人有着他对于自己家庭成员怀有的天然的情感（假定是积极的）。这正是18世纪60年代到80年代流行的"人道"（humanity）及这一时期感情上的仁慈特征背后的假设。在那些年代，像《百科全书派学刊》（*Journal encyclopédique*）开始兜售关于同情和忠诚之举的轶事，吸引读者捐款去帮助善良又贫困的人。这些故事在被编成《人性图表》（*Tableau de l'humanité*）或《善行年鉴》（*Annales de la bienfaisance*）一类的合集时，同样大为畅销。[71]旧制度的最后几十年，对于乡村生活的颂扬无处不在，这种推崇源自一个幻想的假设，即偏远的村庄和农场才是人类集体感这种天然情感一息尚存之处。

政治考量也深藏在这种对于社会道德的推崇之下。霍尔巴赫在《社会体系》中尖锐地指出了这一点。他将社会精神（esprit social）与团体精神（esprit de corps）进行比较，认为将社会分类为团体利益正是典型的"专制"政府。在其他文章中，他解释道，暴政是在将人归入不同群体后兴起的，尽管他也反对孟德斯鸠认为的君主制以及共和制都可以基于美德的观点。[72]"社会精神"的政治表现是18世纪作家所说的"爱国主义"（patriotisme）在最高和最抽象的层面上对社会的献身。祖国（patrie）是三角形的第三个尖端，其他两端是家庭和人性。

18世纪的爱国主义不应该与后来出现的民族主义形式相混淆。在早期，法国意义上的爱国主义不是排他的，而是普遍的。它被描述为一种超越狭隘的爱国情感：与爱国主义相反的不是世界主义，而是自私。[73]英裔爱尔兰侨民詹姆斯·鲁特里奇（James Rutlidge）将爱国主义描述为"一种引领我们在每个社会成员的幸福之中找到我们自己幸福的美德"。他认为爱国主义与幸福的家庭生活直接相关，因为假如一个人不能珍视那些最亲密的家人，那么他能否热爱祖国这个更遥远的实体就很可疑。[74]道德共同体这一意义上的祖国，是一个在18世纪的政治争端中被大量使用的术语。虽然最初受到君主制现状批评者的拥护[即詹森教派的异端和高等法院（parlements）不驯服的成员]，该世纪中叶以后，国王们自己也采用这一措辞，他们现在自视为祖国的化身。[75]

因此，在18世纪末的社会道德话语中，家庭、人性和祖国是密切重叠的类别。在探讨这些概念的文本中，最明显欠缺的是有关社会等级的范畴。人人都在谴责自私的群体利益，有些作者一带而过地提及民情的出现需要的是以快乐和谐的心态对社会等级制度表示接受。更加激进的作者，比如唯物主义哲学家爱尔维修（Helvétius）和霍尔巴赫则认为，财富的严重不平等是道德腐败的滋生地，而采取措施进行社会调节将会加速对道德的促进。[76]然而，有关道德的话语最异乎寻常之处在于它是如何绕过社会阶层差异的：社会道德的胜利仅仅使得社会区隔变得无关紧要，而未能解决这一问题。这些意识形态的老生常谈所推崇的理想是一种情感的融合与联结：将社会分化淹没在家庭情感的暖融融的人情味之中。

爱、泪水与社会融合：救赎式的家庭

在通常伴随着"资产阶级"一词的许多陈词滥调中，最顽强的那些与家庭生活相关。"资产阶级"这个词语本身就唤起了关于家庭和居家生活的印象，由父母和少数几个孩子组成的爱的核心单位。这个群体的典型举止都是非常温情脉脉的——这样一个资产阶级或中产阶级家庭最显见的存在理由首先是父母和孩子之间的、配偶之间的以及手足之间的亲情，而并非经济生存（像穷人那样）或王朝野心（像富人那样）。对于家庭之爱的现代崇拜首先在18世纪下半叶形成，尽管它随后与社会中间阶层紧密相连，有关和谐家庭的理想最初吸引的是上层阶级。[77]在法国，对于这种新兴家庭风尚的最为经典的文学表现是一种剧场演出，称为正剧（drame），或者严肃剧种（genre sérieux），或者，大多在18世纪后，被称作资产阶级戏剧（drame bourgeois）*。由于这种剧场形式与中间阶层的传统关系，并且因为这些戏剧的情节通常都是围绕家人之爱的夸张表达，正剧是一个探索大革命之前法国家庭形象之社会意义的绝佳领域。[78]

尽管这一类型中的几部剧作写于该世纪中叶之前，但通常正剧还是被认为诞生于1757年。当时，博学的知识分子德尼·狄德罗（Denis Diderot）发表了对自己一部新戏《私生子》（*Le Fils naturel*）的评论。18世纪文学专业的学生都知道这篇《有关〈私生子〉的谈话》（*Entretiens sur le Fils naturel*）的主题。狄德罗宣称需要一种新剧种来填补现有的悲剧和喜剧之间的空隙，这一新剧种与国王或英雄无关，而是演出普通人的经历，表现他们如何在日常生活中穿着普通的服装，说着日常对话，而不是口吐亚历山大体诗歌。就风格而言，这些戏剧应该注重视觉表现：狄德罗强调身体语言的重要性，例如哭泣或屈膝跪倒，他称之为哑剧（pantomime），认为这比口头表达更具价值。这些剧作的题材将会挑战法国舞台上将角色置于首要地位的传统。与莫里哀式的围绕着人格化的骄傲、贪婪或厌世展开的情节不同，狄德罗期待出现一种由不同"状况"**之间的紧张关系推动的戏剧。他所说的状况既指社会"地位"（不同地位和职业的人），又指各种家庭关系。[79]

狄德罗对当时的舞台开出的药方包括呼吁"创造家庭和布尔乔亚的悲剧"——这正是后来资产阶级正剧这一名称的来由。然而，在狄德罗和其他一些作者的笔下，"布尔乔亚"一词似乎更多的是一种否定，而不是一种对阶级特征的维护。狄德罗的意思似乎是，他建议将悲剧的贵族风格应用于既非神话，亦非王室或军事人物及环境的剧作中——但在其他方面又全然是上层阶级的。意味深长的是，他的这种风格的两部主要剧作

---

* 也称"市民剧"。——译者注
** Condition一词有社会地位的含义。——译者注

《私生子》和《一家之主》（*Le Père de famille*），场景都设置为富有精英的生活，角色都无须为生活而工作，起的名字都是贵族式的，比如多尔瓦尔（Dorval）、克莱尔威勒尔（Clairville）、圣阿尔宾（Saint-Albin）和杰尔梅伊（Germeuil）。如果新的流派宣称自己是一种表现普通生活的戏剧，那么这种生活很有可能在物质上是舒适的，在社会上是安全的。

即使当这些戏剧直接提及社会阶层的问题时，它们所传达的信息似乎仍远不是资产阶级的。米歇尔·赛代纳（Michel Sedaine）的《无知的哲学家》（*Le Philosophe sans le savoir*，1765）可能是18世纪最成功的正剧，它就是有意识地作为狄德罗理论的例证而写就的。[80]这部戏通常被认为是为苦苦挣扎的资产阶级所做的典型辩护，其主角也确实是一名体现了其职业尊严和价值的成功商人范德克先生（Monsieur Vanderck）。然而，事实证明，范德克出身贵族之家，只是出于感激，采用了后来的养父（一个荷兰人）的名字并从事他的职业。在其中一幕，范德克向他的儿子讲述贸易的价值，提到只有两个职业他认为比从事商业更具意义：当官和从军——换句话说，两个传统的贵族职业。[81]在必不可少的危机之后，这部戏于范德克的儿子与一位年轻贵族的和解中结束。恰逢范德克女儿与一位穿袍贵族的婚礼之际，这位年轻贵族侮辱了范德克父亲所选择的职业。最后一幕婚礼的盛宴，是不同种类贵族之间充满感情的和解：穿袍贵族和佩剑贵族，以及范德克，这一受到启蒙的商人式的贵族。这类戏剧大都以一种中庸之道的启蒙运动式的风格取笑贵族的装腔作势。以赛代纳的剧作为例，他就突出了痴迷于家族谱系和军事成就的势利的姨妈这一角色。不过，在揭露贵族弱点的同时，这些戏剧并没有特别推崇中间阶层——它们描绘了来自社会各个阶层的主角。高产又激进的路易-塞巴斯蒂安·梅西耶（Louis-Sébastien Mercier）就获得了相当的成功，他为自己剧作塑造的主角跨越了整个社会，从特别富有的到非常穷苦的。

狄德罗、赛代纳、梅西耶和其他剧作家的这些戏剧共有的特征是对家庭的崇拜。所有这些作品的情节都包括一种很有表现力的，事实上是对父母子女之间、兄弟姐妹之间亲情的激越表达。对家庭纽带的歌颂往往在最后一幕达到高潮——通过披露某些角色之间之前不为人知的隐秘的亲缘关系。显然，通过揭示一个弃儿或丢失的孩子的真实身份来解决危机，并不是这一类型也不是该世纪戏剧的独有特点。值得注意的是，在正剧中，这一情节设置被频繁采纳，以缓解社会差异造成的紧张局势。

例如，狄德罗《一家之主》中的危机是由年轻的圣阿尔宾迷恋一位名叫苏菲的穷苦女子而引发的。慈爱的父亲温和地劝说他放弃，而专制的叔叔，一名带勋的骑士（Commander），则想要强迫他终止恋情。问题之所以最终得以解决，是因为发现了苏菲其实是骑士的侄女、圣阿尔宾的表妹，并且该剧的结尾是两对新人的订婚仪式：圣阿尔宾与苏菲，他的妹妹塞西尔（Cécile）与一位如同兄弟般在他们家中长大的年轻人杰尔梅伊。因此，两桩婚事都强化了已经存在的家庭纽带。在最后一个场景中，慈爱的家长祝福这四位准兄弟姐妹结合成为正式家庭。

梅西耶最出名的一部正剧为同一主题提供了变体：一个潜在的家庭获得承认并且转型成为一个超越社会分裂的正式家庭。《法官》（Le Juge）讲述了一位道德高尚的法官的困境：在裁决一起土地纠纷时，他的良心告诉他应该支持一个穷苦农民，反对一位曾经是他的保护人和养父的当地伯爵。虽然愤怒的伯爵起初威胁要毁掉这名法官，但当他看到这户农村人家的悲惨处境时，最终还是被深深打动，并坦言：地方法官实际上就是他的儿子，是他早年的一桩秘密婚姻所生。当伯爵承认并且加入他真正的家庭时，这起涉及三个社会阶层的土地争端就消失了。

在这些戏剧中，家人之间的强烈感情超越了中上层阶级的范围。狄德罗《一家之主》中的苏菲是赤贫的，梅西耶一些最为成功的剧作中的主角是特别贫困的工人。在梅西耶的《穷人》（*L'Indigent*）一剧中，一文不名的纺纱工人一家，老雷米（Rémi）同他的孩子夏洛特(Charlotte)和约瑟夫(Joseph)，住在冷酷的年轻贵族德·利兹（De Lys）家的地下室。危机爆发于德·利兹试图引诱贞洁的夏洛特之时，他首先用钱作诱饵，然后提出求婚。在情节反复曲折之后，事实证明，夏洛特根本不是雷米的女儿，而是德·利兹失散的妹妹，而他一直想以失踪不见为由取消妹妹的继承权。夏洛特现在成为一名富有的贵族女子，但她选择与旧家的哥哥结婚，也就是她一直喜欢的穷苦工人约瑟夫。当德·利兹感受到夏洛特、约瑟夫和雷米之间的真切感情后，他突然改变了自己的心意：在大幕落下之前，他饱含热泪，也承认了家庭之爱的力量。"在你的拥抱中我感觉到，"回头是岸的浪荡子宣称，"这是我此生第一次真正的快乐。"[82]

在大多数这类戏剧中，社会差异产生的张力都是通过揭露隐藏的家庭关系而得以解决，这些家庭关系又通过婚姻进一步加强。然而，正如梅西耶所见，跨越社会阶层的婚姻既是解决不平等的方案，又能安抚同时代人对社会分裂感到的不安。在《贩醋推车》（*La Brouette du vinaigrier*）一剧（关于一个小贩的儿子娶了一位富商之女的故事）的序言中，他写道：

> 所有那些将社会不同阶层混合起来，并努力打破过分的不平等（这是我们所有社会弊病的源头）的作品，在政治上都是好的。所有那些使得公民们团结起来的因素都是在一个大国之中将许多家庭联合起来的神圣的黏合剂，国家必须以同样的眼光看待它们。禁止兄妹之间结合的律令应该同样禁止富人之间彼此通婚。[83]

鉴于类似乱伦的状况频繁出现在大量此类戏剧中，梅西耶对兄妹乱伦的暗示是很有意思的。《私生子》中多瓦尔和罗莎莉深深地相互吸引，认为这是浪漫的爱情，直到最后发现他们是一对兄妹。在《穷人》中，德·利兹试图勾引的夏洛特，最终被揭晓是他的亲妹妹。反过来，她马上就嫁给几分钟以前还当作是她哥哥的约瑟夫。博马舍在《费加罗的婚礼》的感伤续作《有罪的母亲》（*La Mère coupable*，1789）中设置了类似的阴郁情景：阿玛维瓦（Almaviva）伯爵之子里昂（Léon）爱上年轻女子佛罗莱思婷（Florestine），伯爵是她的保护人和教父——人们很容易猜测她是他的私生女。事实也的确如此，但故事最终揭示里昂并非伯爵的儿子，而是伯爵夫人单方面短暂不忠的结果。费加罗打了胜仗般地总结道，"从法律和自然两方面来看，这对年轻人都是彼此不相干的，他们彼此都是陌生人"。伯爵宣布，家族将"使用假名"来向"一些谨慎、开明和尊贵的法律界人士"进行咨询，他们应该会皆大欢喜地批准这桩兄妹之间的婚事。[84]

根据这些情节，自然的语言在对我们讲话时是强大有力的，但我们有时会误读它的信息：我们以为是手足之爱的，结果其实是浪漫激情，反之亦然。[85]在这类文学（以及关于民情的更为广泛的话语）中，家庭一概无法保持自己的凝聚力。因为这种正剧所宣扬的理想，以及更广泛的18世纪法国自由意识形态所推崇的理想，是如此顽固地具有普世性，所以家庭在面对下层阶级、犯罪因素或外来危机的威胁时，无法定义自身（《有罪的母亲》是一个例外，它写于大革命爆发的前夕，首演于1792年，描述了家庭团结在一起对抗一个爱尔兰恶棍）。甚至于支持破坏性的反家庭唯我论的贵族（如《法官》中的伯爵，《穷人》中的德·利兹，博马舍作品中一度摇摆但最终和解的阿玛维瓦）都最终被家庭亲缘关系所接纳。没有受到外来的威胁，而婚姻肩负团结黏合国家的重任，这两者都对家人之间的感情造成沉重负担，使其不得不承载爱欲激情的全部力量。

这些戏剧的剧情为18世纪的观众提供了一种阐释危机与出路的新式戏剧手法。正剧的前提是：人类是存在于人际关系网络之中的社会生物，而悲剧真正的力量在于权力或金钱方面的不平等。不过，如果通过留心自然的呼唤，便能克服这样的张力，那将引领我们发现家庭的天伦之爱，这是最真实的人际关系。否认社会等级制度是18世纪感伤主义经济的核心特征，它致力于展示我们最深切的感受的普遍性。感伤主义的语言与其夸张的情感表达，旨在使内在的经验变得可见，以此作为人类联系的基础。[86]这就是为什么身体语言对狄德罗及其继承者如此重要：最深的情感是不可言喻的，只能通过身体进行表达。狄德罗的《谈话》（*Entretiens*）中著名的一段例子阐释了感性的口头与身体的语言如何能够成为化解社会差异的溶剂。这个例子涉及一个农民妇女，叙事者遇到她时她刚发现了被杀害的丈夫的遗体。她紧抓着丈夫的脚哭泣，从来没有想到过这双脚会引领他走向死亡。狄德罗评论说，对于这一性质的悲剧性发现会使得来自任何社会阶层的女性说出同样的话语，表现出同样"令人悲悯"的姿态："艺术家必须发现的就是任何人在这种情况下都会说的话；就是任何人听闻后都会在自己心里认识到的那种东西。"[87]

这种正剧可以视为大革命前在法国受过教育的公众间社会态度的标志。为了应对社会解体和腐败造成的深刻恐惧，这些戏剧推崇一种超越阶级分裂的共同体理想。家庭之爱既是这种超越的手段，又是它的暗喻：一种激动人心的力量通过身体的症状得以表现（眼泪、沉重的呼吸等），这使得演员们团结在一起，制造泪水浸透的终幕场景（tableau）。这些作品中所描绘的情绪化的家庭并不特别限于任何阶级：其核心构成可以是无产阶级的（如在《穷人》中），也可以是贵族的（如在《有罪的母亲》中），并且它在戏剧中的功能是超越社会分裂。感伤的家庭绝非代表某个单一群体的精神，而是一种想象整体社会凝聚力的方式。当一种等级制的、以团体为基础的古老社会模式显得越来越无关现实，而现代的阶级、民族和历史的一致性又尚未出现之时，强烈的情感性的家庭纽带就成了想象一种持久的社会凝聚力的唯一可用的手段。

　　是的，在18世纪中叶，法国的确变得更加富有，更加城市化，更加商业化，更加消费主义。但是没有证据表明，当时的人们将这些变化——不管是好是坏——解释为一个中间阶级或资本主义群体兴起的原因或结果。后来的历史学家是根据他们自己在19世纪和20世纪的经验而得出这样的结论。然而，在当时的社会中，无法发现任何明确的意见认为能够确认存在着一个正在兴起的资产阶级或中产阶级，无论是对其进行赞美还是诋毁。恰恰相反，经济变化是借助"奢侈"这样的传统道德术语而得到理解的，它被看作是一种影响整个社会肌体的疾病，引发了失序、自私、放荡和不育造成的混乱。针对奢侈这种祸害的救治方案被提出来时，也很少以经济、社会或政治的术语进行表述。大多数遣责城市奢侈之恶的作家都泛泛地大做道德文章，并且或明或暗地将其与据称是贞洁的、朴素的、（在所有意义上都）多产的乡村社会进行对照比较。但是，这样一个被吹捧为民情摇篮的乡村——强壮的农夫收割丰收的作物，而他们的妻子哺育着胖嘟嘟的婴孩——并非某个真正的地方，而是一种民族共同体失落感的隐喻。

　　可能有人会反对说，社会观察家、批评家和政治家通常以一般性的道德术语（"家庭价值观""重振荣誉"等等）进行表达，而这种理想化的普遍主义常常是隐藏真正阶级利益的表面文章。但是，即使是普遍主义的意识形态通常也会导致某些"非我族类"群体的妖魔化。而在18世纪后期，关于民情和祖国的话语最异乎寻常地方的是，它们并没有明确指认社会敌人。正如18世纪正剧的情节所暗示的那样，将社会重新想象为一个道德的、感伤的家庭会使得贫苦的穷人和改革了的贵族（以及这两端之间的所有人）都紧密团结在泪水涟涟的拥抱之中。传统宗教信念的崩溃以及君主神圣特质的减弱，促使受过教育的法国男女在对家庭和祖国的情绪化的理解中寻求意义和道德共同体。[88]

从1750年到1790年之间的几十年里，法国社会的观察家和批评者认为，道德化的民族可以通过一种家庭的形象得以重塑。对于这个文化来说，充满爱的核心家庭正是其中心性的理想，这并非因为它是资产阶级或中产阶级特有的，而是因为它被视为一种普遍性的社会联系的新来源和新典范。事实上，那些在1789年经历了大革命令人眩晕的头几个月的人最初确实相信，手足挚爱和兄弟情谊（fraternité）强大得足以将新国家的公民们凝聚在一起。然而，家庭模式显然是脆弱的；事实马上证明，兄弟们可以轻易地相互背叛。不久，法国革命者就不得不通过征伐共同的敌人来为他们的大业另寻凝聚力。他们公开地抨击贵族和外国人，含蓄地对抗来自平民的暴力威胁。

注释

1.Joseph Berthélé, *Montpellier en 1768 et 1836, d'après deux documents inédits* (Montpellier, 1909), p. 68.

2.Ibid.

3.Ibid., pp. 57 – 58.

4.Ibid., pp. 68 – 69.

5.Ibid., p. 148.

6.Ibid., p. 149.

7.Ibid., pp. 148 – 49.

8.Robert Darnton, *The Great Cat Massacre and Other Episodes in French Cultural History* (New York: Basic Books, 1984), pp. 114 – 115.

9.Berthélé, *Montpellier*, pp. 98 – 99.

10.关于这一点最为简明又微妙的表达见Georges Lefebvre的 *Quatre-vingt-neuf* (1939), 恰好在 "修正主义" 的猛攻之前以英文出版，即 *The Coming of the French Revolution* (Princeton: Princeton University Press, 1967).

11. 最初的攻击见 Alfred Cobban, *The Social Interpretation of the French Revolution* (Cambridge: Cambridge University Press, 1964), esp. chs. 6 – 8. 那一代挑战马克思主义解释经济基础的学人中，最为重要的作品见 George Taylor's "Types of Capitalism in Eighteenth-Century France," *English Historical Review* 79 (1964): 478 – 497, 以及 "Noncapitalist Wealth and the Origins of the French Revolution," *American Historical Review* 72 (1967): 469 – 496.

12.对这一观点早期且有重要的贡献是Jan Marczewski, "The Take-Off and French Experience" in Walt Rostow, ed., *The Economics of Take-Off into Sustained Growth* (New York: St. Martin's Press, 1963), 以及 François Crouzet, "Angleterre et France au XVIIIe siècle: Essai d'analyse comparée de deux croissances économiques," in *Annales: économies, sociétés, civilisations* 21 (1966): 254‑291. 20世纪70和80年代，新一代的经济史学家提供了充分证据，为法国18世纪的发展建立了成熟的修正主义论述。其中最为客观的是 Patrick O'Brien and Caglar Keydar, *Economic Growth in Britain and France, 1780‑1914: Two Paths to the Twentieth Century* (London: Allen and Unwin, 1978). 另见 Richard Roehl, "French Industrialization: A Reconsideration," *Explorations in Economic History* 13 (1978): 233‑281; Don Leet and John Shaw, "French Economic Stagnation, 1700‑1960: Old Economic History Revisited," *Journal of Interdisciplinary History* 8 (1978): 531‑544; Rondo Cameron and Charles E. Freedman, "French Economic Growth: A Radical Revision," *Social Science History* 7 (1983): 3‑30; Nicholas Crafts, "Economic Growth in France and Britain, 1830‑1910: A Review of the Evidence," *Journal of Economic History* 44 (March 1984): 49‑67; Robert Aldrich, "Late Comer or Early Starter? New Views on French Economic History," *Journal of European Economic History* 16 (1987): 89‑100.

13. Leet and Shaw, "French Economic Stagnation," 536‑537; Cameron and Freedman, "French Economic Growth," 16‑17; François Crouzet, *De la Supériorité de l'Angleterre sur la France: l'économique et l'imaginaire, XVIIe et XVIIIe siècles* (Paris: Perrin, 1985), 55‑57.

14. Roehl, "French Industrialization," esp. pp. 246‑249. 关于该词具有启发性的讨论和围绕它进行的辩论见 Tessie Liu, *The Weaver's Knot: The*

*Contradictions of Class Struggle and Family Solidarity in Western France, 1750 -
1914* (Ithaca: Cornell University Press, 1994), pp. 23 - 32.

15. William H. Sewell, Jr., *Work and Revolution in France: The Language
of Labor from the Old Regime to 1848* (Cambridge: Cambridge University Press,
1980), p. 153.

16.Georges Duby et al., *Histoire de la France urbaine*, 4 vols. (Paris: Le
Seuil, 1981), III: 295 - 298; Daniel Roche, *La France des Lumières* (Paris:
Fayard, 1993), pp. 160 - 163; Roche, *Histoire des choses banales: Naissance de la
consommation, XVIIe - XVIIIe siècles* (Paris: Fayard, 1997), pp. 45 - 48.

17.Roche, *Histoire des choses banales*, pp. 55 - 58; Roche, *The People of
Paris: An Essay on Popular Culture in the Eighteenth Century*, trans. Marie Evans
and Gwynne Lewis (Berkeley: University of California Press, 1987), pp. 19 - 24;
Sarah Maza, *Servants and Masters in Eighteenth-Century France: The Uses of
Loyalty* (Princeton: Princeton University Press, 1983), chs. 1 and 3.

18.Roche, *The People of Paris*; Roche, *The Culture of Clothing: Dress
and Fashion in the Ancien Régime*, trans. Jean Birrell (Cambridge: Cambridge
University Press, 1994); Cissie Fairchilds, "The Production and Marketing of
Populuxe Goods in Eighteenth-Century Paris," in John Brewer and Roy Porter,
eds., *Consumption and the World of Goods* (London: Routledge, 1993), pp. 228 -
248; and especially Annick Pardailhé-Galabrun, *La Naissance de l'intime: 3000
foyers parisiens, XVIIe - XVIIIe siècles* (Paris: Presses Universitaires de France,
1988). Pardailhé-Galabrun对于家居生活规模宏大的统计分析，从位于顶层
占人口总数2.5%的贵族、2%的王室官员、4.5%的金融官员、5%的律师，
以及1%的医生，到处于底层占人口总数7%的家庭佣人（虽然其中一些实
际上相当富有）。熟练工人和其他工人占了总数的15.5%，人数最多的两

类为工匠师傅 (27%) 以及商人和布尔乔亚 (22.5%)。详见她作品的第三章。尽管所有这些历史学家都在这一群体内部划分各种类别，但能够肯定的是：这些清单在很大程度上属于小康富裕人家，而不是特别富有的阶层。

19.Roche, *Histoire des choses banales*, pp. 111‐114.

20.Ibid., pp. 255‐259; Roche, *People of Paris*, pp. 119‐120.

21.Pardailhé‐Galabrun, *Naissance de l'intime*, p. 239.

22.Ibid., pp. 216, 250‐261.

23.Ibid., pp. 251‐252.

24.Ibid., pp. 287‐291; Roche, *People of Paris*, pp. 132‐137; Roche, *Histoire des choses banales*, pp. 140‐145.

25.Pardailhé‐Galabrun, *Naissance de l'intime*, pp. 275‐282; Roche, *People of Paris*, pp. 130‐132.

26.Pardailhé‐Galabrun, *Naissance de l'intime*, pp. 319‐324; Roche, *People of Paris*, pp. 147‐149.

27.Pardailhé‐Galabrun, *Naissance de l'intime*, pp. 368‐370, 398‐400; Roche, *People of Paris*, 150‐152.

28.Pardailh é‐Galabrun, *Naissance de l'intime*, chapter 10.

29.Ibid., pp. 305‐308; Roche, *People of Paris*, pp. 141‐143.

30.Fairchilds, "Populuxe Goods," passim.

31.François Yves Besnard, *Souvenirs d'un nonagénaire*, 2 vols. (Paris, 1880), I: 28‐31.

32.Roche, *Culture of Clothing*, pp. 106‐107.

33.Maza, *Servants and Masters*, pp. 119‐123.

34.Jennifer Jones, "The Taste for Fashion and Frivolity: Gender, Clothing and the Commercial Culture of the Old Regime" (Ph.D.diss., Princeton University, 1991), chs. 1 and 2.

35.Roche, *Culture of Clothing*, ch. 5.

36.Ibid., pp. 121 - 125, 141 - 142.

37.Ibid., pp. 142 - 143.

38.Jennifer Jones, "Repackaging Rousseau: Femininity and Fashion in Old Regime France," *French Historical Studies* 18 (1994): 939 - 968.

39.Jean-Claude Perrot, *Genèse d'une ville moderne: Caen au XVIIIe siècle*, 2 vols. (Paris: Mouton, 1975).

40.Jonathan Dewald, Pont-Saint-Pierre, *1398 - 1789: Lordship, Community, and Capitalism in Early Modern France* (Berkeley: University of California Press, 1987).

41.Colin Jones, "The Great Chain of Buying: Medical Advertisement, the Bourgeois Public Sphere, and the Origins of the French Revolution," *American Historical Review* 101 (February 1996): 13 - 40.

42.Ibid., p. 34

43.Ibid., passim, quote p. 25.

44.更为综合的论述见 Colin Jones, "Bourgeois Revolution Revivified: 1789 and Social Change," in Colin Lucas, ed., *Rewriting the French Revolution* (Oxford: Clarendon Press, 1991), pp. 69 - 118.

45.Ibid., pp. 96 - 109.

46.Ibid., p. 114.

47.Keith Michael Baker, *Condorcet: From Natural Philosophy to Social Mathematics* (Chicago: The University of Chicago Press, 1975), p. 19.

48.John Sekora, *Luxury: The Concept in Western Thought, Eden to Smolett*

(Baltimore: The Johns Hopkins University Press, 1977), pp. 1 - 47.

49.Ibid., p. 74.

50.随后的概述是根据 Ellen Ross, "The Debate on Luxury in Eighteenth-Century France: A Study in the Language of Opposition to Change," Ph.D. diss., University of Chicago, 1975. 以及 Renato Galliani, *Rousseau, le luxe, et l'idéologie nobiliaire* (Oxford: The Voltaire Foundation, 1989). 更简短的纵览见 Harvey Chisick, *The Limits of Reform: Attitudes towards the Education of the Lower Classes in Eighteenth- Century France* (Princeton: Princeton University Press, 1981, ch. 4, Roche, *La France des lumières*, ch. 17, and Pierre Rétat, "Luxe," *Dix- Huitième Siècle* 26 (1994): 79 - 88.

51.Jean-Baptiste Beauvais, cited in Ross, "Debate on Luxury," p. 37.

52.Ibid.

53.Paul Henri Thiry, baron d'Holbach, *Éthocratie ou le gouvernement fondé sur la morale* (Amsterdam, 1776), p. 132.

54.例子见François Béliard, *Lettres critiques sur le luxe et les moeurs de ce siècle* (Amsterdam, 1771), pp. 25 - 30.

55.Chisick, *Limits of Reform*, pp. 197 - 205; Ross, "Debate on Luxury," pp. 59 - 65.

56.René Girard, *Violence and the Sacred*, trans. Patrick Gregory (Baltimore: Johns Hopkins University Press, 1972);林恩·亨特将这个观点应用于较晚的时期, 见 *The Family Romance of the French Revolution* (Berkeley: University of California Press, 1992), pp. 114 - 118.

57.相似的主题在政论小册子中无所不在, 特别是一些非法出版物, 它们将最后两任君主的失败归罪于路易十五的情妇们以及路易十六的妻子的反常影响。见Sarah Maza, *Private Lives and Public Affairs: The Causes*

Célèbres of Prerevolutionary France (Berkeley: University of California Press, 1993), ch. 4.

58.Jean Egret, *Louis XV et l'opposition parlementaire* (Paris: Armand Colin, 1970); Dale Van Kley, *The Jansenists and the Expulsion of the Jesuits from France, 1757 – 1765* (New Haven: Yale University Press, 1975) and The Damiens *Affair and the Unraveling of the Ancien Régime* (Princeton: Princeton University Press, 1984); Jeffrey Merrick, *The Desacralization of the French Monarchy in the Eighteenth Century* (Baton Rouge: LSU Press, 1990).

59.Anne–Robert Turgot, "Mémoire sur les municipalités" (1775) in Gustave Schelle, ed., *Oeuvres de Turgot et documents le concernant*, 5 vols. (Paris: Félix Alcan, 1913 – 1923), IV: 576.

60.Josephine Greider, *Anglomania in France, 1740 – 1789: Fact, Fiction and Political Discourse* (Geneva: Droz, 1985); Frances Acomb, *Anglophobia in France, 1763 – 1789: An Essay in the History of Constitutionalism and Nationalism* (Durham, N.C.: Duke University Press, 1950).

61.Keith Baker, "Politics and Public Opinion under the Old Regime" in Jack Censer and Jeremy Popkin, eds., *Press and Politics in Prerevolutionary France* (Berkeley: University of California Press, 1987),pp. 208 – 213.

62.Octavie Guichard, *Observations sur la noblesse et le tiers–état* (Amsterdam, 1758), pp. 86 – 87.

63.Perrot, *Genèse*, I: 298 – 299.

64.Paul Henri Thiry, baron d'Holbach, *Système social ou principes naturels de la morale et de la politique*, 3 vols. (London, 1773) II: 67 – 70.

65.Ibid., II: 72 – 74.

66.Antoine Polier de Saint–Germain, *Du Gouvernement des moeurs*

(Lausanne, 1784), p. 58.

67. Moeurs 通常被翻译为道德（morals）或风俗（manners），因为它既可以指中立意义的习俗，又有道德操守的意思。在广为阅读的卢梭《给达朗贝尔的信》的英译本中，阿兰·布鲁姆（Allan Bloom）选择将这个麻烦的法语术语翻译为"morals[manners]"［Jean-Jacques Rousseau, *Politics and the Arts: Letter to M. d'Alembert on the Theater*, trans. Allan Bloom (Ithaca: Cornell University Press, 1960)]. 有些译者根据上下文来选择对应的英语词汇进行翻译，但是对我来说，这就违背了法语的意义，该词原意就在于内在和外在行为规范的重叠。因此我选择在文本中保留法语原词。

68.对这类形象进行分析的例子见Maza, *Private Lives*, ch. 2.

69.Gabriel Bonnot de Mably, *Entretiens de Phocion sure le rapport de la morale avec la politique* (Amsterdam, 1763), p. 45.

70.d'Holbach, *Système social*, p. 137.

71.Chisick, *Limits of Reform*, pp. 225－236.

72.D'Holbach, *Système social*, p. 156, and *Éthocratie*, pp. 7, 12－13.

73.Chisick, *Limits of Reform*, pp. 215－225.

74.James Rutlidge, *Essai sur le caractère et les moeurs des françois comparés à celles des anglois* (London, 1776), pp. 182－184. This work was originally published in English as *An Account of the Character and Manners of the French* (London, 1770).

75.David Bell, *The Cult of the Nation in France: Inventing Nationalism, 1680－1800* (Cambridge, Mass.: Harvard University Press, 2001), ch. 2.

76.Polier, *Gouvernement des moeurs*, p. 26, 该书描绘了一个由民情所统治的社会，"Chacun s'y tiendroit naturellement à sa place." 另见 [Abbé] Jaubert, *Éloge de la roture dédié aux roturiers* (London, 1766), p. 45. Compare with d'Holbach *Éthocratie*, pp. 117 - 120, and Claude Adrien Helvétius, *De l'Esprit et de l'Homme*, ed. Albert Keim (Paris, 1909), pp. 235 - 243.

77.有关这一点经典论述见Lawrence Stone, *The Family, Sex and Marriage in England, 1500 - 1800* (New York: Harper and Row, 1977), 特别是第四部分，以及 Randolph Trumbach, *The Rise of the Egalitarian Family: Aristocratic Kinship and Domestic Relations in Eighteenth- Century England* (New York: Academic Press, 1978). 然而关于法国的情况还没有类似的范围广泛的研究，见 Jean-Louis Flandrin, *Familles: parenté, maison, sexualité dans l'ancienne société* (Paris: Hachette, 1976), ch. 3.

78.关于正剧的经典研究，同时在文献搜集方面至今仍然是最为全面的，是Félix Gaiffe, *Le Drame en France au XVIIIe siècle* (Paris: Armand Colin, 1910). 这一文学风格长期以来遭到忽视，被看作是次等的戏剧类型，因为其过度伤感情绪化的风格令人尴尬。最近它重新引起学者们的兴趣，特别是进行戏剧研究，以及更加宽泛地将这种情绪化风格作为重要文化现象进行研究的学者。相关的一些值得注意的作品包括Julie Candler Hayes, *Identity and Ideology: Diderot, Sade and the Serious Genre* (Amsterdam: John Benjamins, 1991); Scott Bryson, *The Chastised Stage: Bourgeois Drama and the Exercise of Power* (Stanford: Anima Libri, 1991); David Denby, *Sentimental Narrative and the Social Order in France* (Cambridge: Cambridge University Press, 1994); William Reddy, "Sentimentalism and Its Erasure: The Role of Emotions in the Era of the French Revolution," *Journal of Modern History* 72 (March 2000): 109 - 152。关于英格兰，可特别参考 G. J. Barker-Benfield, *The Culture of Sensibility: Sex and Society in Eighteenth-Century Britain* (Chicago: The University of Chicago Press, 1992).

79.Denis Diderot, *Paradoxe sur le comédien précédé des Entretiens sur le*

Fils naturel (Paris: Garnier–Flammarion, 1967). 关于 "conditions" 的讨论，见 pp. 96 - 97。

80.Mark Ledbury, "Intimate Dramas: Genre Painting and New Theater in Eighteenth–Century France" in Richard Rand, ed., *Intimate Encounters: Love and Domesticity in Eighteenth–Century France* (Princeton: Princeton University Press, 1997), pp. 60 - 62.

81.Michel Sedaine, "Le Philosophe sans le savoir" in Casimir Zdanowicz, ed., *Four French Comedies of the Eighteenth Century* (New York: Scribner's, 1933), p. 279.

82.Sébastien Mercier, *Théâtre complet*, 4 vols. (Amsterdam, 1778 - 1784), III: 87.

83.Ibid., III: 114.

84.Pierre Augustin Caron de Beaumarchais, *Théâtre* (Paris: Garnier–Flammarion, 1964), p. 441.

85.Suzanne Pucci, "The Nature of Domestic Intimacy and Sibling Incest in Diderot's Fils Naturel," *Eighteenth–Century Studies* 30 (1997): 279.

86.Denby, *Sentimental Narrative*, pp. 21 - 47.

87.Diderot, *Paradoxe*, p. 47.

88.Bell, *The Cult of the Nation*.

第三章 革命兄弟情与对抗贵族之战

我们一度确切地知道，究竟何时，资产阶级喧嚣地登上法国历史的中心舞台。那是在1789年的5月到6月间，是由神职人员、贵族和第三等级组成的三级会议召开的结果。大多数第三等级的代表们都是受过良好教育的富有的专业人士，反抗君主和其他两个等级。在下级教士和自由派贵族的协助下，第三等级的代表们退出会议，并于6月以"国民议会"的名义宣布他们自己是法兰西民族的唯一代表。这的的确确是一场资产阶级革命。

自20世纪60年代以来，将法国大革命视为一场中间阶级资产者的胜利的解读已经陷入困境。今天，历史学家的争论主要集中于：是否应该将1789年之后10年间在法国发生的事件看作一场资产阶级革命。令人惊讶的是，一个十分直白的问题从来没有被提出过：革命的资产阶级，如果他们存在的话，是否确认过自己的身份？关于革命领导层大致的社会身份不曾有过争议：他们是被选为议员（制宪会议，立法议会，国民公会）的人，在各委员会（包括恐怖时期的）担任职务的人，那些管理政府、公开演讲、写作政论小册子、组织党派的人。除了少数的自由派贵族以外，他们实际上是一群中上阶层的专业人士：首先是律师，其次是作家、记者、医生、工程师和神父。[1]那么，这些人是否曾在他们的演讲、写作，或回忆录中描述过当资产阶级或中产阶级到来时，究竟发生了什么呢？有没有其他人写过这些呢？如果答案是否定的，那么对于这一关键事件，究竟意味着什么？

第三等级是什么？

想要寻找关于革命早期阶段社会状况的话语，最显见之处是1789年5月三级会议召开之前大量涌现的政论小册子。路易十六和他的政府召开了这一形式古老的、由国内三个等级代表出席的大会，以期为解决法国顽固的财政困境做最后的努力。自1614年以来，这种由人数众多的贵族、教士和平民出席的会议就再也没有召开过，因此国王的大臣罗梅尼·德·布里安（Loménie de Brienne）邀请公众对应该如何召开此会进行评论。他和同僚们得到的意见远多于预期，特别是1788年9月以后，当巴黎高等法院为下令召开这一古旧形式的会议的国王诏令进行登记时，宣称会议应该遵循"1614年的形式"。如果是这样，每一等级在每项议题上都会拥有一票，无论各等级代表的人数或各等级所代表的民众数量是多少；这项决定的反对者们迅速而愤怒地指出——这意味着拥有特权的贵族和教士总是能够二比一地胜过平民。

第三等级的拥护者认为，由于社会中这一群体在人口及经济上的重要性，其代表应该是其他两个等级中任意一者的两倍，并且投票应该按人数而不该按等级进行计算。从1788年的夏天到1789年的夏天，他们出版了数以千计的小册子，许多是精心策划的宣传战的成果。[2]虽然各种观点都能在这一大批政论文献中找到，但可以肯定的是，其中大部分，包括当时最有影响力的小册子在内，提倡的都是第三等级的利益。历史学家传统上将这些文献看作是资产阶级或中产阶级政治抱负的反映，[3]因此我们需要细致地对此进行审视，关于大革命前夕的社会和政治状况，这些涉及第三等级（tiers état）的论述究竟告诉了我们什么。三级会议召开产生的结果是，突然将社会性的主题引入以前一直主要是政治性的危机之中。这三个等级到底代表着谁？是否其中一些群体比另一些更加重要？三个等级的划分与

1788年至1789年之间社会阶层差异的实际运作方式间有着什么样的关系？另外，各等级与君主制之间的关系的性质究竟如何？到凡尔赛去的议员们难道仅仅是为了服从一切权力之源的路易十六吗？还是他们作为民族意志的载体，自身就被赋予了权力？

因此，1788年至1789年之间的小册子提供了一个独特的有利视角，借此可以获知它们的作者——当然，他们都是文化精英分子——如何想象社会环境，如何理解社会价值与公共权力之间的关系。在18世纪后期，用以描述社会的习惯用语总是不断变化，因此人们甚至在同一本小册子中都能找到许多不同的概念和形象。甚至像皮埃尔–洛朗·贝郎热（Pierre-Laurent Bérenger）这样的自由派作者，或者国民议会未来的主席让·保罗·拉博·圣埃蒂安（Jean Paul Rabaut Saint-Étienne），也都轻易地借用了古老的有机体意象："人体的和谐正如国家和谐的形象"——前者这样写道。后者则吟诵道："国家是以国王为首的身体。"[4]

在声援第三等级的文献中，在支持基于人数投票的主张中，一个最持久的主题便是要直接冲击身体这一形象。根据人数立论的论点是由于第三等级包括了所有既非贵族也亦非教士的人，他们在人数上的决定性优势本应使其在三级会议中占有数量上的，因而也就是政治上的优势。不同作者引用的数据差异很大，但是无论如何，特权人口和非特权人口之间总是惊人地不成比例。一位作者写道：贵族不应该忽视我们的权利，否则，他们将会发现我们2300万人在对抗他们的100万成员。另一位作者愤怒地写道：贵族怎么敢以我们的名义说话，当"他们的人数只有大概10万人，而我们的却达到2500万到2600万之强"。[5]在当时最著名的小册子《第三等级是什么？》中，西耶斯神父（abbé Sieyès）写到20万特权人口（privilégiés）对抗着2500百万或2600百万无特权的公民。[6]

这种宣言的力量对我们来说似乎不言而喻，因为我们正是最初由法国大革命所开创的西方知识和政治现代性这一"品牌"的继承者。但是，记住这一点非常重要：在一种一个人的价值不一定等同于另一个人的价值的文化中，这样一种观点是很晚才有并且在当时仍有争议的。毕竟，这同一批作家也轻易地落入了将国家描述为身体的范式中去了，而在这种隐喻中，数字的权重在理论上几近为无：一具身体有一条、两条或者三十条腿都是无关紧要的，只要赋予它生命和方向的器官是一颗心脏，或是一颗头颅。对我们来说数字是有强大说服力的，可是假如它们的重要性在1788年也是不言而喻的话，那么当时根本就不会产生任何争论。

在有机的和统计学的这两种解析社会的视角之间，是无处不在的将王国视为家庭的概念，它能够同时服务于传统的和相对激进的议程。自由派的政论家们以令人惊讶的高频率借用国王的形象，将其比喻为一位仁爱却备受困扰的父亲，他在不和的兄弟之间进行调解。从表面上看，家庭这一隐喻在性质上显然是古旧的——1780年代距离约翰·洛克在其《政府论》（1688）中戳破为君主制进行的父权辩护已经过去了一个多世纪，自卢梭的《社会契约》（1762）发表以来也已经过去了整整一代人。但是应用于政治的家庭隐喻仍未消失，它们只要稍作修改就可以适应可能是相当激进的新信息。这就是未来的雅各宾人雅克–路易·大卫（Jacobin Jacques-Louis David）在其1785年的著名画作《荷拉斯兄弟之誓》中所创造的家庭与社会契约意象之间的重合。三个罗马人的儿子和他们挥舞佩剑的父亲，以一种奇怪的方式预示了后来的政论小册子将路易十六描述为父亲面对着如同儿子一般的三个等级的情形。大卫画中三个儿子的样貌不可思议地高度相似，暗示着在18世纪80年代进步性的惯用语汇中，"兄弟"与"平等"是不可分割的。家庭的隐喻轻易就能被强行拿来突显现实中的反常现象，例如长子继承权（在家庭中）或者特权阶层（在国家中）。一本小册子写道，一位君主，"是一个大家庭的共同父亲"；如果他持续对某些孩子表现出"无端的偏爱"，那么灾难必将发生。另一位作者也援引了关于四个兄弟的寓言，在结尾处这样写道："无论远近，我们皆为兄弟；我们都是平等的；我们都是这个家庭的一分子。"还有一位，试图把基于数字的观点引入家庭意象，要求读者想象一个有24个孩子的好父亲（可能是以每一个孩子代表每100万法国臣民），却让其中两个分到家里绝大多数的食物。[7]

根据三级会议头几天的参与者的讲述，有关兄弟情谊的措辞不仅仅是象征性的幻想，而且是植根于参与者的情感体验，那种出乎意料的与其他法国人之间产生亲人般感情的体验。让-西尔万·巴伊（Jean-Sylvain Bailly）——他后来在1789年至1791年之间将会成为革命巴黎的市长——在会议前接待了贵族和第三等级代表团，并写道：他们之间的一致"带来了有关国内大联合和各等级相互融合的最初的消息。就像兄弟们在达成一致的协议之后，着手接受继承的产业"。[8]其他人，比如费里耶尔侯爵，记录下会议开幕时产生的更加发自肺腑、更加令人振奋的民族团结的情感体验："对祖国的爱，在我心头猛烈地激荡。我以前从来不知道，将我与这片土地，与我的兄弟们紧紧相连的羁绊，到底有多么深沉；在这一刻，我感受到了。"[9]

将社会想象为一个扩大的家庭，这不是倒退到君主制或贵族制模式，而是迈向现代的一步：这是由于人人皆是"兄弟"而推定他们都同等地受到接纳。在大革命的头几个月，狄德罗和梅西耶正剧中隐含的政治信息似乎在凡尔赛的三级会议中，继而在巴黎大街上成为现实：一旦蒙昧的分裂（分裂为等级、团体之类）得以克服，全国必然会在大家庭般的怀抱中团结一致。至少有一个参与者意识到了新的戏剧风格与1789年春天人们顿悟般感受到的这种兄弟情谊之间的明确联系。克劳德·福谢神父（Claude Fauchet）写道：这种戏剧"一定会从法国人民正在目睹的王权威严中，激发出新的一股乐趣来。而且，没有其他戏剧的教导方式更适合来表现兄弟信义，它令所有人在善恶面前都是平等的"[10]。

在林恩·亨特对革命家庭隐喻的弗洛伊德式解读中，本是期望中的政治上的兄弟关系成为现实——在1789年他们除掉了父亲并以自身创立的法则取而代之之后，这种关系迅速地成熟起来了（姐妹们则因为缺乏理性和道德的坚韧而被排除在外）。[11]

因此，作为一个过渡性的隐喻，家庭意象最初借助了传统上对作为慈父的国王的敬意，与此同时，还为革命的兄弟情谊逐步成型留出了空间，并随后从父权的权威中解脱出来。但最重要的是，革命的兄弟情谊被设想为是包容一切的：当然，不包括女性，还有那些故意拒绝接受这一理念的人，但是不加区别地包括所有其他人。革命者认为以等级或团体来划分社会是不自然的；相反，他们通过把公民身份描述为全国范围的血缘关系，使其自然化和普遍化。

家庭的，以及更加具体的关于兄弟的隐喻，有一种普遍性的推动力，正如其他一直以来将第三等级认作民族核心的主题一样，比如工作与生产力。这个主题最有名的表达当然是西耶斯的《第三等级是什么？》，其开篇是广为人知的自问自答："第三等级是什么？一切。"对于他自己提出的问句，西耶斯的回答是"一切"——不是中产阶级，不是中庸之道，不是杰出人才，不是理智之士，而就是一切（everything）。西耶斯的第一章——"第三等级是一个完整的民族"，这是建立在重农主义的前提下，即工作和生产力是人类联合起来的原因，并且人类社会存在一种"自然的"排序，其根据是生产力高低以及与物质世界的接近程度。按降序排列，第三等级首先包括了在土地上耕作的人；其次，通过手艺和产业对材料进行加工的人；再次，确保货物流通的人；第四，是提供"有用以及合意的服务"的各种人，包括知识分子到艺术家再到居家仆人。[12]

　　许多其他的作家也类似地将第三等级定义为因从事生产性工作而组成民族的各色人等。拉博·圣埃蒂安写道：如果拿走神职人员和贵族，你还有一个民族；但是拿走第三等级的话，剩下的不过是一帮无用的贵族和教士。[13]另一位作者用更尖锐的讽刺来强调这一点，他这样挑战贵族们：试着耕作你自己的土地，照料你自己的葡萄园，自己出征战斗，自己挖土掘井。如果我们这些平民消失了，你们仍然拥有你们的马车和狗，你们的剑和情妇。他嘲笑道，你们唯一缺少的，不过是食物。[14]1788年至1789年间，许多作家以"第三等级"的名义拿起笔来发表意见，而这个非常宽泛的范畴源于对一个古老的价值等级体系的颠倒。在传统的三分法结构中，排在第三（tiers）的是一个巨大的、无差异的剩余类别，因其卑微地与物质世界发生接触而远离神性。启蒙运动用自然取代了神的位置，从而颠倒了这种排序：如果自然法则在起源上就是神圣的，那么与自然的接近就确保了道德与社会的重要性。

　　现在应该已经很清楚了：无论是根据所引用的数字，还是根据西耶斯这样一些作者给予生产性的体力劳动的重视，第三等级从未被想象成是一种类似于资产阶级的或者中产阶级的群体。在列举其构成时，反复强调的是其内部的多样性和巨大容量。正是让-保尔·马拉（Jean-Paul Marat）本人于1789年撰写的一本小册子罗列出了完整的花名册："法国的第三等级是由仆人、苦力、工人组成的；由工匠、商人、农人、土地有产者，以及没有贵族头衔的食利者组成的；由教师、艺术家、医生、文化人、科学家、法律从业者、下级法官、有教职者以及陆上及海上的军人组成的；这是个不可胜数、不可战胜的军团，胸怀光明、才智、力量和美德。"[15]

　　图像证据证实了第三等级的折中主义，并进一步令人对任何狭隘地将第三等级确认为中产阶级或中上阶层的观点产生怀疑。在三级会议期间及其后，巴黎街头出售的各种版画与其他作品一起，提供了有关第三等级的视觉呈现。最常见的是，第三等级被刻画为一位农民——衣衫褴褛，面颊消瘦，"生来受苦"，并且背上驮着富人。这个形象值得注意，却毫不令人奇怪；这一类图像呼应着传统的划分，第三等级是劳动者（laboratores），它奉献出的是劳力，而非（教士的）圣洁或（武士的）鲜血。[16]

诚然，在某些时候，第三等级确实也被想象为一个中间的、富裕的人群。一张版画将第三等级描绘成一位相当优雅的绅士,身着绿条纹西装马甲,演奏着音乐，而另两个等级随着他的调子起舞。在"第三等级的觉醒"（" Le Réveil du tiers"）这幅作品中，在巴士底狱隐现的远景衬托之下砸破自己手铐的人物似乎也具有谦逊的中等阶层身份，他穿着棕色外套、绿色马甲，以及黄色马裤。[17]

这类文献中有提及布尔乔亚的部分，但只是一笔带过，缺乏系统。比如，一位作者以某省的一群布尔乔亚为名写作，寻求民众支持，在布尔乔亚内部划分出两个群体：一边是毫不含糊的布尔乔亚——好的、纯粹的布尔乔亚（bons et francs bourgeois），依靠管理自己的土地或者专业收入为生；另一边是，"那些混蛋（也就是杂种）布尔乔亚，无须工作只靠收租金过活，却要求得到有用的人才配享有的权利"[18]。这段话有趣地回应了马里沃（Marivaux）在大约70年前的观察，布尔乔亚是"一种杂交动物，既像贵族，又像人民"[19]。这暗示了此种杂交生物如果从事生产劳动，就能成为第三等级的一分子，但是如果选择贵族式的寄生生活，就会被逐出这个民族。

当然，1788年至1789年之间的政论小册子文献，并非仅仅为了（甚至并非主要为了）描述社会而写，其目的是推进一种政治议程；对于第三等级的实用性和生产力大唱赞歌是为了证明增加一倍代表人数并且按照人数而非按照等级进行投票这样一种要求是有道理的。许多作者有更进一步的政治愿景，设想通过将权力移交给三个等级而实现法国政治制度的根本性变革。在政治危机之际，三级会议可能会转型为一个与国王分享权力的议会，这种想法在远远早于1789年时就已得以阐明，尤其是在马布里神父出版于1758年的《论公民的权利和义务》（*Des droits et des devoirs du citoyen*）一书中。[20]1788—1789年间，关于从最近被赋予权力的三级会议之中应该产生什么样的群体，在支持这种激进观念的人中也存在着分歧。1788年9月至1789年5月期间发行的小册子中，大约三分之一持有这样的观点：三个等级应该联合起来，才能有效对抗君主。[21]在赞助和生产此类小册子方面最为积极也是影响力最大的自由派团体——三十人社（the Society of Thirty）也倡导这一主张。三个等级应当团结一致的方针与该社绝大多数成员都是贵族并非无关，尽管它也得到许多像让-巴蒂斯特·塔盖律师（Jean-Baptiste Target）这样有影响力的平民的支持。[22]然而，另外一些作者认为第三等级应该独立成立一个民族，从而能够合理地将权力掌握在自己手中。这是西耶斯的观点。他坚持认为，第三等级包含了国家中每一种有用的社会元素，不能与其具体的政治计划分离，这是第三等级为了权力而采取的行动。[23]

最终实现的是西耶斯设想的场景，但是，无论其目标是促使各等级团结一致，还是希望第三等级独自把持政治的控制权，作者们都明确地想要将第三等级内部的差异减至最小。任何政治规划，无论是围绕三级会议构建的，还是单独突出第三等级的，都需要强调这些与会者们所代表的社会利益的广度。但是，除了18世纪80年代后期的策略需要之外，对于第三等级统一性的强调还存在着深刻的意识形态原因。如果第三等级几乎等同于这个王国，并且还承载着其政治意愿，那么无论是第三等级还是这一政治意志，都不能分裂成利益集团。作家们从政治绝对主义的传统，或者从一种大致上源于冉森派或卢梭的"公意"（"general will"）那里努力寻求论据。在任何情况下，爱国主义和民族意志都牢固地扎根于统一的话语中。第三等级的支持者盛赞他们是个未分裂的群体，同时谴责特殊主义在道德上和政治上都是十恶不赦的。

如果第三等级的正面定义与生产力相关，那么给予它确定性的负面特性则意味着特权。这里要再次引用西耶斯的关键性作品，他的《论特权》（*Essay on Privileges*）为《第三等级是什么？》作了补充（前者作于1788年秋，正写于后一篇之前）。西耶斯和其同时代人清楚地意识到"特权"一词的语源，它来自拉丁语的"私法"（"private law"）。因此，特权所代表的绝不仅仅是极其不公的征税；它是这样一种体制的本性，在这个体制中，不同的法律被允许共存，因此造成不同的"民族"同时存在。西耶斯写道：特权摧毁了所有的爱国主义情感，诱使享有特权者（privilégié），也就是那些"认为他自己和他的同僚构成一个单独的等级，是精选出来的民族中之民族"的那些人，产生一种反社会的种姓制度般的自私心态。[24]在《第三等级是什么？》中，西耶斯把贵族描绘成这样的群体，他们不仅位于民族之外，而且还成为民族的致命负担，"一种假冒的人，因为缺乏有用的器官而无法独立存在，于是依附到一个真正的民族之上，就如同那些像长了肿瘤的植物一般，只能靠吸取和榨干其他植物的汁液才能存活"[25]。

早在法国大革命宣称对所有贵族展开无情的战争之前，在所谓兄弟情谊本应全盛的那段时期中，西耶斯和其他一些作家就已经创造了第三等级，这是通过将其对立于他们天然的对立面——特权阶层——来实现的。这位神父解释道：第三等级是由遵守"共同秩序"的公民所组成。他的结论是，如果你坚持法律特权，那么你就选择了退出第三等级，因此应该退出这个民族。[26]借用当前理论中的一个说法，特权等级是"被标记"的，因此它可以反过来将第三等级定义为"未被标记的"，或者说是标准性的。他在小册子里面有一个部分谈到不应该允许任何特权阶层的成员在三级会议上代表第三等级，西耶斯辞藻华丽地提出一种普遍主义的反对意见：这难道不是危害选民的选择自由吗？他回答道：不，因为法律合理地将特定类别排除在外，儿童和青年、女性、赤贫的人、仆人，以及外国人。对他来说，关于外国人的类比最有说服力，因为特权阶层的利益"天然地"从本质上就与平民的利益相反："毫无疑问，特权阶层的所作所为对公共利益的伤害，比起战时英国人对法国人造成的伤害有过之而无不及。"如果像威尼斯和热那亚这样的航海城市决定联合起来对海洋进行管理，他们会邀请巴巴里（Barbary）海盗来共同签署协议吗？西耶斯承认，这些是可以改变的，"并且我与其他人一样，都希望有一天贵族不要再表现得像法国的阿尔及利亚人那样"[27]。

将特权阶层作为异国敌人的描述拓展了18世纪历史辩论的主题。三级会议之前的小册子文学包括了许多有关贵族和第三等级起源的历史记录，大多遵循了马布里在《法国历史观察》（*Observations sur l'histoire de France*）（其第二、第三卷出版于1788年）一书中的解释。这些叙事讲述了式微的晚期加洛林王朝的君主们是如何将封邑让给咄咄逼人的大贵族，使其成为后者的世袭遗产；在文化和政治衰退的时期，这些贵族又是如何开始表现得如同掠夺成性的不法之徒一般；以及，为了自保，君主如何寻求并接受非贵族居民的支持，后者来自被称作市镇（communes）的、新近被赋予自治权的小城镇。历史表明了贵族是如何建立自己的"私法"，并站在公共利益对立面的。这些叙述忽视了特权其实是国王意志的表达这一事实，而是将贵族树立为君主的敌人，将第三等级认定为后者的救星和最为忠实的卫士。

后来，在波旁王朝的复辟以及七月王朝期间，马布里的历史著作被用来为政治服务，以论证布尔乔亚的历史重要性及其命运。然而，在1789

年，当君主的盟友被更泛泛地指认为第三等级时，情况倒并非如此。只有在极少数情况下，这些争论性的文献中才用这种方式提到了布尔乔亚。人们在这儿能看到一本以布尔乔亚为名的小册子，在那儿能看到一个对此名称稍纵即逝的引用。（西耶斯在关于特权的文章中有这么一段引人注目的话，他评论说：贵族扎根于过去，而布尔乔亚着眼于当下与未来。然而，他的意思是，当贵族痴迷于历史之际，从事各种工作的平民投身于自己行业的当下与未来。[28]）18世纪80年代后期的小册子文学集中于将整个民族看作是所有从事生产的公民这个形象，他们在财富和社会地位方面不平等，但是在法律权利面前平等，并且在爱国主义的兄弟情义中团结一致。至于特权阶层，他们立于民族之外，据说对民族造成了威胁，但是在更深的层面却有助于定义这个民族。

第三等级是一个复杂的包含整个民族的实体，并且被想象为在权利上而不是在财富方面必然是平等且团结的。比如，米歇尔·塞尔万（Michel Servan）曾在一则态度颇为屈尊俯就的长篇大论中告诫较低的等级，并替他们说出了心声："你们宣称如果没有平等，道德不过是种幻想，而正义则成为无法解决的难题；但是，请弄清这一点，你们要求的并非阶次、财富、权力，或荣誉这些方面的平等，这些与君主制相抵触……要说清楚你们要求的是平等，是权利的平等。"[29]第三等级的成员或许在财富方面差异巨大，但他们却着重地假定他们每个人都拥有相同的利益。

两个原则巩固了想象中的第三等级（实际上是整个民族）的凝聚力，它们源自18世纪法国思想界的两大主流：重农主义和卢梭的学说。根据重农主义的观点，凝聚力的原理是自然，它统治着一个秩序分明的社会，其中不同劳动群体的努力互为补充。在卢梭学派的传统中，协同一致的原理是法律。在大革命前夕的小册子文献中，这两大流派的观点经常联合在一起。这些小册子对社会做了双重定义——既是生产活动又是共同法则；社会的敌人从定义上来说是无法存在于社会内部的；他们只能从外部造成威胁。他们是特权阶层，那些因为选择了经济寄生主义和法律例外主义而被逐出民族社会之外的人。但是在这两个相互对立又相互定义的实体——民族和特权阶层之间，从来没人想象过，可能存在第三个群体。

1788—1789年期间的小册子文学对于第三等级的描绘和讨论揭示了法国革命文化的一个核心又持久的特点：拒绝承认法国社会内部存在根本性的分裂或者结构性的利益冲突。这一特征与弗朗索瓦·孚雷（François Furet）及其他学者确认的法国政治文化的主要特征密切相关：缺乏关于忠诚的反对派（loyal opposition）的概念。正如在政治中，没有合法的利益集团，只有极度对立的爱国者和叛徒这样的类别一样，社会环境由民族范围内未分裂的人民（peuple）组成，同时一个自私、寄生的群体存在于其外。社会冲突只能存在于（政治的）民族之外，如同一场对抗"异族敌人一般的贵族"的战争。想要理解为什么社会可以被想象成这样，就必须理解这一点：缔造了法国大革命的自由主义者和激进分子认为，自由存在于共识和统一之中，而多样性则会造成不自由。在18世纪晚期的修辞和意象中，暴政的标准形象是一种九头蛇——专制之蛇、封建主义之蛇、联邦主义之蛇，诸如此类。因此，很难想象自由的人民可以被合法地划分为一个底层以及一个中层群体。当革命家提到布尔乔亚时，在大多数情况下，他们都被理解为具有潜在威胁性的贵族的转世。

未分裂的人民？
民众暴力与有产公民

上述关于第三等级被认为是未分裂的人民，以及关于革命者对社会一致性的坚持的讨论，可能会引发来自任何优秀的社会史学家怀疑性的反应。撇开有关革命群众的高尚情操的辞藻不谈，常识告诉我们国民议会的政治家与普通男女生活在不同的世界之中，前者回到家中享用仆人烹饪的晚餐，而后者在每一次面包涨价时都感到胃痛。当然，所有参与革命的人肯定都意识到了这种鸿沟。在1789—1791年的有关社会差异的生活经验可以通过将焦点集中于两种分裂式的发展得以显示：大革命的民众支持者的暴力行为；市民武装国民卫队的成立，卫队由人口中较为富裕的那些人组成，其中心任务就是维持秩序。野蛮地舞刀弄剑和斩首行为经常对精英分子造成伤害，乌合之众的粗暴"正义"是否使得富裕的群体开始回避他们的民众盟友？国民卫队对混乱群众的镇压是否疏远了平民积极分子？内在于这种情形之内的社会紧张是否被阐明为有关社会差异的意识形态？

早在1789年7月，国民议会的议员和上层阶级的其他成员就已经面临着民众暴力的问题。巴士底狱的主管德·洛奈（de Launay）因为他的守卫向几十个围攻者开枪而遭到报复，投降后仍被乱刀刺死，首级被挂在长矛之上。市政官员德·弗莱塞勒（de Flesselles）也遭受同样的厄运，几天之后，另外两位政府官员富隆（Foulon）和博赫迪耶（Bertier）被暴民指控制造饥荒，也不幸步其后尘。一直以来，历史学家都认为，新成立的国民议会的领导人对民众暴力视而不见，同时还获取从中产生的政治利益。作为对7月14日事件的回应，国王撤回了他在巴黎周围布置的军队，并召回被他解雇的大臣雅克·内克尔（Jacques Necker），从而承认国民议会及其大众盟友的力量。对许多议员而言，这样的结果显然值得以天下大乱作为代价。最常被引用的是代表安托万·巴纳夫（Antoine Barnave）的评论，他在富隆和博赫迪耶被处以私刑之后，振振有词地问道："受害者的血真的就那么纯净吗？"

当然，政治领导人对人民的态度暗含算计和操纵的考量。6月27日，议员阿德里安·迪凯努瓦（Adrien Duquesnoy）在日记中吐露："我们如此依赖民意，使得巴黎人的意见是如此不可或缺。"[30]这些事件中一位突出的参与者让-西尔万·巴伊（他于7月15日被任命为巴黎市长）也在回忆录里表达了差不多的意思。比如，他解释说，国民议会于7月15日下达拆除巴士底狱的命令，"在前一天，人民已经开始动手了，因此是以非法的方式行动。批准这一民众行动非常重要，或者干脆将权力下放给大众吧，这样，盲目的群众就不会养成篡夺权力的习惯"[31]。在此以及在其他一些例子中，首选的策略是跑在群众前面对已经发生过的事件进行掌控（或者做到看起来如此）。

对于1789年的民众的看法虽然很复杂，但是比通常所预料的要更加积极，甚至当人民施加令人痛心的暴力行为时也是如此。诚然，革命初期，在面对所见到的人类兽性时，来自上流社会的观察者们在他们的回忆录里确实包含了许多一闪而过的本能的恐惧。在早先的6月间，迪凯努瓦在日记中写道他对于鼓励穷人追打贵族的紧张焦虑："一个忠诚的人……必须介入到贵族和残暴的平民之间，否则后者会割开前者的喉咙……（平均主义的）想法在人群中发酵，他们侮辱和虐待党派领导者所指派的所有人……头脑越来越发热了，从这一刻到下一刻，人民随时会施加过激的暴行。"[32]巴伊则更加简明地指出，7月12日当人们冲入市政厅时，门房被赶走了，取而代之的是一名守卫主厅的男子，肩抗步枪，"身穿衬衣，但是不着长裤，也没有鞋"[33]。

然而，上层阶级对于人民及其行为的认知仍然大多是正面的，哪怕有屈尊俯就的味道。即使面对危险的人群，巴伊也理解巴黎人"对现在和未来有着合理的恐惧"。他告诫临时拼凑组建市政府的那些选举人，要平息人民的恐慌，并且在不得不反对群众运动的时候，要以"谨慎的、父亲般慈爱的态度"进行。[34]至于1789年7月的暴力事件，巴纳夫的许多同僚和同时代人都表示可以理解，正如巴纳夫本人那样，大家接受甚至赞美它。律师阿德里安·科尔森（Adrien Colson）在写给一个贵族家庭的管家的信中（科尔森也为同一家庭提供服务），以完全赞成的语调描述了攻占巴士底狱的情形。科尔森将巴士底狱的长官德·洛奈形容成"恶棍"和"懦夫"，津津乐道地描述了他是如何死于群众之手的，并且总结道：这真是"荣耀的一天"。[35]迪凯努瓦关于攻陷巴士底狱的叙述向对围攻者开火表达了愤怒，同时为弗莱塞勒之死拍手称快，将其描述为人民事业的叛徒。[36]即使是贵族弗尔里埃（Ferrières），在给他妹妹的信中提及这四起杀人事件时，也拒绝谴责肇事者："我从来没有想过一个善良可爱的人会做出如此过激的行为，但是神的正义往往是通过人类之手得以彰显的。"[37]

科林·卢卡斯（Colin Lucas）描述了在这个阶段，精英与群众之间的关系，称为"同时既融合又分隔"。[38]像巴伊、迪凯努瓦、科尔森，甚至像贵族弗尔里埃这样的人，尽管对暴徒的行径感到惊骇，但仍然会继续阐明这样一个信念：在他们自己的意志与人民的意志之间，并没有什么本质上的区别。如果后者以蛮横的或不明智的方式行事，这是由于他们缺乏政治经验或者教育。迪凯努瓦考虑过可能出现的最糟糕的情形——人们可能会习惯于流血，并且会"不经过正当程序或法律就制造流血事件"；他们可能试图控制国民议会，制定出一部"夸张的"宪法；或与法兰西剩下的部分相分离。但是，他总结说："巴黎人民素有对慷慨和荣誉的情操；我相信这足以启发他们寻求自己真正的利益和义务，也足以教育整个民族，没有任何一个部分，没有任何个人或团体，没有任何城镇或任何省，拥有独立于整体存在的或者与整体不同的利益。"[39]正是出于这种将政治民族视为一个整体的看法，革命精英不愿意在他们自己和他们的平民盟友之间划出界限。他们最多允许这种说法，即群众被"匪徒"渗透，或是被"贵族"操纵。就像卢卡斯指出的，议员和选举人自身持有的关于主权的话语阻止他们划出这样一条界限——他们最终确信，尽管他们拥有财产资格，但是他们的合法性与权力跟那些穿衬衫却没有鞋子的人是不可分割的。[40]主权和人民，都是不能分裂的。

如此崇高的幻想不易长久保持而不受挑战。很快，不可避免地，对于人民本质上的正确性的信念就被粗暴混乱的街头政治大大削弱。1789年7月，当一部分群众暴力的见证者（比如科尔森）目睹了巴黎发生的一切时，国民议会议员们却安全地待在凡尔赛，距离流血现场20英里之外。从那里，比较容易维持一个关于不可分裂的法国人民的奥林匹亚般的幻象，但是，当议员们被迫与人民——并且是与其中最为粗暴一群——面对面时，就完全是另外一回事了。1789年10月5日至6日，一大群巴黎的武装工人在中心市场泼辣女贩的带领下游行到凡尔赛，抗议面包价格上涨，并且要求王室回到巴黎。这也是一起暴力事件。与许多同僚一样，议员迪凯努瓦记录下了令他血冷的恐怖场面：散发鱼腥恶臭的女人们喝得大醉，占领了主席的讲台；男人女人们在议会上方的长廊里大喊："面包，面包，讲讲面包吧！"最后，身体恐吓和死亡威胁以一些王室卫兵被砍下脑袋而告终。[41]

10月份是个使得许多议员们想到他们的平民盟友就不寒而栗的转折点。对大多数人来说，这是他们第一次直接遭遇群众暴力。[42]比如，在这一事件发生后，阿德里安·迪凯努瓦的言辞就发生了巨大变化。突然之间，他对于人民的尊重让位于对平民（the populace），或者贱民（vile populace）之野蛮的苛责评论。在10月及之后的时间里，他开始使用某些新的表达方式：他提及"翩翩君子（honnêtes gens）或"体面人"（gens de bien），与暴民以及准备使用暴力的人形成对比。[43]比如，10月19日，他充满感激地记录下"深深的平静状态"的回归："所有的体面人都愿意维持（这种平静），而有力量做到这一点的人都尽了他们最大的努力。"[44]

体面人这一表达尤其确切，因为"体面"（bien）这个词同时有"好"和"财产"（复数时）的意思。因此，体面人同时是良善得体的市民和有产人士。

三级会议甫一召开，财产就已经成为一个问题，并且很显然，巨变正在酝酿。在旧制度下，特权，也就是对某些权利和豁免权的集体所有权是一种重要的财产形式。在1789年，一位小册子的作者就警告读者，如果号召"群众"对特权发动战争的话，如何能确定他们有朝一日不会转头反对所有形式的财产？[45]在革命的头几个月，议会中一些相对更保守的成员有时对此表示疑虑。8月，当提出"人权宣言"的想法时，君主主义者马鲁埃（Malouet）就担心，在没有实际标准对其进行限定的情况下，这种原则性宣言的效力究竟几何。他认为，最好等到新宪法到位再说。

当然，他也承认，这并没有让美国人停下脚步："但是最近形成的美国社会完全是由有产人士组成的，他们已经习惯平等……而我们，先生们，我们的同胞公民是一大群没有财产的人……目睹奢华与富裕，他们有时爆发出来的愤怒不是没有理由的。"他恳请道，"让我们努力工作，通过制度的构建逐步缩小贫富之间的差距，而不是轻率地仅仅将抽象的权利给予一无所有的人。"[46]

1789年冬到1790年春，由于国民议会正在讨论地方和国家立法机构的投票权以及当选资格，有关财产、财富和地位的问题变得更加显著。在十月事变的震动之下，议员们于10月29日匆忙通过了一项法令，以在西耶斯之前对其进行过阐述的"积极"公民和"消极"公民之间确立区别。该法令建立了一个三层系统：25岁以上的纳税男子（所纳税款等同于3日非熟练劳动所得）被赋予投票权；这些选民选出纳税款等于10日劳动所得的选举人；后者再从一个缴税额相当于50日劳动所得（称为银马克， marc d'argent）的群体中进行选举投票。可即使这一系统的第二层也只有5万人。人民或许是不可分裂的，但只有收入达到小康的人才能投票，并且只有富人才能当选。尽管议会中的左翼代表强烈反对，这一规划的修订版最终还是被写入了1791年宪法。[47]1789年秋天，激进记者们持续开展反对新选举法的运动。12月，记者义利沙·劳塔尤（Elisée Loustallot）在广为流传的《巴黎的革命》（*Révolutions de Paris*）中愤怒地写道："银马克法令就是产生所有恶法之源的病菌。有钱人的纯贵族（pure aristocracy）现在已经成型。"[48]

1790年1月25日，阿拉斯的代表，律师马克西米连·罗伯斯庇尔（Maximilien de Robespierre）在国民议会的一次演讲中阐述了对新选举要求的最持久、最有力的批评。他认为，对投票的限制，完完全全是"贵族式的"。如果该法令对投票资格和被选举权的限制持续生效，"你们的宪法将是什么？是事实上的贵族统治。因为贵族制指的是，一国之中某一群体的公民居于统治地位，其他群体只是臣民——而且，是什么样的贵族制？是最令人难以容忍的那种，是富人的贵族制！"他愤怒地抨击说，"提议的选举法不过是一种通过将'封建贵族'换成新的'财富贵族'来重建旧制度的方式，从而以一种新的幌子来恢复特权。"[49]

议员阿德里安·迪凯努瓦——一位持有中庸观点的小康人士——对罗伯斯庇尔演说的反应在议会的多数成员中可算典型：

> 卑鄙可恶的纵火犯，他以为他是在捍卫人民的权利，通过武装人民反抗其天然的保护人！毫无疑问，在理论上，所有人都拥有平等的法律权利这一想法是美好的，甚至是崇高的，但在实践中，这是何等的错误！……我们当然不应该用新的贵族取代旧的贵族，但是，与故土紧密相连，与见证他出生的土地紧密相连的人在哪里？如果他一无

所有，他会将自己的力量、勤勉甚至他的暴力用在何处？毋庸置疑，只有置办了产业的人士才算公民……[50]

不过，罗伯斯庇尔在其演讲中已经预料到这样的反对，他质问他的同僚们怎么能轻率地将穷人归类为"没有什么可以失去"的、不负责任的人。他说：的确，栖身的蜗居，褴褛的衣衫，微薄的收入，"相对于奢华与富饶来说似乎什么都不是（like nothing），但是对于普通人来说，这些也是神圣的财产，毫无疑问，与富人们的奢侈品同样神圣"[51]。正如双方所理解的，关键在于一种看待社会的方式，它后来在基佐向被剥夺了公民权的那些人提出的著名忠告里是这样表述的："去发财吧！"罗伯斯庇尔几乎使用了同样的措辞，不过是以一种讽刺的怀疑态度："（提交的法律议案）给公民们上了惊人的一课：'不惜一切代价富起来，否则你什么都不是。'"[52]

在对大革命的传统理解中，为积极的政治参与而斗争，并为此设定一系列严格的财产要求，这被看作是无可辩驳的证据，证实了大革命是资产阶级利益和领导力的胜利。的确，否定这一点是愚蠢的，制宪议会的大多数成员认为只有那些完全与他们自己相像的人——富有并受过良好教育的人——才能负责任地代表国家，而且能够参加投票并选出他们的也只能是那些与他们自己相差不远的人。但是，这场辩论有两个方面值得注意。首先，像罗伯斯庇尔和劳塔尤这样反对投票法财产要求的人从来没有将新的政治精英确定为中产或资产阶级；或者说，将他们定义为一种新的精英，拥有特别的收入来源以及明确的历史身份。他们使用含义复杂的"贵族"一词来形容投票法的受益人。其次，议员们自己也否认他们正在创造任何形式的新精英。对他们而言，积极和消极公民之间的差异是数量上的，而不是性质上的。与涉及血统和法律区别问题（因而也是某种社会存在的本质元素）的贵族不同，财产纯粹是偶然的，是一个勤奋也许还有好运气的问题。与本质上是刚性的、法律上的特权不同，财产（通常指地产）是"自然的"，在理论上对那些"对其投入劳力"（用洛克式的说法）的人开放。[53]因其偶然性，财产不能成为本质性的社会区别的基础。

兄弟相拥

因此，革命者的语言与实践之间的不一致突显出来——他们大谈社会共识（有关统一的人民、统一的利益的理念），而社会实践（来自底层的民众暴力，来自上层的投票限制）却与这一话语相抵触。革命文化中这种紧张局势的核心体现是国民卫队，这是一个在大革命初期至关重要的制度，其普遍主义的主张与其富有的成员构成严重不符。至少在最初阶段，国民卫队这一公民身份的象征，经常被称为布尔乔亚卫队，这一用语会激发我们探讨其制度起源和社会组成的兴趣。虽然国民卫队是作为一个统一的公民武装的实体而建立，但它的功能迅速转为维持内部秩序。它是因此被看作政治精英的工具吗？

最早要求建立公民民兵的呼声来自国民议会，发生于1789年7月初与君主之间紧张僵持的情形之下。7月8日，米拉波前去乞求国王撤回他在巴黎附近集结的军队，并且在巴黎和凡尔赛设立被他称为布尔乔亚卫队（garde bourgeoise）的队伍。布尔乔亚卫队这一措辞似乎在随后一些无甚成效的高谈阔论中常常被提及。最终，民兵力量是在7月12日至14日的武装骚乱和围攻巴士底狱期间自发成立的。[54]从凡尔赛回到巴黎后，巴黎的新市长巴伊和匆忙上任的国民卫队指挥官拉法耶特遭遇了一群可怕的男子，他们挥舞长矛、短斧、镰刀以及来复枪。他们唯一的标识是红、白、蓝三色的徽章或帽徽，这已经一夜之间成为革命的符号或是效忠革命的宣言。巴伊在他的回忆录中认为，建立公民民兵组织是一个"反抗专制的屏障"，与占领巴士底狱同等重要。[55]大多数同时代人对7月14日事件的记录都认同这个看法，将国民卫队的成立列于摧毁巴士底狱之后，作为光荣日的第二项重要的成果。[56]

巴士底狱陷落之后，这支新队伍最终获得国王授权，匆忙组织起来。新建的巴黎国民卫队有31000名男性卫兵，除了工人、工匠、仆人和无家可归者外，所有年龄在25岁至50岁之间的健康男子都有在其中服役的义务。[57]卫队的实际组成比这一规定（以及其后的另一些规定）更多样化。[58]巴黎的一些地区和许多省级中心，根本就没有足够的有产者能组成一支像样的队伍，而且在大多数地方，富有男子被允许雇用替代人员而无须亲自服役。不过，我们掌握的数据以及时人的描述仍然表明，国民卫队的成员多来自于城市社会的中上层阶级。记录表明，普通士兵大量来自于手工业的富裕阶层（零售商以及熟练工人，比如珠宝商），还有少量巴黎布尔乔亚和专业人士。[59]

时人的描述也支持这些数据。7月18日，迪凯努瓦充满戒备地写道："重要的是这一点，巴黎民兵中有大量非常值得尊敬的翩翩君子（honnêtes）人，一些城里最好的市民：圣路易的骑士，马耳他的骑士，非常优秀的布尔乔亚、金融家、神父、律师、僧侣，全都很有纪律，而且不会比常备军更轻易弃阵。"[60]弗尔里埃侯爵在得知他的妹夫和另一位贵族被任命为地方民兵领袖时，对贵族与"第三等级上层"（haut tiers）的联盟表示满意。[61]

然后是制服的问题。到了1789年8月为止，佩戴帽徽的乌合之众被一支穿着入时的民兵队伍所取代：他们身着缝有白色贴边和内衬的皇家蓝外套、猩红色绳边、白色马甲和马裤，更不用说绑腿、纽扣和季节性换装了。加上来福枪，这整套行头需花费50利弗尔，是一名非技术工人一个月的薪水。[62]当时的巴黎市长巴伊在回忆录中写道，他"热切希望"卫兵们身穿制服："我认为这些市民（布尔乔亚）如果穿着不同的衣物扛着步枪，不足以震慑匪众……治安官与武装队伍必须穿戴独特的标志，否则人们在治安官或士兵身上看到的只是他们的邻居或同伴。"[63]

至少在某些地区，这一策略似乎事与愿违。1789年夏天，巴黎几个区的工人抗议该法令将他们排除在自卫队之外。尤金·热尔韦（Eugène Gervais），一个仆人，因为煽动暴力被逮捕，据说他声称"布尔乔亚卫队以及所有穿制服的人都是j.f.（jean foutres，鸡奸犯），只要一万个仆人就能拿下这些穿着缝有白贴边蓝制服的饭桶，让他们给我们跳舞；所有的布尔乔亚（在这种情况下，大概他是指"老板们"）都是废物……，没有例外……在巴黎有六万仆人可以与不同行业的工人团结在一起，然后你就会看到所有这些废物躲回家里，穿着他们该死的制服"[64]。卫兵的制服是一个包含争议的社会和政治问题，因为后来它们在字面意思上变得直接等同于充分公民权：一项1790年的裁决确定，由于这套装备的成本远远超过了积极公民身份所需的最低税额，任何购置了该制服的人都自动享有投票权。[65]

措辞的问题似乎进一步加强了将国民卫队看作城市精英的代表和机构的观点。从1789年6月下旬到7月初，最常用于呼吁和讨论城市民兵的短语是布尔乔亚卫队、"布尔乔亚的"或者城市的卫队。[66]7月16日，这支新队伍一成立，就被命名为国民卫队，但是先前提出的"布尔乔亚卫队"或"布尔乔亚民兵"这类说法仍然在接下来的数周，甚至数月中使用。在他的家书中，律师阿德里安·科尔森拖了很久才改掉这些名称。1789年9月中旬，他将新旧名称糅杂在一起，称这支队伍为布尔乔亚国民卫队（garde nationale bourgeoise）。

这种表达在技术上是自相矛盾的，因为在18世纪人们所认为的"布尔乔亚"民兵的本质是防护特定城市区域的队伍。自中世纪以来，大多数法国城镇已经临时或永久地组建了这样的队伍来保卫地方共同体。这些部队原本是真正的军事单位，后来慢慢转变为执行内部警务以及礼仪功能的单位。在官方典礼上，市镇要人们自豪地行进在游行队列中，身着制服、绶带，戴着羽饰帽。[67]说这些民兵是布尔乔亚的，是因为他们体现了布尔乔亚作为城市公民的政治权利，就像本书第1章中的有关描述所叙述的那样。18世纪的词典将布尔乔亚与城市公民身份等同起来，并举出"布尔乔亚揭竿而起"或"拿起武器"的例子，与此类似，像弗尔里埃侯爵这样的革命早期的记录者会写道，在7月，"布尔乔亚武装起来了，已达三万人之多"[68]。在这一点上，城市背景下的任何重大政治活动都会被看作是"布尔乔亚的"。毫无疑问，这种长期以来将民兵等同于法国城镇古老的自由民武装的认知，又被马布里在不久之前再版的《法国历史观察》中进一步强化。马布里写道：在12世纪时，在"封建无政府状态"的混乱中，市镇"成为微型共和国"，布尔乔亚在其中行使公共权威，并且"从其内部分出一支组成民兵队伍……成为他们城镇防御工事的主宰"。[69]

因此，城市民兵拥有两种含义，在1789年之后，它们彼此矛盾。一方面，民兵们代表着公民身份，并且捍卫着公共利益；另一方面，他们又代表着地方利益以及许多不同城市社会的特殊利益。毫不奇怪，在从布尔乔亚卫队到国民卫队的迅速转型过程中，新的巴黎民兵贯彻了上述第一种意义，放弃了第二种。在7月14日后的几周，当效仿巴黎民兵的队伍大量出现在市镇和村庄时，卫队成了名副其实的国家机构。[70]7月下旬，被称作"大恐慌"（Great Fear）的一波乡村骚乱于法国爆发，这是这些队伍成立的直接原因。7月28日，弗尔里埃写道："乱民已经蔓延到附近省份。各地的人们纷纷拿起武器；布尔乔亚民兵正接管市镇的防卫。"[71]然而，旧式的布尔乔亚民兵唤起的是地方特殊主义，在大革命的头一年，国民卫队却迅速演变成为一个中心性的（一度是唯一中心性的）象征——一个无阶级差异的政治融合的中心。

国民自卫队迅速成为为塑造强大的象征性姿态而设的原型模式，也许也是大革命开端的核心政治仪式——这就是兄弟情谊的誓言。在大革命的最初12个月，国民卫队所属的部队在全国范围内将这一象征着新秩序的建立和兄弟盟约的立誓姿态表演了数千次。这类场合通常是为共同防御的目的而进行的力量联合，通过以宣告兄弟情谊和忠诚的誓言为中心而精心安排的仪式来缔结联盟。[72]例如，在1789年11月，来自法国东部的一万名卫兵在星原（Plaine de l'Étoile）进行集会，"以他们的心和他们的武器，面对上天"，他们庄严宣誓，要相互守卫，如同"军中兄弟"。[73]对国民议会的议员和其平民盟友来说，1789年5月至6月期间兄弟情深的狂喜早已让位于愤怒、恐惧，以及硬心肠的政治，现在，国民卫队为全国公众重新点燃了网球场誓言的精神之光。

起誓对于这个时期的法国人来说是一种自然而然的方式，不仅仅（也不主要）因为它唤起有关契约思想的革命传统。这一传统通过卢梭、霍布斯、格劳秀斯（Grotius）等人可以回溯过往。旧制度的司法政治文化是以宣誓为根据的，国民卫士们的誓言既援引又替代了这些古老誓言：工人们加入行业或行会管事会（jurandes）时的誓言，医生、律师之类专业人士加入同业公会时的誓言，包括从最古老的封臣仪式到新近成型的共济会秘密誓言在内的一系列誓言。[74]在这样的团体结构中，国王代表了统一的原则，将无数依靠盟誓维系的团体联结在一起，并进行仲裁。当王权不再是核心原则，所有这些具有特殊性的盟约都转向了民族这一更加抽象的统一原则。革命的誓言源于这些古老团体的誓言，但同时它又否定了旧的方式所依赖的原则。旧制度时期的誓言建立在地方性的、社会性的以及职业性的特殊主义基础之上，革命誓言却拒绝这一切。例如，1790年3月，法国西部的一篇誓言文本明确地否定了所有参与者间相互竞争的尽忠义务：
"不再是布列塔尼人或安茹人，而是作为法国人和这一帝国的公民，我们
宣布放弃我们所有地方性的和私人的特权，承认它们是违宪的。"[75]

　　除了普遍主义，革命誓言的另一个区别性特征是它被命名为"兄弟般
的"；它是兄弟之间的誓言，是雅克·路易·大卫1785年的画作《荷拉斯
兄弟之誓》中所预示之场景的无尽重现，到1790年时，这个场景仍然由国
王–父亲来主持。法国大革命的观察记录者们并没有真正察觉到兄弟誓言
（fraternal oath）这一概念的怪异之处。这些并不是使得参与者成为兄弟的
誓言——那些起誓的人已经彼此认定为兄弟了。字面上的或以隐喻的方式
意味着共享相同的父母以及相同的血统的兄弟姐妹们，可以说是世界上唯
一不需要互相宣誓忠诚的人。这一矛盾的兄弟誓言反映了大革命的一个过
渡时刻，这是第一次承认家庭亲情的力量不足以使整个民族团结一致。在
1789年之前，甚至就在大革命令人兴奋的最初几周期间，想象一个显然依
靠扩大的亲缘情感来维系团结的共同体还没有任何问题，然而，一开始几
乎就显而易见的是，不能轻易假设这种情感确实存在。因此，表态才如此
重要，需要迫使参与者明确表达对大革命的支持，并广泛传播这种诡异地
混合着亲缘关系和政治意愿、血缘关系和法律的仪式。

　　大革命期间，兄弟誓言与国民卫队的联系最为紧密，他们明确表示拒
绝祖国（the patrie）内部存在各种差异——无论是社会性的、地方性的，
还是职业性的。1790年兄弟盟誓的高潮出现于7月14日，巴黎盛大的联邦
节庆典上集结了来自各省的数万名卫兵，他们淋着大雨，跟随拉法耶特齐
声念出忠于民族、法律和国王的誓言。国民卫队的内在矛盾也贯穿了这个
庆祝攻陷巴士底狱一周年的纪念日。

　　这一节日的主导精神和意识形态是和谐与团结，这个主题在庆典上无
止无休的寓言和象征中反复出现：象征和谐的女性，扣紧的手，象征联结

法律、国王和人民的三角形。[76]当时的版画不厌其烦地描述庆典开幕前的这一场景：来自所有阶级的人们，从贵族到贫民，都投入到劳动中，为这一盛典布置战神广场。最为打动当时人们的似乎是成千上万的人民齐聚巴黎这一点；相当多的时评都集中于人们动态的聚集，而非静态的誓言。[77]正如本尼迪克特·安德森所说，如果现代民族主义，是"一种将友爱、权力和时间有意义地联系在一起的新方法"，联邦节就是法国民族主义诞生的一个重要事件。[78]然而，作为一个制度，国民卫队是以排他性为特征的，这个特征也为联邦节打上了标志。就像莫纳·奥祖夫（Mona Ozouf）所指出的，两个重要的群体被排斥在这一节日之外。其一是贵族，经常且明确地被指认为从负面定义人民团结。另一遭到排斥的群体未被点名，但是通过节庆场地的布置得以被定义：普通人实际上站在节日的范围之外，站在卫兵们按级别排列组成的闭合圆圈之外，而圈内的人才是节日的积极参与者：国王、政治要人，以及国民卫队。[79]但是，正如奥祖夫所指出的，似乎没人对此心存疑虑："人们并不认为这两种对（节日）做出规定的排他性具有排他的特点；这两者似乎也没有损害到节日所称颂的民族精神。"[80]

这种对社会差异的否认可以被看作是一种肤浅并短暂的现象，反映了大革命初期的狂喜感。但是，这种对于统一坚定不移的信念并未减弱；如果说发生了什么变化，那就是它变得更加根深蒂固，并且自相矛盾地成为一整套排斥系统的基础。让我们继续关注同一地点——巴黎西郊的战神广场，今日埃菲尔铁塔耸立之处——并且快进到大约一年以后，即1791年7月17日。那天，国民卫队向一群激动的群众开火，后者正在集会签署一项要求废除君主制的请愿。卫队杀害了大约50人，大部分是激进的群众俱乐部的平民成员。这一被称为战神广场大屠杀的事件，在政府工场关闭、王室成员逃离失败之后，使得持续整个夏天的紧张对立情绪达到高潮。它通常被看作是革命者队伍内部公开的阶级战争的第一例。

然而，时人对于这场屠杀的评论与后世历史学家所假设的并不一致。的确，杀戮之后，许多民众对卫队的愤怒之情自然爆发，特别是针对其指挥官拉法耶特。警察逮捕了一名因悲伤愤怒而发狂的男子，他试图聚众暴乱，大喊"打倒那些蓝制服（habit bleu），烧死那些蓝制服"。他们集结了一群修鞋匠的学徒，叫嚷着："国民卫队杀人了，他们是坏蛋（gueux）和流氓（coquins），他们的制服应该给撕下来，一点儿都不留。"劳动妇女威胁要用石头和小刀杀死那些"蓝制服"。[81]

这种情绪使人想起前一个夏天仆人热尔韦反对国民卫队的咆哮，这些例子放到一起，显示出人们对这支管理他们的、由较富裕的同乡组成的队伍怀有大量的敌意。然而，有意思的是，这种情绪从来没有转变成任何形式的反对布尔乔亚的意识形态，或者实际上转变为任何对阶级之间对抗的确认。正如大卫·安德烈斯（David Andress）所说，即使是高赫撒（Gorsas）、马拉（Marat）和劳斯塔尤（Loustallot）的激进报纸也拒绝谴责国民卫队或者他们的对立面民众，反而认为是异族的阴谋家渗入群众并引起了大屠杀。无论是宪政君主主义者或新近出现的共和主义者，报人和政治家都拒绝将战神广场大屠杀解读成一场社会冲突；他们反而把责任归咎于社会的外来因素，比如叛徒、阴谋家、贵族叛变。人民只能是统一的（平民与卫队在一起），而且在政治上是纯洁的。具有讽刺意味的是，这种对团结和清白的坚持，很快就服务于对一系列的多重排斥进行合理化——排斥那些据说不合标准的人。安德烈斯总结道："1791年7月的抗议者与其说是阶级战争的受害者，不如说是这种信念的受害者，即阶级战争是不可能的。"[82]即使遭遇了在我们看来是最为严重的社会冲突的事件，而且是残忍致命的冲突，双方都没有选择这样去看待7月17日的事件。工人们确实对国民卫队及其指挥官表示愤怒，但这种愤怒没能转变为对独立的社会利益的意识。对于政治光谱上的各种政治家和新闻界人士来说，他们总是将分裂解读为发生在合法的民族之外。

定义敌人：贵族的（Noble）贵族制（Aristocracy）和布尔乔亚的贵族制

这就是大革命社会想象的矛盾逻辑：拒绝承认社会内部冲突，拒绝承认民族的分裂，这正是产生排斥以及在某些情况下产生迫害的导火索。[83] 主导着革命文化的逻辑不同于常见的寻找替罪羔羊的过程。革命者没有对他的假想敌说：你们要对我们所有的问题负责。相反，他们认为公民身份是一个意愿的问题，是或暗示或明确的宣誓忠诚的问题。任何分裂的迹象都意味着，有一些人或团体拒绝了这种表明其意志的行为，从而选择了当个外人。因此，对任何形式的冲突（从议会辩论到街头暴力）的反应，是一个对那些已经明确选择不属于这一社会的个体或群体的识别过程，这一过程是通过行动（若非通过言语）来实现的。当然，始于1792年的战争也为大革命提供了真正的外国敌人，不过，总是会存在着找出内部敌人的需要。这就是个人和群体在"贵族"这个统称之下所扮演的角色。

事实证明贵族制（aristocracy）是一个便捷的措辞，因为它将政治意义与明显的社会指称联系起来。革命精英全都受过古典学的训练，清楚地知道这个词并不指拥有头衔特权的贵族阶层（noblility），而是指精英统治。然而，从一开始，该词就最为顽固地将自己依附在贵族群体（noblemen）之上。大革命初期，在三级会议以及国民议会中，两个相互竞争的群体分别被确定为民主人士（进步人士）以及贵族（大多是保守的贵族）。最初对各等级的划分加强了对其社会性质和政治性质这两者之间关联的确认：5月，迪凯努瓦写道："第三等级中，人们只谈论贵族；贵族等级中，人们只谈论民主人士；那就是他们战争的呐喊。"[84]在弗尔里埃侯爵笔下，这种二分对立一直持续到1791年。那一年的春天，他以"你们家里必要暴发瘟疫"*的情绪写道："贵族寄希望于五六支（外国）军队的到来。民主派则表现得像傻瓜，他们毫无常识。"[85]虽然贵族在整个革命时期仍然是主要的敌人，但是他们的对手将很快变成那个普遍主义的规范群体——人民（le peuple）或民族（la nation）。

当然，即使在法律上消除了封建制度和贵族阶层之后，贵族（aristocrate）一词仍然长期存在。1789年8月4日，封建制度在国民议会持续了一整夜的著名的特别会议上被摧毁。贵族阶层则废除于1791年6月19日，联邦节前的几周。6月19日会议的细节再一次证明了，对革命者而言，我们称之为"社会的"和"政治的"的两个领域是如何紧密关联的。讨论始于亚历山大·德·拉梅特（Alexandre de Lameth）的意见，他指出，来自外省的法国人到首都后，或许会对胜利广场上路易十四的雕像感到不满，因其将法国各省的形象塑造为国王脚下戴着镣铐的奴隶。随即，一位不知名的议员情绪夸张地宣称"这一天是所有虚荣的坟墓"，提议废除贵族阶层，这一建议迅速引起其他议员的重视，包括拉法耶特以及诺阿耶子爵（the viscount de Noailles）这样的贵族。议员们立即同意废除世袭的贵族阶层，以及其头衔、徽章和其仆人所穿的制服。在第二条相关法令中，他们投票通过了从路易十四的雕像中移除戴着镣铐的象征着各省的形象。[86]

雕像事件与废除古老的贵族阶层这样激烈的社会措施之间的联系，对我们来说有些怪异，但是对习惯于将社会领域与政治领域并置的议员们来说，似乎并无不妥。太阳王在法国各省的军事和行政统治是在社会权力中得到反映的，而正是世袭的权利和服饰象征——比如让成年仆人身着彰显

---

* Pox on both houses，语自莎剧《罗密欧与朱丽叶》，原文为 "A plague on both your houses"，诅咒之意。——译者注

所属家族谱系的制服——使得这些社会权力成为可能。唯一反对该动议的议员莫里神父（Maury）指出："在法国，贵族阶层是宪政固有的……如果不再有贵族阶层的话，那么也不会再有君主。"[87]尽管在1790年，大多数人无法预见到这一点，可其后的发展当然证明了他是对的。

在大革命的第一年内，法律和财政的特权，团体和世袭的地位，以及所有优越社会地位的外在象征都被废除。无论是贵族还是力争上游的平民，他们名字中的助词消失了（Georges d'Anton再次变成了Danton）。当然，态度和习惯没有在一夜之间改变。弗尔里埃侯爵在给妻子的私人信件中写道，6月19日的决定是荒谬的，"由于他们无法让一个人不再是自己父亲的儿子，他们也无法阻止贵族身份依传统代代相传"。[88]

十天后，他注意到，在剧院里，尽管吕内公爵夫人的仆人只是简单地称呼她为吕内女士，但"社会上的事情还是和以前一样"[89]。与之相反的是，对贵族心怀怨恨的平民非常欢迎这条法令。来自波尔多的学生爱德蒙·热罗（Edmond Géraud）热衷于这些新想法，在家书中给同样爱国的父亲写道："你肯定已经很高兴地知道了那条迷人的小法令，这么随随便便就打击了所有那些虚荣的装饰、旧头衔、高等纹章、所有那些辉煌的姓氏、所有那些发明出来以恭维我们可怜贵族的虚荣玩意儿。"[90]

像热罗这样的爱国者盛赞这项措施，像弗尔里埃这样的明达贵族只能将其当作不可避免的情况来接受。到了1790年夏天，大多数会抗议废除贵族阶层的强硬派都已经设法逃往国外。然而，贵族阶层的威胁并没有消失。通过使用和滥用贵族（aristocrate）这个词，它仍然在修辞中存在，并作为革命词汇中的关键要素之一，被广泛长久地使用。这有几个原因。一方面是因为，该词有一个优点:刺耳的喉部发声的辅音使得人们吐出这个词时可以用作一种侮辱，它比悦耳的贵族（noble），或者甚至特权人士

（privilégié），都更为有效。大多数人都知道a noble和an aristocrat之间的区别：不是每个人都可以是已经成为过去式的贵族阶级（Ci-devant）的一分子，但是任何人都可能犯有aristocracy的原罪。

任何熟悉法国大革命的人都会注意到"贵族"（aristocrate）一词是无所不在的，它的特性是含义丰富的。自革命的最初几个月始，该词就大量地出现在卡米尔·德穆兰（Camille Desmoulins）和义利沙·劳斯塔尤这些人办的"爱国"报纸上，并且往往与其最常见的对立面——人民并用。aristocrate被无差别地应用于指认旧制度下的精英——贵族、神职人员，以及官员——还有那些特别有钱或是以应受责备的方式赚了大钱的人，比如金融家，或者那些受过高等教育的以及过分聪明的人，比如律师。在当时，贵族这个词指的是社会地位和社会优势，但同样也具有政治信仰和行为的特性：贵族通常在幕后操作，密谋策划，意图破坏执行人民意志的代表们的政治活动。[91]

即使对不那么老练的人来说，"贵族"这个词也显然是一个非常宽泛的表达，是一种负面的口号。马车夫就管他们懒散的马叫aristocrate，而通常表现得一本正经、有着真正信徒做派的年轻的热罗，也注意到了当巴黎人发牢骚时，所抱怨的一切都成了"贵族的"："就连美术学院的学生们在抱怨他们的画笔太干的时候，都用上了封建主义这种大词。"[92]

神话般的贵族是必要的他者，是全民融合建立一个伟大的民族家庭这一理想的对立面。在此我引用西蒙·沙玛（Simon Schama）的话："所有团结的画面都预先假设了其否定性的反面图像，顽固的公民反对者，他们拒绝在革命共同体内压制他们的分歧，不得不被逐出……这些被排斥在外的人越来越多地被贴上'贵族'这一背叛的标签。"[93]即便在当时，偶尔也会有人注意到这个词的模糊性，以及其意识形态方面的有用之处。早在1789年11月，报纸《巴黎革命》（Révolutions de Paris）就已经指出："贵族一词对革命的贡献不亚于革命徽章。它的意义在今天很宽泛；它应用于所有靠滥用权力为生的人，对滥用权力恋恋不舍的人或者想要制造新的权力滥用的人。"[94]

无疑，较之其他群体，"贵族"一词确实更多地被应用于贵族阶层。多亏了马布里这样的历史学家，贵族声称所继承的独特血统轻易就能被反过来攻击他们自己：如果他们确实是来自德国丛林的法兰克武士的后代，那么他们本来就不属于法国。当然，移民、对外战争，以及国内反革命所造成的累积性的威胁效应，也都使得贵族阶层在大革命的整个过程中持续被妖魔化，成为敌对的外族人。然而，尽管贵族一词主要被用于贵族阶层，这个用词同样会附着于其他群体，作为精英分离主义的耻辱标记。

值得注意的是，尽管布尔乔亚这一概念基本上缺席于革命话语，当它确实出现的时候，又往往与备受指责的修饰词"贵族的"捆绑在一起。1791年2月10日，吉伦特派的报纸《法兰西爱国者》（*Le Patriote français*）发表了该组织领导佩蒂翁（Pétion）写给他同僚比佐（Buzot）的一封长信，谴责布尔乔亚和人民之间的政治分裂："第三等级分裂了，这就是我们所有问题的起因。布尔乔亚，那个人数众多又富有的阶级，已经脱离了人民；他们认为自己优于人民，认为自己与贵族——那些蔑视他们、正等待着最好的时机去羞辱他们的贵族——可以相提并论。"[95]但是，布尔乔亚仅仅是诸多措辞中的一个。比如，"体面人"（honnêtes gens）这个表达法——阿德里安·迪凯努瓦曾将其与"暴徒""乱民"相对比——后来在大革命中被吉伦特派、其后的雅各宾派用来辱骂他们的右翼敌人。例如，吉伦特派的玛莉–吉安·罗兰（Marie-Jeanne Roland）就曾在写于1790年的一封信中，严厉地将"体面人"与"神父、小贵族、大商人和律师构成的四重贵族"等同起来。[96]

在18世纪90年代早期，民众运动的发展自然而然地放大了斥责由财富导致的社会差异的音量。无套裤汉基地（称为分会）的会议纪要，以及流行报纸上的各种故事和小册子，都展现出一种持续存在的对这个复杂社会的二元化理解：一方面，是好的"无套裤汉"，他们具体代表着人民；另一方面，则是在涵盖广泛的"贵族"一词之下以各种形式存在的敌人。

1793年5月21日，麦伊（Mail）分会的发言人提出对贵族的定义："贵族……都是富人、大商人、囤积商、法学家、银行家、商店里的掮客、讼棍，所有那些有财产的人。我们必须将他们从自由的土地上驱逐出去。"同年12月，来自另一分会的请愿谴责一项不受欢迎的决定是"由牧神父、贵族阶层、高等法院、金融家以及布尔乔亚构成的贵族制度的产物；每个人都有份参与，除了人民"[97]。

这些表述指出了底层民众的社会和经济信念，正如阿尔贝·索布尔（Albert Soboul）对这一群体影响深远的描述：激烈的平等主义，反对商业，以工作和家庭为中心，对任何过于富有或是过于突出的人物都抱以深深的怀疑。[98]正是通过他们的表述，"布尔乔亚贵族"这一说法最为系统地在革命话语中反复重现。索布尔认为，一些"无套裤汉"具有远见，他们偶然地将布尔乔亚指认为敌，预示了一个与他们利益相反的阶级的兴起。但是，就在下一页，索布尔引用了其中一员的话，将贫穷的"无套裤汉"与"之前称为布尔乔亚的阶层"进行对比。[99]布尔乔亚显然是过去的产物，而不是未来的创新。而且，要如何理解里昂地区对其所属地方政府的指示？它这样描述大众革命的成果："如果布尔乔亚贵族得以存活，他们很快就会滋生金融贵族，而后者将产生旧式的拥有封号特权的贵族。"[100]

流行的政治话语与精英使用的措辞相比，虽然偶然显得更加粗暴和极端，但两者有着许多共同的假设。罗伯斯庇尔的语言和信念无疑比大多数在议会中掌权的政治家都更接近民间激进分子的观点。他鼓吹着同样的二分法，使大众的美德对立于有钱的、有权的，以及所有种类的贵族腐败。像无套裤汉那样，他也常常不厌其烦地罗列出种种贵族——布尔乔亚的、市政的、有头衔特权的、神职的、商业的——而且并非偶尔地使用布尔乔亚贵族（aristocratie bourgeoise）这一说法，或者其变体贵族式布尔乔亚（bourgeoisie aristocratique）。然而，无论是在民众俱乐部及其分会，还是在雅各宾派领袖的措辞中，布尔乔亚都不曾占据什么特殊地位。他们不过是构成社会利己主义和政治反动的这个多头怪物的诸多因素之一：贵族、房东地主、名流、富商、城镇寡头、神父、英国人，以及各种各样的体面人。[101]

布尔乔亚在这个敌对阵容中并没有占据特别突出的地位，统一的人民与其多头的仇敌这一非黑即白的对比也没有为中间群体留下任何无论社会的还是政治的生存空间。既不是一个温和的中间阶层，又不是一个正在兴起的未来精英，布尔乔亚在革命年代继续存在，但是始终深陷于社会想象赋予他们的角色之中：他们是黯淡无光的、贵族的替代品。革命的话语从一开始就固定在二元模式中：善良的、团结的人民对抗变换了形式但始终如一的敌人——贵族。在社会精英方面，事实将会证明，大革命的概念遗产异乎寻常地顽固。从此以后，任何想要标榜自己和行使权力的团体，都会被怀疑地看作可能是某种令人厌恶的贵族转世。

所谓资产阶级法国大革命，至少在其最初几年，并没有在语言或意识形态上为一个位于中间的或者中上阶层的领导地位提供合法性。事实证明，无论想从何处寻求对这样一个非贵族的有产精英群体的维护，都是非常困难的：对第三等级的赞颂强调的是该群体的劳动阶层成员；国民卫队的宣誓代表的是整个民族的兄弟情谊；而以一个独立而又有美德的中间阶层为名对投票资格作财产要求，这从未被认为是正当的——这类似于19世纪30年代英国的情形。[102]事实上，从革命者使用的语言来看，人们会试图将法国大革命标识为反布尔乔亚的。因为旧制度下的"bourgeois"这一类别意味着城市公民身份，而这个概念因为自身得到扩展而消散了。正如让–西尔万·巴伊所说，像他这样的法国人现在已不再是布尔乔亚了，他们是公民。但布尔乔亚又是一个拥有法律特权的精英集团，并且因此被彻底废除。大革命最持久的语言遗产之一就是把备受鄙夷的"特权"这一污名与"布尔乔亚"一词联系起来。革命者们对于来自布尔乔亚贵族之威胁的阐述预示了在19世纪和20世纪，法国共和主义将无时无刻不指认其布尔乔亚敌人。

　　然而，尽管资产阶级被斥责为与理想化的人民对立的自私自利的敌人，但由于人民这一概念的力量如此强大，以至于没有任何一个与布尔乔亚精英不同的中间阶层的观念能够成型。在法国革命文化中，社会和政治是完全相通的：正如法国人民（劳动的、多产的、支持革命的）就是法国民族，贵族则既是社会的又是政治的敌人。正因如此，就像弗朗瓦索·孚雷曾经指出的那样，掌权的议会与民众俱乐部和团体之间对于控制权与合法性的竞争，从来不曾被理解为是中产阶级对抗工人阶级的政治，而是代表（represent）人民的一方与声称就是（embody）人民的一方之间的对抗。[103]那么，在革命的最初几年中，我们无法找到除了旧制度的相关社会想象之外，任何明确支持资产阶级或中间阶级的意识形态。不过大革命初期风雨飘摇的那几年对法国公共文化的特性至关重要，也确实是它们创造出来了这种文化，比如不可分裂的人民的神圣性，以及国家的道德重要性。当最初那些年的动荡逐渐平息，硝烟散去，出现的不是一群胜利的资本主义精英，而是一个极大扩张的、荣耀在身的国家官僚机构。

注释

1.Alfred Cobban, *Aspects of the French Revolution* (New York: George Braziller, 1968), ch. 5; Michael Fitzsimmons, *The Parisian Order of Barristers and the French Revolution* (Cambridge, Mass.: Harvard University Press, 1987); Timothy Tackett, *Becoming a Revolutionary: The Deputies of the French National Assembly and the Emergence of a Revolutionary Culture (1789‑1790)* (Princeton: Princeton University Press, 1996)，ch. 1.

2.通过阐明观点和发表小册子来支持第三等级的政治利益的最重要的群体是所谓的三十人社，他们是一群自由派，其成员包括巴黎高等法院的人员，像拉法耶特、孔多塞、米拉波这样的自由派贵族，以及一些杰出的平民，比如律师让-巴蒂斯特·塔盖。见Daniel Wick, *A Conspiracy of Well‑Intentioned Men: The Society of Thirty and the French Revolution* (New York: Garland Press, 1987) 以及 Kenneth Margerison, *Pamphlets and Public Opinion: The Campaign for a Union of Orders in the Early French Revolution* (West Lafayette: Purdue University Press, 1998), esp. ch. 3.

3.即便在最近的研究中，这种情况也尤其值得注意，见William H. Sewell, Jr., *A Rhetoric of Bourgeois Revolution: The Abbé Sieyès and "What Is the Third Estate?"* (Durham, N.C.: Duke University Press, 1994).

4.Pierre‑Laurent Bérenger, *Les Quatre États de la France* (n.p., 1789), pp. 3‑8; Jean Paul Rabaut Saint‑Étienne, *Considérations sur les intérêts du Tiers‑État adressées au peuple des provinces* (Paris, 1788), pp. 32‑33.

5.*Mémoire du tiers-état à présenter au roi* (n.p., 1788), p. 6; *Le Réveil du tiersétat, c'est- à -dire de la Nation* (Paris, 1789), p. 14.

6.Emmanuel Sieyès, *Qu'est-ce que le Tiers-état?* Ed. Roberto Zapperi (Geneva: Droz, 1970), p. 144.

7.Charles de Beauvau, *Avis au Tiers-État* (London, 1788), pp. 19 ‒ 20; *Lettre des bourgeois aux gens de la campagne* (Angers, 1789), pp. 16 ‒ 17; *Petit Prosne aux roturiers* (n.p., 1788), pp. 17 ‒ 21.

8.Jean‒Sylvain Bailly, *Mémoires*, 3 vols. (Paris, 1820) I: 11 ‒ 12.

9.Charles Élie, marquis de Ferrières, *Correspondance in é dite* (Paris Armand Colin, 1932), p. 43.

10.Claude Fauchet, *De la Religion nationale* (Paris, 1789), p. 258.

11.Lynn Hunt, *The Family Romance of the French Revolution* (Berkeley: University of California Press, 1992). 关于对女性的排斥还可见Joan Landes, *Women and the Public Sphere in the Age of the French Revolution* (Ithaca: Cornell University Press, 1988), 以及 Carole Pateman, *The Sexual Contract* (Stanford: Stanford University Press, 1989).

12.Sieyès, *Tiers-état,* pp. 119 ‒ 122.

13.Rabaut, *Considérations*, pp. 29 ‒ 30.

14.*Le Dernier Mot du tiers-état à la noblesse de France* (n.p., n.d.), pp. 8 ‒ 9.

15.Jean‒Paul Marat, *Offrande à la patrie ou discours au tiers-état de France* (Paris, 1789), p. 14.

16.Christopher Hodson, "'In Praise of the Third Estate': Religious and Social Imagery in the Early French Revolution," *Eighteenth‒Century Studies* 34 (Spring 2001): 337 ‒ 362.

17.*French Caricature and the French Revolution, 1789 ‒ 1799* (Los Angeles: University of California Press, 1988). See prints in catalog numbers 27, 28, 30, 31,

33, 34, 36, 40, 41, 42, 43.

18.Beauvau, *Lettre des bourgeois*, pp. 7 - 8.

19.See ch. 1, n35.

20.Keith Michael Baker, *Inventing the French Revolution: Essays on French Political Culture in the Eighteenth Century* (Cambridge: Cambridge University Press, 1990), ch. 4.

21.Margerison, *Pamphlets and Public Opinion*, p. 46.

22.Ibid., ch. 3.

23.Sewell, *Rhetoric*, chs. 2 and 6.

24.Emmanuel Sieyès, "Essai sur les privil è ges," in *Oeuvres complètes* (Paris: EDHIS, 1989), p. 17.

25.Sieyès, *Tiers-état*, p. 125.

26.Ibid., pp. 127 - 129.

27.Ibid., pp. 139 - 140.

28.Sieyès, *Privilèges*, pp. 23 - 24.

29.Jean Michel Servan, *Avis salutaire au tiers-état* (n.p., 1789), pp. 57 - 58.

30.Adrien Duquesnoy, *Journal d'Adrien Duquesnoy, député de Bar-le-Duc*, 2 vols. (Paris, 1994), I: 133.

31.Bailly, *Mémoires*, p. 46.

32.Duquesnoy, *Journal*, I: 38, 114 - 115.

33.Bailly, *Mémoires*, p. 329.

34.Ibid., pp. 328, 371.

35.Adrien–Joseph Colson, *Lettres d'un bourgeois de Paris à un ami de province, 1788 - 1793* (Saint-Cyr-sur-Loire: Christian Pirot, 1993), pp. 54 - 59.

36.Duquesnoy, *Journal*, I: 208 - 209.

37.Ferrières, *Correspondance*, pp. 96‐97.

38.Colin Lucas, "The Crowd and Politics," in Colin Lucas, ed., *The Political Culture of the French Revolution* (Oxford: Pergamon Press, 19), p. 274.

39.Duquesnoy, *Journal*, I: 217‐218.

40.Lucas, "The Crowd," p. 280.

41.Duquesnoy, *Journal*, I: 400‐422.

42.Tackett, *Becoming a Revolutionary*, pp. 195‐206.

43.Duquesnoy, *Journal*, I: 400‐422.

44.Ibid., I: 451.

45.*Réflexions d'un membre du tiers-état à ses confrères* (n.p., January 1789). 这本小册子的内容表明，其作者很可能是第一或第二等级的成员。关于特权作为财产的一种形式，见William H. Sewell, Jr., *Work and Revolution in France: The Language of Labor from the Old Regime to 1848* (Cambridge: Cambridge University Press, 1980), ch. 6.

46.Philippe Buchez and Prosper Roux, *Histoire parlementaire de la révolution française*, 40 vols. (Paris: Paulin, 1834‐38), II: 200‐204, quote p. 201.

47.William Doyle, *The Oxford History of the French Revolution* (Oxford: Oxford University Press, 1989), pp. 124, 155; William H. Sewell, Jr., "Le Citoyen/La Citoyenne: Activity, Passivity, and the Revolutionary Concept of Citizenship" in Lucas, *Political Culture*, pp. 105‐123; Sewell, *A Rhetoric of Bourgeois Revolution*, ch. 5.

48.Jack Censer, *Prelude to Power: The Parisian Radical Press, 1789‐1791* (Baltimore: The Johns Hopkins University Press, 1976), pp. 61‐64; Buchez and Roux, *Histoire parlementaire*, III: 431.

49.*Archives parlementaires*, VII: 320 – 321, 323.

50.Duquesnoy, Journal, I: 468.

51.*Archives parlementaires*, VII: 323.

52.Ibid., VII: 324.

53.关于特权作为财产和启蒙运动关于财产的概念之间的区别，见 Sewell, *Work and Revolution*, pp. 120 – 142.

54.Bailly, *Mémoires*, I: 389 – 390.

55.Ibid., I: 390.

56.Hans–Jürgen Lüsebrink and Rolf Reichardt, *The Bastille: A History of a Symbol of Despotism and Freedom* (Durham, N.C.: Duke University Press, 1997), p. 51.

57.Louis Gottschalk and Margaret Maddox, *Lafayette in the French Revolution: Through the October Days* (Chicago: University of Chicago Press, 1969), pp. 171 – 175.

58.1790年6月12日的法令限制国民卫队的成员必须是"积极公民"，也就是缴纳相当于三日劳动所得税款的人。1791年9月29日至10月14日通过的最终方案（该方案一直是激烈讨论的主题）重申了对公民身份的要求，并且添加了有关居住地的要求。见 Georges Carrot, *Une Institution de la Nation: la Garde Nationale* (1789 – 1871) (Sens: CIAPN, 1979), pp. 67 – 69.

59.Dale Clifford, "The National Guard and the Parisian Community, 1789 – 1790," in *French Historical Studies* 16 (1990): 864 – 877.

60.Duquesnoy, *Journal*, I: 229.

61.Ferrières, *Correspondance*, p. 120.

62.Clifford, "The National Guard," p. 850.

63.Bailly, *Mémoires*, II: 242.

64.George Rudé, *The Crowd in the French Revolution* (Oxford: Oxford University Press, 1959), p. 65.

65.Dale Clifford, "Can the Uniform Make the Citizen? Paris, 1789 – 1791," *Eighteenth-Century Studies* 34 (Spring 2001): 363 – 382.

66.Bailly, Mémoires, I: 389 – 390.

67.Carrot, *Garde Nationale*, vii – ix; Jean-Paul Donnadieu, "'Bourgeois, bourgeoisie': emploi des mots autour des cahiers de doléances des sénéchauss é es de Béziers et de Montpellier," in Michel Vovelle, ed., *Bourgeoisies de province et révolution* (Grenoble: Presses Universitaires de Grenoble, 1987), pp. 30 – 31.

68.Ferrières, *Correspondance*, pp. 87 – 88.

69.Gabriel Bonnot de Mably, *Observations sur l'histoire de France*, 2 vols. (Geneva, 1765), II: 98 – 100.

70.Carrot, *Institution*, pp. 2 – 4; Donnadieu, "'Bourgeois,'" p. 35.

71.Ferrières, *Correspondance*, p. 103.

72.Louis Gottschalk and Margaret Maddox, *Lafayette in the French Revolution: From the October Days Through the Federation* (Chicago: University of Chicago Press, 1973), ch. 18; Marcel David, *Fraternité et Révolution française, 1789 – 1799* (Paris: Aubier, 1987); Simon Schama, *Citizens: A Chronicle of the French Revolution* (New York: Knopf, 1989), pp. 500 – 503.

73.Marcel David, *Fraternité*, p. 53.

74.Sewell, *Work and Revolution*, chs. 2 and 3. 有关法国大革命文化中誓言的讨论见 Emmet Kennedy, *A Cultural History of the French Revolution* (New Haven: Yale University Press, 1989), pp. 314 – 315, and Jean Starobinski, *1789: Les Emblèmes de la raison* (Paris: Flammarion, 1979), pp. 65 – 81.

75.Gottschalk and Maddox, *From the October Days*, p. 435.

76.Mona Ozouf, *La Fête révolutionnaire, 1789 - 1799* (Paris: Gallimard, 1976), p. 65.

77.Ibid., pp. 67 - 68.

78.Benedict Anderson, *Imagined Communities: Reflections on the Origin and Spread of Nationalism* (London: Verso, 1991), p. 36.

79.Ozouf, *La Fête*, pp. 72 - 72.

80.Ibid., p. 74.

81.David Andress, "The Denial of Social Conflict in the French Revolution: Discourses around the Champ de Mars Massacre, 17 July 1791," *French Historical Studies* 22 (Spring 1999): 196 - 199. 完整的叙述见David Andress, *Massacre at the Champ de Mars: Popular Dissent and Political Culture in the French Revolution* (Rochester, N.Y.: Boydell Press, 2001).

82.Andress., "The Denial of Social Conflict," pp. 203 - 209, quote p. 209.

83.Sophie Wahnich, *L'Impossible Citoyen: l'étranger dans le discours de la Révolution française* (Paris: Albin Michel, 1997), p. 64.

84.Duquesnoy, *Journal*, I: 38.

85.Ferrières, *Correspondance*, p. 335.

86.Buchez and Roux, *Histoire parlementaire*, VI: 280 - 298; *Archives parlementaires*, 16: 374 - 378.

87.Buchez and Roux, *Histoire parlementaire*, VI: 289.

88.Ferrières, *Correspondance*, p. 211.

89.Ibid., p. 223.

90.Gaston Maugras, *Journal d'un étudiant pendant la révolution* (Edmond Géraud, 1789 - 1793) (Paris: Plon, 1910), p. 61.

91.Censer, *Prelude to Power*, pp. 48 - 58; Jacques Guilhaumou,

"Aristocrate(s)/Aristocratie, 1789 - 1793," *Institut National de la Langue Française, Dictionnaire des usages socio-politiques*, 5 vols. (Paris: Klincksieck, 1985 - 1991), I: 9 - 26. 关于反贵族情绪更为广泛的概述见Henri Carré, *La Noblesse de France et l'opinion publique au XVIIIe siècle* (Paris: Champion, 1920).

92.Carré, *La Noblesse*, p. 443; Maugras, *Journal*, p. 61.

93.Schama, *Citizens*, pp. 492 - 493.

94.Cited in Guilhaumou, "Aristocrate(s)/Aristocratie," p. 14.

95.Cited in Buchez and Roux, XIII: 177.

96.Françoise Dorigny, "'Honn ê tes gens' : L'expression dans la presse Girondine, juin–septembre 1792," *Dictionnaire des usages sociopolitiques*, I: 79 - 87, quote p. 83.

97.Walter Markov and Albert Soboul, *Die Sansculotten von Paris: Dokumente zur Geschichte der Volksbewegung, 1793 - 1794* (Berlin: Akademie Verlag, 1957), pp. 52, 248.

98.Albert Soboul, *Les Sans-culottes parisiens en l'an II: Mouvement populaire et gouvernement révolutionnaire, 2 juin 1793 - 9 thermidor an II* (Paris: Clavreuil, 1958), ch. 1.

99.Ibid., pp. 420 - 421.

100.Markov and Soboul, *Die Sansculotten*, p. 222.

101.例子见 Maximilien de Robespierre, *Oeuvres*, 3 vols. (ed. Laponneraye; New York: Burke Franklin, 1970), I: 230 - 240, 283, 326 - 327, 426 - 427; II: 23, 138, 303.

102.关于英国，见 Dror Wahrman, *Inventing the Middle Class: The Political Representation of Class in Britain, c. 1780 - 1840* (Cambridge: Cambridge

University Press, 1995), esp. chs. 9 and 10.

103.François Furet, *Penser la Révolution française* (Paris: Gallimard, 1978), pp. 75 - 76.

第四章 热月政变后的社会世界

    法国从罗伯斯庇尔倒台到拿破仑·波拿巴政变之间的这一时期有时候被称作资产阶级共和国。在1794年到1799年间，共和主义的形式和理想虽然被保存下来了，但却处于有产者（man of property）领导的政权之下。这些有产者毫不犹豫地抨击雅各宾派的激进行为，他们驱散了大众运动，并解除了人们的武装。这是一段领导者们面对保王主义（royalism）和雅各宾主义（Jacobinism）的双重威胁而奋力维持政权的时期，督政府执政的这些年也为审视大革命的社会后果——既如历史学家描述的那样，也如时人所见的那样——提供了有利的视角。"法国大革命使资产阶级掌权"这一曾经被普遍接受的观点变成什么样呢？当这个国家正从暴力与镇压的惨痛过往中复苏之时，那些仇视贵族同时警惕平民的政治领袖们和立法者们是如何认识他们自己的社会地位的？经历过大革命的这一代知识分子又是如何从社会层面理解他们的国家刚刚经历的这一事件呢？

一场社会革命？

    在20世纪60年代之前，法国历史学家们围绕着丹东和罗伯斯庇尔谁才是革命的真正英雄这一问题争辩不休，而他们的英美同行则在1789—1799年的事件究竟是令人钦佩的还是令人发指的这一问题上产生分歧。然

而，没有人质疑在18世纪即将结束之际法国所发生之事的元历史学意义
（metahistorical significance）。一个高歌猛进的资产阶级，在新生资本主
义的支持下，以及在启蒙运动弘扬的自由和自决理念的启发下从腐朽的贵
族和维护少数特权阶层利益的君主手中夺取了权力。导致革命的原因是深
层的和结构性的，虽然革命不一定会在那个特定的时间以那种特定的方式
发生，不过如此大规模的、爆炸性的重新调整必然是资本财富扩增和现存
封建社会政治结构之间的矛盾冲突的结果。

这个源于马克思的视角在1850年前后及之后的一个世纪里能够占据
完全的统治地位是可以理解的。这个看法似乎已成为固若金汤、坚不可摧
的砖砌大宅，稳妥地将这一时期发生的事件连接在一起，从大西洋贸易，
到哲学家著作，再到1791年宪法。难怪直到今日一些历史学家仍然相信这
座房子尽管经过了大幅改造，却仍然屹立不倒。然而，对这一理论基础的
突破最早出现在20世纪50年代。彼时英国学者阿尔弗雷德·科班（Alfred
Cobban）开始指出"法国封建主义"只是一个误称，资本主义对当时社会
而言仍是边缘现象，所谓的革命资产阶级（revolutionary bourgeoisie）其实
跟资本家完全不是一回事。[1]不久，其他英国和美国的修正主义者就开始抨
击正统马克思主义的资产阶级革命剧本，发表各种主张挑战这一理论。正
如美国历史学家乔治·泰勒（George Taylor）的著名论断所说，法国大革
命"不是一场带来政治后果的社会革命，而是一场带来社会后果的政治
革命"[2]。

修正主义者们争辩说，历史学家很难明确定位到底哪些深层的结构
性因素导致了法国大革命的发生。革命前夕的法国不仅几乎没有任何类型
的资本主义发展（工业的、商业的，或金融的），而且这个社会中的贵族
与非贵族精英在资源、抱负和信仰方面差异也非常微小。富有的平民在某
些方面已经和贵族很相像了（比如说，拥有土地和不动产），同时他们也

想在其他方面使自己像贵族一样：那些经济上的成功者也的确能够在行政机构中捞取到一官半职，他们获得了更多的土地、别墅、头衔，甚至能招到一个真正贵族家庭出身的女婿。这一现象持续了好几代人，直到18世纪80年代，情况仍然如此。[3]1789年发生的危机在根源上不是社会的而是政治的，财政事务上的一团乱麻产生于极其恶劣的失当处置，碰巧当时又赶上了灾难性的农业歉收。正如科林·卢卡斯敏锐地暗示，如果大革命看起来像是一场社会冲突，那很大程度上是政治决策的结果：在以愚蠢的"1614年模式"为依据召开的三级会议，君主把锦衣华冠的贵族和衣衫褴褛的律师、作家召集到一起，却又对谁能得到多少选票犹豫不决。而君主制本身又给单纯的政治乱局强加上了社会斗争的表象。[4]修正主义者论点中暗含着一个令人困扰的观点：大革命的发生是偶然的且可以避免的；如果1789年的法国有更好的治国团队（ministerial team）或赶上了农业丰收，整件事情也许就不会发生。

许多该领域的学者对这种将大革命看作一起政治事故的观点深感怀疑——不仅仅出于意识形态原因，而且因为修正主义者的论点特别违背直觉。人们普遍认为，不仅对于法国和欧洲，而且对于世界上其他地区而言，法国大革命是确立政治现代性的奠基性事件。那么，怎么可能将此巨变归结于这样（相对来说）琐碎而偶然的原因呢？当一些修正主义者仅仅参与破坏工作的时候，另一些则试图挽救这一事件的重要性：他们用乔治·泰勒的方式争辩道，大革命虽然由狭隘的政治因素所激发，但产生了重大的社会后果——或者如科林·卢卡斯所说："大革命创造了资产阶级，即便大革命并不是由资产阶级造成的。"[5]直到今日，许多多少忠实于马克思主义模型的学者认为，即使法国大革命不是发展中的资本主义带来的结果，它也通过为自由市场和经济个人主义扫清障碍完成了它在历史中的指定任务。换句话说，政治革命孕育了社会革命。

然而，"政治的"（political）一词并不必然与"偶然的"或"肤浅的"相等，更不等同于"琐碎的"。这一点在20世纪80年代引起了这一领域方法论的转变，这一转变将1789年及其后发生的事件视作"政治文化"的革命。[6]这一重新评价最初产生于对社会因素是有深度的而政治因素则是肤浅的这一传统看法的反动。在这一传统看法中，政治只是经济和社会内容的表层，如同蛋糕表面的糖霜。如果人们不仅仅只把政治定义为精英们围绕着政府职位进行的争夺，那么也许可以将政治构想为某种深层的、结构性的、具有文化复杂性的东西，将其想象为一个对人类生活诸多方面拥有规定性权力的领域。

政治文化脉络中的两大基础性著作，一部由法国人以充满挑衅的方式写就，另一部美国人的作品则更加超然和折中。弗朗索瓦·孚雷最早于1978年在法国印行的《思考法国大革命》，怀着马克思式的，但实际上是对主流共和主义的虔敬，对自己之前的立场进行了反驳。当他说"没有什么能比路易–菲利普（Louis-Philippe）统治下的法国社会更像路易十六（Louis XVI）统治下的法国社会"[7]时，人们很难不从孚雷的论述中读出一种打破旧例的快感。孚雷的论点源于托克维尔，他认为法国大革命虽然没有带来任何深刻的社会或行政上的变化，但却因其产生了变化的假象而变得不同寻常。需要解释的并不是孚雷贬斥为应该发生却并未发生之事（nonevent）的因与果，而是革命党人强有力地说服他们自己和后人的那套话语叙事，在这套叙事中他们所经历的危机被看作是同过去的根本决裂。在否认革命无论是在社会还是政治结构上都未扮演任何变革性角色后，（正如托克维尔已经指出的：为什么人们摆脱一个国王的结果是迎来了一位皇帝呢？）孚雷将问题聚焦于历史学家们长久以来认为理所当然的东西之上，那就是革命党人用于解释自己行动的特别抽象的、独断的、非黑即白的框架。历史学家们要么欣然将这套语言当作英雄主义而加以接受，要么斥其为极权主义的原型。孚雷（他对雅各宾主义绝无青睐）认为真正要紧的是展现革命话语的文化逻辑，并解释它用何种力量来填补君权神授话语被移除后留下的空白。

因此，在孚雷看来，法国大革命的真正遗产并不是社会生活甚或是深层权力结构的变迁，而是在法国和西方文化中创造了一个强有力的政治传统。当孚雷在这一领域对共产主义的理论建树进行大刀阔斧的变革时，其最有影响力的美国追随者，林恩·亨特（Lynn Hunt）[8]却有不同意见。亨特的《法国大革命中的政治、文化与阶级》（1984），作为一部对修辞、意象、符号和政治行动者进行探究的专著，不但对新证据做了全新绎读，更是完成了以下几项工作：它界定并推广了"政治文化"的概念；它试图通过把新政治（new politics）与政治人事（political personnel）领域的变动联系在一起，给孚雷的论证赋予了一个社会的维度；此外，它含蓄却强有力地表明了孚雷的方法和洞察力能被一个明确同情法国大革命的历史学家创造性地加以使用。孚雷自己的工作范围只限于对传统政治材料（领导者们的演讲和写作）进行精彩地重新绎读，亨特则展示出政治实际上是可以被广泛界定的，它可以涵盖从乡村理事会（village councils）的构成到普通男女穿着打扮的一切内容。亨特的方法预示了将社会和政治结合在一起的新路径，它颠倒了传统的观点，使得政治可以界定和引导社会身份。

即使像亨特这样温和而包容的方法仍然在许多方面引起了对于强调政治与文化的新观点的抵制。甚至是一些持有新式研究计划的历史学家也不愿意承认，1789年及其后发生的事情在某种意义上并不是一场资产阶级革命。事实上，近几年在数名优秀学者的作品中，出现了某种回潮，这股回潮带有挑战意味地试图复活传统解释中的一些方面。[9]在这些新正统方法论的阵营中，最公认的马克思主义者就是科林·琼斯（Colin Jones）。不像其他学者那样对资产阶级的概念做小修小补，或是宣称革命把资本主义装进了一枚定时炸弹中，它将会在1830年之后的某个时刻爆炸，琼斯回到了基本层面。他大胆宣称：资本主义，至少是商业资本主义这个变种，事实上在1789年前已经在法国发展了数十年了，确确实实，这就是一场传统意义上的资产阶级革命。[10]

其他一些历史学家，即使没有采取琼斯那种全面怀旧主义的解释，却也再次主张推动革命的乃是非贵族精英们的社会利益和野心。威廉·汉密尔顿·休厄尔（William H. Sewell）最近对西耶斯《第三等级是什么？》的重新绎读毫不掩饰地以"资产阶级革命的修辞"作为标题。休厄尔论证说，这本著名的小册子在革命最初的数周中为第三等级中的资产阶级成员提供了资产阶级身份和意识形态，为他们夺取权力设置了一个具体的（也是成功的）方案，从而对其具有关键性的动员作用。休厄尔解释说，他使用的"资产阶级"这个标签并不是马克思主义式的："我是在一个不同的、更松散的和更18世纪的意义上使用资产阶级这个术语，它标示着一个城市的、富足的有产者阶级。"[11]正是这个牢牢掌握着政治经济实权的群体，被这位神父*以如下方式招募到自己的事业中来：西耶斯使资产阶级确信，他们作为国家中进行生产的核心成员，需要动员起来以反对寄生虫式的贵族阶级，同时让他们忘记（休厄尔称其为"失忆症的修辞"）他们自己也是数不清的法律和社会特权的受益者。休厄尔总结道："也许在所有伟大的革命者当中，西耶斯拥有最彻底的资产阶级视野（bourgeois' vision）"，因为他同时拒斥了贵族准则和古典共和主义，支持了政治经济学的语言。[12]休厄尔精炼的分析在社会术语上却被循环论证所破坏了，这一问题也在很大程度上困扰着后马克思主义时代关于资产阶级的讨论：如果一个人从一开始就通过重新界定"资产阶级"这一飘忽不定的术语来适

---

* 此处神父指的就是前文中撰写《第三等级是什么？》的西耶斯，因其早年接受耶稣会修道院教育，曾任职神父。——译者注

应他的研究目标的话，那么他之后当然可以下结论说，资产阶级的意识形态、利益和政治终于被确定下来了。

即便有可能定位出一个独特的非贵族社会群体，并证明它的成员参与了实际的政治活动，这也不一定等同于是在描述一场资产阶级革命。近来研究这一课题的最重要的著作之一是提摩西·塔克特（Timothy Tackett）对革命第一年的三级会议和国民议会代表的详尽研究。[13]塔克特分析了数百名代表的背景，他展示了第三等级代表相比于前两个等级在背景上有极大不同，与贵族代表的背景差别尤其大，这使他初看起来好像是在支持马克思主义理论。第三等级代表的成员比他们的贵族同事们穷得多，但却比他们受过更好的教育，而且在地方政府中的经验更加丰富。许多第三等级代表参加大革命时已经有了各种社会经验，这些经验使他们倾向于对贵族们怀有质疑和怨恨。与此相反的是，尽管大多数代表们起初对人民（无论是广义的人民，还是其具体的成员）表示同情，但1789年夏秋两季之间的亲身经历立刻使得他们对暴力感到恐慌，并与之拉开距离。塔克特虽然已经对修正主义者所宣称的贵族和资产阶级并没有那么多不同的论点造成了严重损害，但他却从新马克思主义的立场上退了下来：塔克特用革命者自己的论述总结说，把代表们转变成革命者的不是社会计划（social program），而是革命政治变幻无常的动态（volatile dynamic），是"不同派系间行动与反动的政治辩证法"。[14]休厄尔和塔克特都努力回到大革命中近来被忽视的社会性成分，两人都不厌其烦地辨识出一个政治上积极且有效的非贵族领导阶级。讽刺的是，他们两人都从关于社会的问题开始（他们都关注西耶斯的修辞或代表们的身份和经历），却意外地又滑回了政治层面。他们两人都以这样的分析结尾：社会经验和修辞都纯粹只是为了实现政治意图而采用的手段。

资产阶级革命的说法仍是难以明晰的，部分是因为大革命的社会目标轻松、迅速地就能得以实现。至少在原则上，封建主义于1789年8月4日晚已经结束了；贵族制在不到一年的时间内就被废除了；之后，大革命就沉溺于寻找那些包括他们称之为贵族在内的政治叛徒的更漫长的过程之中。在这一过程中，政治动乱并没有产生出社会中间阶层的意识形态，没有产生关于资产阶级或中间阶级美德的赞歌。1789—1799年的大革命在文化上不能被称作中产阶级的革命，它经济上的根源或影响也并不明显有利于资产阶级。除去那些与战争有直接联系的工业外，动乱减缓了全法国工业的发展，同时引发了对外贸易的崩溃，直到1830年后才恢复到革命前的水平。关于乡村经济，普遍的观点认为，大革命通过分割法国一些较大的地产并建立起一个财产分割继承的持久系统，增加了获取或投资农村小规模财产的途径——这顶多只是增加了有时被称为"乡村资产阶级"[15]的富裕农民群体的土地占有。各派历史学家长久以来都同意，大革命使得法国变成了一个农业化程度更高而不是更低的国家。

　　然而，有一个领域的案例可以被用来证明大革命是资产阶级革命，那就是对政治与行政人员的社会学研究。毫无疑问，从1789年开始，许多非贵族甚至是出身贫寒的人们获得了进入地方和国家政府机构的多种途径。林恩·亨特对法国大革命中"新政治阶级"的社会分析所得出的结论可以很容易地服务于经典马克思主义的观点。在国家层次上，正如长久以来为人们所熟知的那样，历届革命议会的代表绝大多数都是专业人员：律师、行政人员、医生、教士、作家等等。商人和其他商业类型的人数最多占总数的15%。粗略地说，在各省的行政机构中也是如此，但是市一级的画面就相当不同了：商人和制造商的比例在较大的商业型城市如马赛、波尔多、图卢兹或亚眠的革命市议会中十分显著。而在较小的城市和乡村里，工匠和店主的数量就很多。（不同时期也呈现出不同变化，在革命恐怖时期，绝大多数地方行政机构中来自社会低阶层的人数都有所增长。）相比于旧制度下行政机构人员而言，变化是巨大的：贵族参政人数迅速减少，并于1792年彻底消失，同时一波又一波的中等和普通家境的"新人"在地方上掌握了权力[16]。

例如，就像大卫·盖里奥奇（David Garrioch）在一个利用了丰富档案的近期研究中所展现的那样，巴黎迎来了新的政治阶级。大革命加速了在18世纪早期就已经开始的一个进程：曾在城市内部单个街区（quartier）的教区机构环境中施展权力的地方家族日益衰弱，而全市范围的新精英，一个由前革命时期的名流、大革命中的政治领袖和受益于废除公会制度和拍卖教会土地的新富们混合而成的群体，却壮大起来。虽然新的经济机遇确实在这一过程中起了一部分作用，但盖里奥奇总结称："巴黎资产阶级的形成主要并不是一个经济现象……这很大程度上是政治斗争、政治制度和宗教与世俗的理念造成的结果。"[17]

将1789年及其后发生的事情称之为"资产阶级革命"重则是误导，轻则也是不够精确。由于这种表述在它最经典的意义上表示一种由资本主义增长驱动并导致经济制度大规模转型的运动，因此在大多数情况下，它不能被用于理解法国大革命。近来，那些接受了这一结论的历史学家却仍然认为，1789年到1799年从旧制度精英向拥有不同世界观和抱负（反贵族、贤能主义、受过良好教育，诸如此类的特性）的新群体的权力大规模转移可以等同于一个资产阶级的出现。但是，就像林恩·亨特指出的那样，被应用于这一发展进程的"资产阶级"这个术语虽无大错，却也含混得无可救药。[18]一旦资产阶级革命的概念从马克思主义理论框架中挣脱出来，它就失去了它的解释力并变成了一个毫无用处的描述性词汇。近来的研究总结性地表明了，在1789年后的数年里，不仅政治文化，而且地方与国家的政治精英的结构也都得到了更新；由于这些发展都与社会资源的转移和对社会世界的新理解紧密地联系在一起，因此它们也对我们提出了挑战，使我们不得不以新的方式思考社会和政治的关系。在后热月党人时期，政治热情开始消退，领导者们试图将革命成果纳入正常的轨道中。这一时期也成为探索大革命那更加英勇也更加暴力的日子所留下的长期文化遗产的最佳入手点。

恐怖之后：贵族、平民与野蛮人

紧接着1794年恐怖统治并一直持续到拿破仑1799年政变为止的政权，区别于之前的雅各宾政权，在法国有时被称为资产阶级共和国（la république bourgeoise）。[19]从国家领导层来看，这个新政权并不比他的前任革命政权更多或更少地带有资产阶级性质。为了反对1795年春的群众暴动，国民公会的议员确实起草了一部新宪法，通过设立两个立法机关——五百人院（Council of Five Hundred），元老院（Council of Ancients），与一个五人组成的行政机构——督政府（Directory），来与之前的革命时期进行决裂。但是新议会的成员在社会学意义上与他们的前任并没有什么不同（实际上他们中包括许多在前几界议会中效力的人）：他们来自受过教育的有产阶级，三分之二到四分之三的人是律师或其他专业人员。[20]

真正将新的国民公会的政治家和他们的革命老前辈们区分开来的是他们对激进群众的政治目标和制度的公开敌视。这一氛围之所以在热月党人时期得以定调，是因为1795年春发生了以芽月起义和牧月起义闻名的事件。那时候，已经因雅各宾领导者们倒台而消沉的巴黎穷苦劳工们，再次于1794—1795年冬天受到有记载以来最严酷的一次霜冻的打击。政府的面包补助，虽然在冬天帮助他们避免了最严重的饥荒，却在春天消耗完毕。穷苦的人们感到他们完全被那些扳倒罗伯斯庇尔的人背叛了。1795年4月1日和5月16日，数以千计的"无套裤汉"进军议会，愤怒地要求"面包和

1793年宪法"，但两次都被强制驱散了。议会还强迫人群中的武装分子上
缴他们的武器，一些雅各宾残党的领导人遭到逮捕并随后被处决或流放。

"无套裤汉"运动被有效地镇压了，但通货膨胀、贫困和6年革命的
残酷教训让恐惧和愤怒始终挥之不去。直到18世纪90年代中期，统治者和
被统治者们终于都准备承认他们的前人们长久以来一直否认的事情了：
在富人和穷人之间有一道裂痕，而这道裂痕正好将这个支持革命的群体
分为两半。1795年6月23日，温和派领导人弗兰索瓦·布瓦西·当格拉斯
（François Boissy D'Anglas）陈述了关于新宪法的委员会报告，他像是对穷
人发出战吼一般发表了演说：

> 我们必须由最好的人来统治；最好的人也就是那些受过最好的
> 教育并致力于维护法律的人：现在，你们几乎没有例外地只能从有些
> 产业的人中进行挑选，他们为拥有这些财产的国家而效力，为保护
> 这些财产的法律而效力，为维护这些财产的安宁而效力……另一方
> 面，那些没有地产的人，就必须要勤加操练他们的美德，以使其投
> 身于这个什么也不能带给他的社会秩序中……一个由无产者（non-
> proprietors）统治的国家处在自然状态之中。[21]

遵循着这些规则，1795年宪法将有效投票权限制在拥有或租有价
值相当于100到200个工作日劳动所得的财产的公民身上。督政府选举人
（directorial electorate）因此缩减到了30000人，大约是1791年宪法所定数
量的一半。大革命产生了有史以来最精英化的一届政权。

处于社会分水岭另一侧*的观点也同样很鲜明。从1794年开始，激进
记者和后来的密谋者格拉古·巴贝夫（Gracchus Babeuf）从他的报纸——
《护民官报》（*Le Tribun du peuple*）中鼓噪起了社会战争的主旨。最早在

---

* 指穷苦平民。——译者注

1794年12月，巴贝夫便用最通俗的语言声称，共和主义政府已经被一小撮精英主义者从人民那里夺走了：

> 我很乐意相信（两方）都想要共和制；但每一方都想要符合自己要求的共和制。一边希望它是布尔乔亚的和贵族的；而另一边则宣称是他们建立了政权，并要求政权保持大众和民主。一方想要的是一百万人的共和国，想要那曾是敌人、暴君、剥削者、压迫者和寄生虫的人统治其他两千四百万人……另一方则想要为将自己的鲜血熔铸进共和国基石的两千四百万人服务的共和国……[22]

文中引用的数字与1788—1789年间第三等级文献所采用的非常相似：两千四百万的人民对抗一百万自私的特权阶级。巴贝夫有意将1794—1795年的情况描述得与1789年类似，那是一场反对光天化日践踏公平的大众暴动。他用"贵族"（aristocracy）一词来指称社会敌人，但却和之前的用法有很大的不同：贵族现在不是被定位在政体之外，而是居于政体的核心。他问道：这个"财产贵族"（aristocracy of wealth），这个"区分人民中为国效力者和不为国效力者的分界线"是什么呢？[23]确实，这种情绪在1795—1796年流传甚广：新富们和旧贵族相比没什么区别。"看看这督政府吧，"巴贝夫的同事博纳罗蒂（Buonarroti）写道，"从他那傲慢无礼的排场、不计其数的卫士和自大谄媚的廷臣中，人们看到的不就是卡佩王朝宫廷的模样吗？"这样的情绪并不仅限于激进知识分子，一份1795年的警方报告提到："人们对于富裕农民和巨贾的愤懑之情在不断上涨，两者现在都被指责在损害社会方面与旧贵族相比有过之而无不及。"[24]

巴贝夫的修辞运用了为人熟知的贵族/人民二分法，但同时他也彻底转变了这一区分的定位。反对贵族的斗争原来总是在政权的边界上进行，是通过反对敌人的方式来保卫政权本身，而这个敌人界定了什么是这个政权。而巴贝夫则宣称，斗争现在已经处于政权、共和国、革命自身之内了。"确切地说，什么才是法国大革命？是一场贵族与平民之间，穷人和富人之间的公开战争。"[25]尽管一些社会和政治的身份得以持续布尔乔亚/贵族相对于大众/民主），但将社会斗争定位于政体中所带来的重要后果是人们开始将社会领域描绘成独立于政治领域的实体。从前存在于富有公民和贫穷公民之间的紧张关系再也不能被斥为叛徒们操纵的结果了，它们变成了共和国内部制度缺陷的产儿。

当巴贝夫忙于将敌人定位在国家内部而不是藩篱之外时，执政的议会成员们则反其道而行之，将一些穷人界定为外邦人。后热月党人时期最流行的修辞之一就是将暴民们斥为"汪达尔主义"（vandalism）。[26]这个词是由格雷古瓦神父（abbé Grégoire）在一系列谴责政治激进派污损历史遗迹（宗教和世俗的都有）的行为的报告中生造出来的，也被罗伯斯庇尔及其追随者采纳，作为一种修辞武器来对抗充满激进左翼狂热信念的去基督教化分子（de-Christianizers）。然而，当它被督政府掌权者当作一种话语工具用以将他们自己和恐怖时期拉开距离时，"汪达尔主义"及其同类词（"哥特的""野蛮人的"）在热月党人时期就真的获得了自己专属的内涵。当雅各宾党人和随后的热月党人斥其政敌为"汪达尔主义"时，他们是在运用启蒙运动的一个核心观念，那就是暴政总是建立在愚昧之上的。该世纪早些时候，反封建启蒙作家如马布里（Mably）曾指责后加洛林时代（post-Carolingian centuries）的贵族几乎摧毁了法国的文明——但说实在的，这些莱茵河彼岸的残暴武士们凭什么会对保存法国文明产生任何兴趣呢？对于热月党人来说，新"汪达尔人"就是1793—1794年的这些暴民，是那些要为毁坏民族最重要的一批历史遗迹而负责的人，是那些将拉瓦锡和孔多赛这样的天才置于死地的人。

因为将暴政和愚昧联系在一起，人们最常将罗伯斯庇尔斥为汪达尔人。对于任何熟悉罗伯斯庇尔深刻的古典学养以及卓越的语言表达（更不用说他讲究的着装和举止）的人来说，读到这样的内容时都将感到惊讶：彼时的人将罗伯斯庇尔斥为"一个愚昧而有野心的人，一点一点地屈服于令人羞耻的野蛮"，或"一个粗鲁无知的人"，一个对饱学之士满怀嫉妒的焚书者。[27]然而，正当罗伯斯庇尔作为头号"汪达尔人"被单列出来之时，野蛮主义和汪达尔主义的意象极其自然地被附加到了国家中未受教育和有暴力倾向的那一部分，也就是下层阶级的身上。热月党的领导者们相信，汪达尔主义已经被罗伯斯庇尔在各地的模仿者中推广——那些出身社会下层的人已经把他们那种鄙俗粗鲁的行事作风强加于全民族之上了。让-弗朗索瓦·拉·阿尔普（Jean-François La Harpe）于1794年写道："我仍然能看见那些强盗称自己为爱国者……穿着他们那怪异的、所谓爱国者仅有的装束，好像爱国主义只能如此荒唐可笑和污秽不堪；他们举止粗鄙，言辞野蛮，好像粗鲁和下流才是共和主义的本质。"[28]

1794年，共和国领导人面临的关于"人民"（le peuple）的问题并不新鲜，因为这个问题在大革命时同样也困扰着他们的前人。穷苦阶级犯下的野蛮和毁灭性的行为，必须被归罪于革命之外的力量，尽管很明显这种野蛮主义实际上就存在于民族之内。在大革命的高潮时段，解释此类事件的惯常反应开始奏效了：如果大革命的支持者犯下了难以启齿的罪行，那只可能是因为本性纯良之人成了阴谋家的牺牲品，成了煽动暴力的反革命分子的一个"汪达尔式"阴谋的牺牲品。[29]对于热月党人而言，人民在过去的日子里被雅各宾"食人魔们"带错了方向。后雅各宾时代的领导者们，既想要谴责雅各宾主义，又意识到他们的社会中存在明显的社会分化以及同时仍然坚定地致力于维护人民团结的原则，因此如履薄冰。看看在布瓦西·当格拉斯的言语中存在的紧张情绪吧，他怒斥"那些凶神恶煞、肤色苍白、愤怒叫骂着的人们，这些人煽动人民的情绪以反对人民自身的一部分，后者被他们背信弃义地称为镀了金的百万人（gilded million）*。"[30]如果说存在一个阴谋使人民转头反对自己的一部分的话，这一次它的煽动者，那些面色苍白、神情狂暴的人们，显然不是贵族。

督政府领导者们认为人民既不是野蛮的，也不是文明的，而是可塑的。正如他们能因颠覆传统的领导者的引诱而误入歧途那样，他们也能被教育和塑造，对一个因建立了诸如巴黎综合理工学院（École Polytechnique）、巴黎高等师范学校（École Normale）和法兰西学会（Institut de France）**等教育机构而引以为豪的政权来说，更是如此。正如布罗尼斯瓦夫·巴茨柯（Bronislaw Baczko）总结的，"'反汪达尔'话语结合了教育学话语（pedagogic discourse），使得文明教化的力量和等待教化的人民之间的角色分割变得正当化了"[31]。这样，人民就不再是一种既定的身份而是一项仍需雕琢的作品。尽管热月党人对汪达尔主义的专注仍然处在预设的社会统一性的语境之下，却为以下思路展开了可能性：社会下层被视为在本质上是不同的，且具有威胁性，他们需要被教育和控制。

后热月党人时期的政治精英在对待平民时采取了一种矛盾的态度，这种态度显现出他们接受社会中存在一定程度的社会距离。虽然这些领导者与人民保持距离，但是他们与从前的贵族也是如此。实际上，对于任何相信国家正被一群与旧贵族一样坏的新贵族统治的人（比如巴贝夫）来说，督政府现在重新复活反贵族法律的行为是令人费解的。最激进的法律，即1797年11月29日（共和六年霜月9日）法律，剥夺了绝大多数贵族的大量公民权利（一份该法律的早期草案更是要求所有贵族都被驱逐出境），除

---

　　* 指其富有。——译者注

　　** Institut de France是1795年建立起来的学术机构，通译为法兰西学会或法兰西研究院，不同于更古老的法兰西学院(College de France，也有译为法兰西公学院)和法兰西学术院（Académie Française）。法兰西学术院后来成为法兰西学会的一部分。——译者注

此之外还有其他充满敌意的立法，包括1799年颁布的一个野蛮措施，它允许人们在每次有爱国者被谋杀或由于保王党的进攻而造成损害时可以扣押四个贵族。[32]

这些法律在以下方面表现得再明确清楚不过了：贵族们仅仅因其血统问题，就被当作敌对的外人那般对待。实际上，在这一时期，攻击贵族的种族言论也耐人寻味地复兴了。与他在20年前关注的议题遥相呼应，西耶斯回到了法国贵族的法兰克起源这一问题上，这一次他的言辞更具公开的种族意味。[本雅明·贡斯当（Benjamin Constant）杜撰称西耶斯在这一时期发表了以下言论："非我族类者，也非我的同伴；贵族非我族类，因此，他就是豺狼，我当射杀之。"][33]一位议会代表对从前被滥用了的历史进行了如下解释："他们像对待驮货的牲畜一样对待我们；他们浇灭了艺术与科学的火焰；他们将统治建立在愚昧和野蛮之上。这就是数个世纪以来我们是如何被对待的，那时有的是真正的巧取豪夺。"[34]

新法律的出台、贵族血统争论的复兴，这两件事的背景是一个具体的政治事件，即果月十八日政变（1797年9月4日），这是一场由督政府将军们策划的军事政变，取消了借由1797年3月选举回归政界的保王党和保守共和派的多数统治。[35]显然，证明贵族从本质上致力于毁灭法国人民并应该被当作政治、军事和种族的敌人来对待，这一点符合督政府的领导者和他的左翼盟友们的政治利益。然而，有趣的是，那些曾被用于谴责大众汪达尔主义的相同言辞在几年之后反而被用来反对贵族。历史学家常常这样描述1794年到1799年间的政治：反反复复的军事行动用以对抗占据多数派的雅各宾党或保王党，并力挺政治中间派，这就像一种跷跷板政治。由于社会领域和政治领域的持续重叠，这个跷跷板动态（seesaw dynamic）也适用于社会层面，它体现为一种既要遏制穷人，又要声讨旧贵族的需求。

传统上来讲，督政府被贴上资产阶级标签是因为若干相互重叠的（常常也是未经检验的）理由：包括反雅各宾主义的政治行动，政权领导者的社会身份，政权对选民基数的限制，以及它对中庸政治的防卫性的拥护态度。的确，在恐怖时期之后的岁月里，政治领导阶层与之前相比更倾向于（常常是声嘶力竭地）维护实质性的财产所有权的重要性，以及那被认为是相伴而生的，为了积极参与政治进程所需要的教育。（正因为如此，同时攻击财产和文化的汪达尔人才被认定为最核心的政治敌人。）

然而，热月党人也继续坚称他们代表人民，代表全体人民。布瓦西·丹格拉斯斥责那些凶神恶煞的激进分子想要使人民转过头来反对"自己的一部分"。而在热月党人的国民公会（Thermidorean Convention）早期，关于反雅各宾社党的一项法律论辩的进程中，那些支持这一措施的代表们给他们自己披上共和普遍主义的外衣，将社党组织谴责为类似贵族的、重返法团特殊主义体制（regime of corporate particularism）的倒退。对于像国民公会代表布尔东·德·洛瓦兹（Bourdon de l'Oise）所发表的观点而言，这是颇具讽刺意味的，他说："大众社团是什么玩意儿呢？不过就是一群人互相挑选，就像僧侣们那样……无论何时，只要有一群人，他们与其他类似的团体发生交流，散布各种除了能够代表全民族的意见之外的种种观点的时候，贵族制就开始了。"[36]另一位代表则直截了当地提出人民到底在哪里的问题，他道出了他的大部分同僚们共有的立场："人民并不存在于这些社党之中。主权寓居于民族的普遍性之中……自由的保障就存在于所有法国人那种高尚而坚定的情感之中。"[37]在议会组织与街头民众针对政治代表性你争我夺之际，立法者们却胜出了。其原因在于，他们将贵族叛徒和平民激进分子同样斥为共和国的危害。与那两股危险的宗派主义势力相反，督政府宣称自己代表了"民族的普遍性"。

对督政府政客们声称的那种普遍主义说辞的标准回应是，那套说辞不过是遮掩其特定阶级的自身利益（class-specific self-interest）的面纱罢了。

历史学家们已经意识到，大革命并没有产生资产阶级或中产阶级意识形态，但这不妨碍他们在种种便利的场合发现这类信念。比如说，威廉·休厄尔自信地给西耶斯贴上资产阶级代言人的标签，因为这个神父说着一套政治经济学的语言并颂扬生产能力——但是这个结论只有基于如下存在争议的假说时才能成立：政治经济学和生产能力的理念本质上必然是资产阶级所关注的。然而，更常见的论点则关系到资产阶级普遍主义的概念：这一主张认为，制宪会议和立法会议、国民公会和督政府议会里的中产阶级上层，在社会一致与普遍权利的话语掩盖之下满足的是他们作为拥有财产的资产阶级精英（propertied bourgeois elite）自身的利益。[38]

历史学家们断言，资产阶级领导者信奉的个人权利、自由贸易、反封建主义、贤能政治等等，表面上有利于每个公民，然而他们自己才是主要的受益者。这个论点是对那耐人寻味但又广为流传的设想的一种延伸：即资产阶级是一个处在经常性的自我克制之中的阶级；他们的动机太过邪恶，以至于他们（至少在法国语境之中）永远不能明目张胆地打出自己的旗号。这一论点也意味着当时的人们有着一种程度令人惊讶的盲视：即使资产阶级拒绝打出自己的旗号，为什么他们也从来没有被那些他们所迫害的对象——劳动阶级和贵族们——识别出来？

那些将法国大革命视为资产阶级革命的人，当他们谈到意识形态的时候，不得不去赞成某种版本的普遍主义的概念。然而，作为一种理论工具，这种看待意识形态的方法不得不说是钝锈不堪的。人们不需要借助雅克·德里达（Jacques Derrida）的"文本之外全无一物"（nothing outside the text）的立场就足以对下述论断表示怀疑：这一论断预设了在社会经济利益的硬事实（hard facts）与如装饰性泡沫一般的意识形态之间存在明显的差别。正如林恩·亨特指出的，马克思主义立场和孚雷的反马克思主义立场都把语言当作面具或面纱：在前者看来修辞掩饰了阶级利益，而在后者眼里"断裂的话语"（discourse of rupture）隐藏了社会政治具有连续性（sociopolitical continuity）的事实。[39]两种观点都带有明显的评判性意图，前者是在抨击资产阶级的自私性，而后者则斥责革命者的自我欺骗。更晚近的方法论（包括我自己的）则避免做出语言反映了或掩藏了固定不变的事实（hard-and-fast reality）的预设，而是倾向于将话语处理为这样一种系统：其内在的样式需要根据它们自身的条件来加以破译。

这意味着，在此情形中，我们不应该将那认为统治群体（governing bodies）完全体现了不可分割的人民的观点视作对中产阶级上层利益的掩饰——或者，将其视为可敬的理想主义。我们反而要将这些主张当作是那种（在法国）持续有力的构想的一部分来进行解读：这一构想认为在共和政府与人民之间存在完全的一致，它相信人民的意志就存在于中央政治机构之中并通过它得以表达出来。拒绝承认和着手处理社会分裂和对抗性的社会利益（"人民并不存在于这些社党之中。主权寓居于民族的普遍性之中"），是1870年以前共和政府的力量来源，但同时也是它们覆灭的原因。[40]然而，我们不能下结论说，督政府政客们与他们1794年前的前人们持同样的观点。他们对大众政治公开表示敌意，他们热衷于同雅各宾蛮子和豺狼般的流亡者（wolfish emigrés）为敌，这些至少表明了一种对社会位置（social position）的明确意识，依据安东尼·吉登斯（Anthony Giddens）的说法，我们可以称之为阶级自觉（class awareness），这个词与阶级意识（class consciousness）的含义相反。[41]并且，这群人对作为国家的基本要素的阶级分化和社会竞争的拒斥，并不意味着他们就会忽视处于其他语境中别的社会问题。

在1794年之后的几年里，立法机构收到了数以百计来自个体公民的请愿，要求对已经被察觉到的革命家庭法律的不公正进行纠正。请愿者声称，大革命制度化了离婚和平等继承权，并给予私生子以公民权，这造成了家庭的混乱并因此导致了社会的混乱。这些选民和他们的代表们的对话反映了一个关键性领域，在那里国家与社会的关系能够得到协商，并在此过程中获得界定。[42]可以想见，请愿者抱怨称，轻易离婚让妻子们变得浮躁，平等继承权给予妇女太多权力，主宰继承权的严格法律损害了父权的威严，也打乱了家计安排。请愿者们都声称自己是善良的共和主义者，为能够维持他们眼中的社会秩序的法律而争辩，并反对那破坏性的18世纪90年代早期的革命家庭立法。

作为回应，热月党人和督政府立法者撤销了一部分最具争议的家庭法律，并在这一过程中提出了他们对于家庭、法律和政体之间关系的看法。代表们将他们的角色定位为要重建那受极端革命法律所破坏的家庭结构，他们是制定法而不是自然法的支持者。"我们为什么要谈论平等、理性和自然呢？"代表让-德尼·兰居奈（Jean-Denis Lanjuinais）在1795年说道："如果我们把这些含糊且意义不明的词语应用在私有财产上，那么财产就根本不存在了，社会也就根本不存在了。"[43]这些围绕着家庭法律问题展开的论战变成了代表们明确他们如何看待自己作为立法者和统治者的角色的重要舞台——具体而言，他们拒斥了空洞的平等或公意，并转而为正义和社会利益而争辩。从总体上来说，他们为了支持家庭的权利高于个体的权利，拒绝了女性或非婚生这类个体的特殊利益。[44]代表们因此诉诸家庭的团结，将其作为一种普遍利益。他们利用立者的身份为家庭内部和家庭之间进行仲裁。

回望大革命前的数十年，我们会发现关于文化连续性和变革的有趣模式。与大革命前的情况相同，督政府也看到了社会联系的终极来源是非常不确定的。前革命时期的作家们提倡情感家庭（sentimental family）作为社会联系的模型，革命文化则提倡戎装下的兄弟之爱，而热月党领导者们则不再对感情纽带的力量抱有信心了。他们重新回到了家庭概念，以之作为最清晰可见的普遍模型和凝聚力的来源，然而这一次，团结的纽带不再是富有表现力的情感黏合剂，而是制定法。最终，面临财产和意识形态方面的深刻分裂，后热月党人时期的立法者们通过将普遍家庭作为他们主要的社会客体和对话者，制造了一个能够进行公平竞争的环境的幻象。在这一过程中，他们隐晦地承认存在一个区别于政治的社会客体，一个充满了利益竞争的急需仲裁的领域，而这并非立足于抽象理念，而是通过更务实的途径来实现局部正义（local justice）和更大的社会福祉。然而，如果说近距离地、在家庭纠纷的语境下与社会领域打交道的是立法者们，是否有其他人能够用更长远一些的眼光来看待大革命所铸造的东西呢？

历史变革与新贵族

在欧洲，法国大革命改变了人们对历史的理解。它展示了惊人的剧烈变化的可能性，为那些亲历革命并生活在它的余波之中的人们提供了关于过去的全新视野。对于几代思想家而言——包括弗里德里希·黑格尔，弗朗索瓦·基佐和卡尔·马克思——大革命是来自于过去与现在的启迪，是未来变革的模型。时人因此也竭尽全力想要为他们所经历的这场革命赋予意义。值得注意的是，在这些见证法国革命的人之中，没有人认为是一个"工业的或商业的资产阶级"，或是"中产阶级上层"职业人士扮演了革命的主角。翻阅18世纪90年代和19世纪头几年的文本，人们将再次惊异于"贵族"这一范畴所具有的持久性和弹性：历史分析和更加抽象的政治理论工作都同样要依靠民主与贵族这一对孪生概念。

1789年之后出现的最早也最成熟的对大革命的尝试解读就是如此。如果人们要寻找一个革命资产者的完美体现，那么安托万·巴纳夫（Antoine Barnave）无疑是个极好的人选。出身于多菲内省一个富裕而有教养的新教家庭，巴纳夫以第三等级代表的身份开始了自己的革命生涯，并在制宪会议上成了温和的斐扬派的领导人之一。随着革命日益左倾化，1792年巴纳夫退隐并回到了外省的故乡。然而，他却在1793年被逮捕、审问并被处决。在外省流放和被关押的过程中，他撰写了一部解读大革命的作品，名为《论革命与宪法》(De la revolution et de la constitution)，该文献经常被视为历史唯物主义的早期范例。[45]

巴纳夫的解读看来确实很现代，因为他将大革命放置在人性的社会经济演变这一史诗般变革的语境下进行解读：一开始是田园的独立性；之后是土地所有权的巩固——这使得土地贵族得以掌权；然后是城市的兴起和商业性动产的增长，伴随而来的是"人民"的最终出现。"正如土地占有使得贵族崛起，工业资产也带来了人民的支配地位；他们获得了自由，开始进行增殖，并开始影响(公共)事业。"[46]虽然有时候巴纳夫被当作马克思的先驱者，但是他们之间的区别也很明显：在巴纳夫那里，"工业资产"的出现促进了整个人民的诞生，而不是资产阶级精英的诞生。巴纳夫把他的分析建立在产权的形式上，而不是生产模式上。他在后农业时代的世界里并没有看到积累和剥削的运作逻辑——与之相反，在他看来，商业财富在经济和政治秩序中同时推广了民主："工业资产和动产（因此）就是民主的基础，正如领地产权是贵族的基础。"[47]

巴纳夫确实注意到，在某些情况下，商业和工业财富的积累将产生一种被他意味深长地称作"一种特定形式贵族"（a form of aristocracy）的东西。他承认，建立已久的商业社会——如在威尼斯、低地国家和汉萨同盟的城镇中——就是这种情况。在这种环境下，"确实，一个新贵族，一个商人和资产者构成的贵族阶层可能经由这种形式的财富得以兴起"[48]。尽管他为这种新精英贴上"贵族"的标签，他也尽力指出这种新贵与那些将权力扎根于土地所有权和战争之上的"骑士和封建"旧精英完全不同。然而，巴纳夫无法为这些处于上升地位的人们构想一个单独的身份，或想出新词来对其加以描述（虽然他确实曾称他们为"富有资产者"）。[49]这些人的政治—文化归宿，取决于其环境的差异，将会被吸收进两种重要的旧模式中的一种：在商业共和国中，没有人比他们更位高权重，他们就"变成了贵族"；在传统君主制下，他们仍旧屈服于旧的封建军事精英，并因此"仍然是民主的"。[50]巴纳夫的社会政治想象是根据18世纪90年代早期的强大的二元模式塑造的。尽管他能够描述资产者群体的兴起，但他无法理解为何这个处于中间的精英阶层能够持续存在。在他看来，他们必将会被上层或下层阶级吞并。

1792年的巴纳夫还能平静地思考作为政治力量出现的"人民"和"民主"，18世纪90年代末的作者们却由于遍尝了民主统治的不稳定性和大众政治的暴力，已经变得很难轻易接受这些变化了。到1795年，人们已经很难再相信卢梭以人民意志直接行使主权的美梦了：总要有人来进行统治，而掌权的人自然应当从社会最好的那部分人中挑选出来。对于当时有自由派倾向（liberal inclination）的思想家和作者来说，他们面临的挑战在于如何确定民族利益和新政治精英之间的关系。

日尔曼·德·斯塔尔（Germaine de Staël），她是苏珊娜（Suzanne）（一个出众的沙龙女主人）和雅克·内克尔（Jacques Necker）（路易十六手下最出名的大臣）的女儿，也是最敏锐的大革命的自由派评论家之一。作为革命前后社会和政治精英中的一员，斯塔尔拥护大革命和共和主义，尽管她在1792年到1795年间雅各宾党当权时期离开了法国。[51]斯塔尔对于法国大革命的主要评论作品同时反映了她对共和主义的支持以及她对卢梭式大众政治的警惕。她于1798年撰写的小册子——《得以终结革命的当前局势》（*Des circonstances actuelles qui peuvent terminer la révolution*），针对1797年的保王主义大潮以及紧接着1798年的雅各宾主义逆流做出回应，并为督政府的政策和体制进行辩护。在她的文本中，相比起保王主义而言，斯塔尔更努力和卢梭拉开距离。这个小册子的开头几页就拒斥了大众直接民主的观念，视其为一种无法实现的妄想。而她论辩的核心则是从哲学上捍卫督政府那样限制型的代议体制。[52]

斯塔尔相信真正的民主在诸如法国这样的大型国家中是不可能实现的，而革命中所崇尚的那种大型的单一制议会只能适得其反：如果人们能从那灾难性的岁月中学到些什么，那就是这样的团体一定会陷入派系主义，最终是暴政中去。她试图在她的小册子中搞清楚真正的代议制的含义和形式是什么。代议制，她写道，不是一个数学公式，它的实质也不是单一性或全能性，它也不产生一个民族的微缩形象（miniaturized image of the nation）；应该说，它是"这样一种政治联合，这一联合使得这个民族受选出来的人统治，这些人联合在一起的方式使其能够拥有全体的意志和利益"。[53]重要的不是严格的比例原则（proportionality），而是（通过功能区分、数量平衡等方式）建立起这样一种体制，其人民代表的利益只能是民族的利益。她举例子补充说，商业就能够让每一个股东的既得利益都来自于整体的健康发展，一个民族也应该如此行事。[54]

斯塔尔的代议制理想是模糊不清的，在这个理想排斥哪些东西而不是追求哪些东西之间，后者反而更加清楚。但是从她反复提及的理想政治阶级，也就是她称之为"新贵族"的阶级中，能够发现她解释的基本原则。她与其同时代的许多知识分子一样，都有一个信念，即旧制度下的社会体制中最糟糕的部分不是寡头制而是世袭制。与她的爱人兼合作伙伴本雅明·贡斯当一样，斯塔尔认为法国近来的动乱是先后推翻神权政治、奴隶制、封建制和最晚近的世袭贵族制的一系列革命的最后阶段。[55]督政府现在仍在为之奋斗的大革命的目标即是"用一种自然的贵族制取代人为的贵族制"。大革命使竞争机会变得均等的努力让这个自然精英的出现成为可能："政治平等无非就是恢复自然的不平等。一切世袭而来的区别不过是人为的不平等，这种区别有时与自然的不平等相符合，但常常是与之相违背的。"[56]

正如人们可能预料的那样，斯塔尔对寡头制的认可，包含了对财产作为积极公共生活的必要前提条件的坚决捍卫。她反复坚称自己对共和国有信仰，却争辩说寡头制与这些原则毫无冲突。"什么，他们会说，共和主义者居然为了财富而奔命！你居然想要财产！——没有任何社会秩序离开了财产还能运转；因此你必须抓住它手中的影响力。"[57]如果基于财产的选举原则会重塑一个不同类型的新贵族，那就这样吧："共和主义者必须变得富有，而富人必须变成共和主义者。"[58]人们能在本雅明·贡斯当那里发现相同的情绪，他同样也推进了那认为财产是政治参与基础的经典论调。正如我们所见，这种原则也在督政府统治下被反复援引，并在实践中被写入1795年宪法当中。[59]这种态度的意义长久以来被认为是不证自明的。人们似乎可以预料到，在旧贵族被打倒而大众运动溃败之后，一个新的非贵族精英阶层将进入并染指这个民族的社会和政治领导层。顺理成章地，督政府就成了一系列过渡性政权中的第一个。在成熟的资本主义到来之前，一个贵族和非贵族组成的混合精英，一个集体以名流（notables）著称的团体，因占有土地的热望和社会保守主义而团结在一起，准备迈向一个真正的资产阶级的、资本主义的社会秩序。[60]当我们考虑社会精英的时候，督政府常常被视为开启了长达半个世纪之久的达官显贵（grands notables）统治第一幕的人。[61]

然而，如果斯塔尔、贡斯当这类人和处于世纪之交的其他领军知识分子为这样一种精英而辩护，那么他们与共和主义和人民主权原则的亲近关系也许看起来就很反常了。即使当共和国看起来已经一去不复返的时候，日尔曼·德·斯塔尔仍然保持着她对共和国的信仰，并因此与拿破仑发生了著名的冲突。拿破仑将其驱逐出境，因为她成了政治上的麻烦制造者。她关于法国大革命的主要作品——《对于法国大革命的思考》（*Considérations sur la Révolution française*）于1817年在她去世前不久完成，该书重现了大量革命中出现的关于革命自身的言论。这本书以此开篇："法国大革命是社会秩序的伟大新纪元之一。"[62]这一社会史诗，随着她篇章的逐步展开，将"贵族"放置在了"民族"的对立面上。那么，民族曾经、现在是什么呢？她从各方面列举了其组成部分，有"作家、资本家、商人、大量的产业主（proprietors）、在行政机构中任职的庞大人群"，或者说是"文人、商人、产业主和资本家"；她写道，18世纪发现了这个"民族"，而在此之前，民族内只有"贵族、教士和人民。"[63]

在她的晚期作品中，斯塔尔坚持要求一个新贵族阶层来统治民族。这两部作品的意图当然是截然不同的，但是1815年旧王朝与其贵族联盟的复辟毫无疑问大大改变了她的修辞。人们或许甚至可以将她一方面对特权和世袭制的痛恨，另一方面对她以最激烈的词汇称之为恶心的大众暴行的厌恶解读为一种正在出现的中间阶级意识（emergent middling consciousness）。[64]确实，在她早期的《得以终结革命的当前局势》一书中，她曾提到"在法国完成了革命的中间阶级（classe mitoyenne）。"[65]然而，除了一闪而过提及之外，她的作品并不包含对于一个单独的中间团体的持续性分析或辩护。尽管她的著作明确地谴责大众暴力并毫不含糊地拒斥了直接民主统治的理论，但到了1817年，她看待社会的视野仍然被包裹在革命时期的政治二分法之中：贵族制对立于民族，贵族对立于人民，特权阶级对立于第三等级。

总的来说，同样的描述也适用于斯塔尔的同辈人，安托万·德斯蒂·德·特拉西（Antoine Destutt de Tracy），他开创了名为"意识形态"（Ideology）的知识运动。他常被认为是启蒙运动的最后一波冲击力，而这场运动最终也与拿破仑发生了冲突。[66]对于德斯蒂而言，正如对于斯塔尔和贡斯当而言，社会体制的不同与政治制度的不同是无法分割的。德斯蒂的观点与这两人相同，只不过德斯蒂采用了更正规的分析性语词来表达了他的观点。在他写于1807年的对孟德斯鸠的批评中，德斯蒂不同意他那著名的前辈对政府的划分，并争辩说在不同国家的背后仅存在两种大致的原则："我要将所有政府分为两类……一种我把它命名为民族的（national），在这个类型里社会权利对所有人而言是共同的；另一种我称为特殊的（special），它确立或认可特殊的或不平等的权利。"[67]

德斯蒂请他的读者们超越表面上的政府组织形式，认清它们背后的原则，要把那些终极合法性来源于神授权利、征服或世袭制，并因此为少数人的利益而服务的政府，与那些服务于社会整体的政府区分开来。这后一种政府形式（很明显德斯蒂偏爱这种形式）可以以直接或代议制民主的形式而存在，但是人民的利益也可以被委托给贵族阶层甚至是世袭君主。[68]真正重要的是令"民族"政府活动起来的原则："这样的一个座右铭，一切权利和权力都属于并源于人民或民族的躯体。"[69]和斯塔尔一样，德斯蒂和他的许多意识形态论者（Ideologues）同伴们既是共和主义者又是精英主义者。他们的刊物《哲学旬刊》（*La Décade philosophique*）中的文章，尽管警醒人们反对过激的贵族或财阀的势力，却又梦想能实现一个贵族制共和国，正如其中一篇文章如此说道：在那里，"才能的不平等将会为推广幸福的平等而服务"[70]。

督政府时期知识分子们在宣称自己共和主义信念的同时，又时常推崇一种非世袭的贵族制形式，我们应该如何理解他们这显而易见的自相矛盾呢？通常的解答认为这种观念表现了某种形式的资产阶级意识形态原型，这种解答将一种目的论式的马克思主义模式强加在后革命时期的这代人的作品之上。斯塔尔和她的同辈人所构想的那种新精英显得并非是由经济积累而产生的，而是靠行政和政治领域的成功。斯塔尔写道："如果想要用一种真正的贵族代替人为的贵族，应当在行政机构中引入严格的晋升规定，这样就没有人能够不经公职机关的稳步晋升便可以统治国家。""只有真正的才能方可以保持竞选的连续性"，而且"由于尊重总是来自于比较和地位，权力的等级制也会令一切按出身和等级进行的武断区分所带来的好处得到保证，而不会产生这种区分所带来的缺点"[71]。呼吁在行政体制中引入晋升机制的主题同样出现在《哲学旬刊》之中，该报援引了"荣耀之路"（cursus honorum）这种罗马晋升体系的例子来为他们称之为职权渐进性（gradualité des fonctions）的制度立论：在行政机关中逐步晋升的原则将保证处于顶层的是真正优秀的人。[72]

19世纪初的作者们，和今天大多数历史学家一样，相信大革命已经发挥了大规模的清扫场地的功能：它已经废除了陈旧的社会和政治制度并就此允许新的事物出现。但是，新的事物是什么呢？只有从马克思那代人开始，人们才设想大革命最重要的社会后果是开辟了经济机遇和自由–市场–幸福的个人主义（free-market-happy individualism）。革命同代人的作品却提供了一个很不同的印象。即使是像巴纳夫这样与经济制度变革协调一致的历史学家也发现，从农业经济向商业经济的转型中，出现的并非是财阀统治，而是集体福祉和民主力量。像斯塔尔和意识形态论者这样杰出的自由派认为，正是在行政机关和政府中，革命为竞争清扫了场地。为纯粹的贤能政治、为了"才能的不平等"而设计的政治平等，其最重要的结果是产生了一个作为新精英的、尽心尽力的优秀公务员阶层。

荣誉和国家

考虑到大革命在性质和规模上为官僚机构带来了巨大的变化，如果知识分子指望行政机关成为新精英的来源的话，那么他们的理由是充分的。当然，并不是大革命创造出了国家官僚机构。这个制度已经发展了数个世纪了，并在路易十四统治下得到极大的扩张。然而，君主制下的官僚制确实展现出了许多前现代行政体制具有的特点。尽管才能和技术不会被低估，但是这个体制却极度依赖个人信誉和关系。君主常常从数量有限的几大家族中挑选他的高层官员。管辖权常常相互重叠，各部门职能也没有规定清楚，18世纪70年代和80年代那些用心良苦的改革都没能清除这些问题。革命早期也未见证任何重要的改变：法国仍是君主立宪制，直到1792年为止，它的官僚体系也几乎没有扩张。导致这些停滞的部分原因是革命最初那几年间的抽象的理想主义，在此期间，人们认为政府的角色应当被限制在起草和公布那些理性的、不证自明的法律上。[73]

这一切在1792年之后都改变了。在那一年之后，法国变成了共和制，卷入了一场重要而持久的对外战争，并持续了若干年的全民紧急状态。现代法国行政体制正是成型于18世纪90年代，即恐怖时期和督政府时期那动乱的年代。从18世纪90年代到拿破仑夺取权力为止，法国政府雇员的规模从不到50000人增长到了250000人。尽管督政府时期全国官僚的规模略有下降，但这一时期的重要意义在于夯实了大革命高潮时创立的行政机构，稳定了它的规模和职能，开始了那对后代而言十分要紧的教育和遴选进程。[74]当斯塔尔和德斯蒂谈及创造一个新的拥有才干的贵族群体时，他们所描述的是一个正在发生的过程。

阿列克谢·德·托克维尔有个著名的论断：1789年和随后革命带来的制度变革很大程度上表面胜于实质："每当人们想要除掉绝对主义的时候，顶多是把一个自由的头颅安放在一个奴隶的身体之上。"[75]就终极权力背后的本质而言——那"国王"变成了"人民"，随后又变成了"皇帝"——他的论点也许能够成立，然而有理由相信他在关于国家官僚机构的本质的问题上犯了错误。1789年大革命见证的并不仅仅是人员的变更和规模的扩大，而且在国家官僚机构是什么的问题上产生了深刻的变革。在旧制度下，官僚机构是贵族手中的私有财产。尤其是财政部门，其掌管税收和上缴财政的官员们公开地而且是准官方地利用职务进行个人投机和谋取利益。（他们在征集税款的过程中获取的财富之多，使得他们成为资金总是短缺的君主政体的主要借款人。）[76]

大革命终结了私人事务和国家职能之间的重叠：大革命不仅扩张了行政机构，而且令其合理化，此外，还让公共部门变得真正公共了。援引约翰·波舍尔（John Bosher）经典著述的话来说："一个在社会等级中的个人地位为基础的贵族体制，变成了一个有着行政层级的官僚体制，其公共职能优先于个体官员的要求。"[77]就像波舍尔的副标题所写的那样，财政机构上的革命性变化，是"从做生意走向官僚制"（from business to bureaucracy），这是摆脱那个行政职位只是个人商业资产的体制的关键一步。就像波舍尔自己在一代人之前注意到的那样，这给任何想要将大革命看作是资本主义降临的人提出了一个难题。大革命将政府从私人企业家的手中夺取过来，"用人山文海建立起一个民族性的商业机器……它得到了如此彻底的改进，以至于供应了长达二十年、几乎是对抗全欧洲的战争所必需的财富"。政府经历了一场比制造业的任何部门都更彻底的革命。[78]难怪知识分子们将新精英视为公共利益的贡献者，而不是产业大亨。

拿破仑完善了督政府遗留给他的新的统治机器，保证了它的延续性，使职业晋升机制变得常规化，并创建了一个高级官员的精英团体，他们以公职人员（fonctionnaires）著称，其成员根据他们对皇帝的个人忠诚而入选。[79]在拿破仑（先是以执政官的身份，后来以皇帝的身份）的庇护下，最高级别的社会荣誉被精心地与国家公共部门挂钩。在夺取政权后，拿破仑十分清楚，为了巩固政权，（如果有必要的话）就必须界定和制造一个心系政权存亡的忠心耿耿的社会精英群体，他称其为"花岗岩体"（masses of granite）。为了完成这一工作，他相继应用了三种（最终互相重叠了的）不同方案：认定了一批官方的显贵，1802年发明了一种作为公民荣誉标志的荣誉军团勋章（Legion of Honor），最后于1808年创立了帝国爵制（imperial nobility）。[80]

拿破仑·波拿巴、他的助手，以及他的立法机构在上述所有场合中都极力制定出标准以建立起社会区分：财富、才能、出身，或是以上各项的某种混合。所有这些标准最终被组合使用，但其中最引人注目的地方则是：以财富作为唯一的区分标准，以及为国效力的出色表现可以成为获得认可的最重要的基础，对这两点，拿破仑是有敌意的。虽然，在无所不在的西耶斯的鼓动下，名流要员是根据财产基础被挑选出来的，因为根据一般的假定，只有富人才具备完全投身于公共福祉之中的自由和教育事业；但是，值得注意的是，直到1810年为止，该群体超过三分之一的人是由诸如军官、法官和政务官等公共服务人员构成的。[81]至于荣誉军团勋章，则是拿破仑特别设计出来的解药，以对抗他眼中所谓猖獗的物质主义。尽管面对大量反对者的批评，他们抱怨说荣誉嘉奖是开封建历史倒车，但荣誉军团勋章还是被创立起来了。它是对那些在行政机构或军旅生涯中报效祖国功绩卓越的人们的最高嘉奖。[82]

新爵制的创立初看起来似乎像是对开放式的贤能精英（meritocratic elite）的拒斥，然而它却旨在对以下事实做出回应，即荣誉军团勋章很快地变成了一种纯粹的军事荣誉。这个法令设立了拥有新头衔的精英，规定了爵位的授予应当基于功勋，该法令的倡导者也很快指出，即使是在旧制度下，贵族身份与为国效力的关系，也和它与家族血统的关系一样重要。[83]财富也从未被忽视，帝国政府保证，通过接受赠予的土地，这些新贵族家庭就能保住他们的地位。但是，尽管钱财和地产常常巩固了新精英们的地位，它们在皇帝的眼中从来都不是能够保有地位的充分标准和正当理由。拿破仑在1808年恢复的那些东西并不是某种愚昧的封建等级制，而是旧制度下的一种传统，这一传统为那些在国家事务上贡献巨大的个人和家族授予极高的地位。[84]

大革命之后，得到最显著扩张并被给予最大的社会认可的团体就是公职人员，尤其是那些最高级别的公务员。在法国的这一时期，这样一个团体代表着最核心的社会规范，而资产阶级则恰恰被解释成它的对立面。这一反差是由一个与法国大革命和拿破仑政权同时代的德国人所阐发的，这个人就是格奥尔格·威廉·弗里德里希·黑格尔（Georg Wilhelm Friedrich Hegel）。在那些深受法国大革命影响的，诸如《法哲学原理》（*Philosophy of Right*）等著作中，这位历史学家和哲学家写道：社会有必要被区分为不同的等级，它们与国家之间存在着不同的关系，而这体现了理性的历史性胜利。除了被动的农民阶级和仅仅只是初生的无产阶级，黑格尔还在精英中区分了若干等级。最没有资格统治的等级就是资产阶级，因为这些市民们（burghers）根据定义只是沉湎于追逐私己利益，并因此最不具备能力为公共事务（res publica）效劳。资产阶级的领域是私人的——私人生活和私人利益。普遍的阶级，与此相反，是官僚阶级，他们的工作致力于体现国家政权中的总体利益，也受到后者的驱动。社会，就像个体一样，也被后革命时代资产阶级（bourgeois）和公民（citoyen）之间的分裂（黑格尔用了法语词汇来表达）打下了印记。[85]

热月政变之后，人民没有被分化这种想象被证明是难以为继的。督政府需要同时遏制雅各宾主义和保王主义，与此相呼应的是它疑忌穷人为粗野鄙夫和具有破坏性的汪达尔人，又视贵族为祖国的敌人。在这种的情况下，人们也许期待着一种社会中间阶层（social middlingness）的意识形态会浮现出来，然而这并没有发生：对中庸之道（juste milieu）的礼拜还要等到整整一代人和一个帝国之后会出现。督政府领导者与他们的革命前人相比，并没有更多地以任何社会团体的名义来实行统治。他们对社会领域的感知并不聚焦于阶级，而是家庭上：他们并不指望社会的某一部分来提供稳定性或为社会团体之间做出仲裁，而是致力于恢复并加强家庭纽带。共和主义理想仍在，尽管与1792—1794年间的那些有所不同。知识分子领袖和社会评论家们坚持相信政府应当体现民族利益。然而，他们理想中的共和国现在要由一个有财产又有才能的新贵族阶级来领导了：这群精英的使命就在于为民族服务。确实，从1793年到1815年的这段时期见证了现代法国文官机构的诞生——它们扩大了规模，受到了训练和教育，并致力于公共福祉。这个团体将要在19世纪实现法国核心的社会规范和理想。如果想要弄清楚对一个想象出来的资产阶级的普遍厌恶究竟是怎么回事的话，必须理解这一规范那引而不发的核心地位。

注释

1. Alfred Cobban, *The Social Interpretation of the French Revolution* (Cambridge: Cambridge University Press, 1964). 科班最初表达其挑战性观念实际上先于该书的出版。他在1955年的"法国大革命的神话"讲座中首次质疑了正统范式，之后将其收入他的《法国大革命的诸面》（*Aspects of the French Revolution*）, New York: George Braziller, 1970), pp. 90–111.

2. George Taylor, "Noncapitalist Wealth and the Origins of the French Revolution," *American Historical Review* 52 (January 1967): 491.关于"第一波"英美修正主义［包括泰勒（Taylor），科林·卢卡斯（Colin Lucas），威廉·多伊尔（William Doyle），伊丽莎白·爱森斯坦（Elizabeth Eisenstein），贝蒂·贝伦斯（Betty Behrens），罗伯特·达恩顿（Robert Darnton）和大卫·比恩（David Bien）等人的学术作品］所做贡献的杰出综述，参见 William Doyle, *Origins of the French Revolution*, 2nd ed. (Oxford: Oxford University Press, 1988), pp. 7–40.

3. 同一论述的英国学者版本和法国学者版本，分别参见Colin Lucas, "Nobles, Bourgeois, and the Origins of the French Revolution," *Past and Present* 60 (August 1973): 84–126, 以及Guy Chaussinand-Nogaret, *La Noblesse au XVIIIe siècle: de la féodalité aux lumières* (Paris: Hachette, 1976).

4. Lucas, "Nobles, Bourgeois, and the Origins of the French Revolution."

5. Ibid., p. 126.

6.关于向政治文化偏转的问题，更完整的讨论请参见Jack Censer, "The Coming of a New Interpretation of the French Revolution," *Journal of Social History* 21 (1987): 295‑309, and "Social Twists and Linguistic Turns: Revolutionary Historiography a Decade After the Bicentennial," *French Historical Studies* 22 (1999): 139‑167; Sarah Maza, "Politics, Culture, and the Origins of the French Revolution," *Journal of Modern History* 61 (1989): 703‑723. "政治文化"脉络中值得注意的著作除了以下谈到的孚雷和亨特的作品外，还包括Keith Baker, François Furet, and Colin Lucas, *The French Revolution and the Creation of Modern Political Culture*, 4 vols. (Oxford: Pergamon Press, 1987‑1994) 和 Keith Baker, *Inventing the French Revolution: Essays on French Political Culture in the Eighteenth Century* (Cambridge: Cambridge University Press, 1990). 在法国，这一潮流也在孚雷的门徒和同事，比如朗·阿列维（Ran Halévi）和帕特里斯·格尼费（Patrice Gueniffey）的著作中体现出来。这一脉络的法国著作典范，请参见 François Furet and Mona Ozouf, *A Critical Dictionary of the French Revolution*, trans. Arthur Goldhammer (Cambridge: Harvard University Press, 1989).

7. François Furet, *Penser la Révolution française* (Paris: Gallimard, 1978), p. 41.

8. Lynn Hunt, *Politics, Culture and Class in the French Revolution* (Berkeley: University of California Press, 1984).

9. 加里·凯茨（Gary Kates）把这些历史学家描述为新自由派，我认为这个标签有问题，因为孚雷和他在法国的追随者以libéraux（自由派）著称，这是由于他们对英美思想抱有兴趣并对法国式的国家主义感到怀疑。凯茨避免使用新马克思主义一词，因为它使人想起更传统的左倾主义，想起诸如乔治·康尼诺（George Comninel）和埃里克·霍布斯鲍姆（Eric Hobsbawm）等当代马克思主义者。也许用"新左派"来指称科林·琼斯（Colin Jones）和威廉·休厄尔这类人会更好些，参见Gary Kates,

The French Revolution: Recent Debates and New Controversies (London and New York: Routledge, 1998), pp. 11 - 12.

10. Colin Jones, "Bourgeois Revolution Revivified: 1789 and Social Change," in Colin Lucas, ed., *Rewriting the French Revolution* (Oxford: Clarendon Press, 1991), pp. 69 - 118; and "The Great Chain of Buying: Medical Advertisement, the Bourgeois Public Sphere, and the Origins of the French Revolution," *American Historical Review* 101 (February 1996): 13 - 40.

11. William H. Sewell, Jr. *A Rhetoric of Bourgeois Revolution: The Abbé Sieyès and What Is the Third Estate?* (Durham, N.C.: Duke University Press, 1994), p. 39.

12. Ibid., p. 186.

13. Timothy Tackett, *Becoming a Revolutionary: The Deputies of the French National Assembly and the Emergence of a Revolutionary Culture (1789 - 1790)* (Princeton: Princeton University Press, 1996).

14. Ibid., p. 311.

15. Peter McPhee, *A Social History of France, 1780 - 1880* (London: Routledge, 1992), ch. 5.; Richard Roehl, "French Industrialization: A Reconsideration," *Explorations in Economic History* 13 (1976): 244; Don Leet and John Shaw, "French Economic Stagnation, 1700 - 1960: Old Economic History Revisited," *Journal of Interdisciplinary History* 8 (1978): 538 - 539.

16. Hunt, *Politics, Culture and Class*, ch. 5. 更详细的论述请参见Isser Woloch, *The New Regime: Transformations of the French Civic Order, 1789 - 1820s* (New York: W. W. Norton, 1994), chs. 1 - 5.

17. David Garrioch, *The Formation of the Parisian Bourgeoisie,1690 - 1830* (Cambridge, Mass.: Harvard University Press, 1996), p. 288.

18. Hunt, *Politics, Culture and Class*, pp. 176 - 178.

19. 在那本最流行的多卷本法国历史中，这就是关于这一时期的章节的标题: Denis Woronoff, *La République bourgeoise: de Thermidor à Brumaire, 1794 - 1799* (Paris: Éditions du Seuil, 1972).

20. Lynn Hunt, David Lansky, and Paul Hanson, "The Failure of the Liberal Republic in France, 1795 - 1799: The Road to Brumaire," *Journal of Modern History* 51 (December 1979): 742 - 743.

21. Quoted in William Doyle, *The Oxford History of the French Revolution* (Oxford: Clarendon Press, 1989), p. 318.

22. Beauf, *Le Tribun du Peuple*, 26/1 - 19 (Nivôse year III), in Maurice Dommanget, ed., *Pages choisies de Babeuf* (Paris: Armand Colin, 1935), p. 192.

23. Dommanget, *Pages choisies*, p. 172.

24. Patrice Higonnet, *Class, Ideology and the Rights of Nobles During the French Revolution* (Oxford: Clarendon Press, 1981), p. 168.

25. Dommanget, *Pages choisies*, p. 236.

26. 接下来的讨论援引了布罗尼斯拉夫·巴奇科（Bronislaw Baczko）的富有启发性的著作中关于汪达尔主义这一问题的讨论，参见他的 *Comment sortir de la terreur: Thermidor et la révolution* (Paris: Gallimard, 1989)，和他的文章 "Vandalism" in Furet and Ozouf, eds., *Critical Dictionary*, pp. 860 - 868.

27. Baczko, "Vandalism," p. 861.

28. Baczko, *Comment sortir*, p. 293.

29. Ibid., pp. 266 - 270.

30. Ibid., p. 300.

31. Ibid., p. 303.

32. Higonnet, *Class, Ideology*, pp. 234 - 238.

33. Ibid., pp. 239 - 242, quote p. 242.

34. Ibid., p. 241.

35. Ibid., pp. 234 - 235.

36. Baczko, *Comment sortir*, p. 159 - 160.

37. Ibid., p. 159.

38. 对资产阶级普遍主义最明晰的讨论贯穿于伊戈内（Higonnet）的 *Class, Ideology* 一书中。在他看来，革命资产阶级领导者发现他们自己正处在一个矛盾（即对财富的个人追求和对经典人道主义的普世话语的承诺的对立）之中；考虑到两个团体共享了如此多的客观利益，他们对贵族的迫害是毫无逻辑的，但这一举措却是革命领导者为了宣传他们是忠实于"人民"共同福祉的这一需要的副产品。认为革命领导者追求他们的阶级利益却并未如此言明的观点，以一种更含蓄的方式充斥于诸多关于法国大革命的文献中，参见Terry Eagleton, *Ideology* (London: Verso, 1991), ch. 2. 对这一关于大革命之马克思主义观点起源的讨论，参见François Furet, *Marx et la Révolution française* (Paris: Flammarion 1986), pp. 48 - 53。

39. Hunt, *Politics, Culture and Class*, pp. 21 - 24.

40. Hunt, Hanson, and Lansky, "The Failure of the Liberal Republic," 该文就竞争性的政党问题提出了这个看法，但既然社会方面和政治方面存在重叠，我认为在社会利益方面也是这样。

41. 吉登斯将阶级自觉定义为"与一种共同生活方式相关的对相同态度和信仰的共同觉察和接受"。他继续说道：阶级自觉，"并不涉及认识到这些态度和信仰指向某种特殊的阶级亲和性，也不涉及认识到存在其他由不同态度、信仰和生活方式塑造的阶级；'阶级意识'与之相反……的确意味着上述两者的存在。" Anthony Giddens, *The Class Structure of the*

Advanced Societies (London: Hutchinson, 1980), p. 111.

42. Suzanne Desan, "Reconstituting the Social After the Terror: Family, Property and the Law in Popular Politics," *Past and Present* 164 (August 1999): 81‑121.

43. Ibid., p. 111.

44. Ibid., p. 120.

45. Emanuel Chill, *Power, Property and History: Barnave's Introduction to the French Revolution and Other Writings* (New York: Harper and Row,1971), pp. 4‑16.

46. Antoine Barnave, *De la révolution et de la constitution*, ed. Patrice Gueniffey (Grenoble: Presses Universitaires de Grenoble, 1988), p. 52.

47. Ibid., p. 61.

48. Ibid., p. 52.

49. Ibid., p. 72.

50. Ibid., pp. 71‑72.

51. 论斯塔尔和大革命的作品，参见G. E. Gwynne, *Madame de Staël et la révolution française* (Paris: Nizet, 1969); 关于此人生平的细节，参见J. Christopher Herold, *Mistress to an Age: A Life of Madame de Staël* (Indianapolis: Bobbs–Merrill, 1958); Wayne Andrews, *Germaine: A Portrait of Madame de Staël* (New York: Atheneum, 1963); Madelyn Gutwirth, *Madame de Staël, Novelist: The Emergence of the Artist as Woman* (Urbana:University of Illinois Press, 1978); Ghislain de Diesbach, *Madame de Staël* (Paris: Perrin, 1983).

52. Marcel Gauchet, "Staël," in Furet and Ozouf, eds., *Critical Dictionary*, pp. 1003‑1010.

53. Germaine de Staël, *Des circonstances actuelles qui peuvent terminer la*

révolution et des principes qui doivent fonder la république en France, ed. Lucia Omacini (Geneva: Droz, 1979), p. 19.

54. Ibid., pp. 22 - 23.

55. Marcel Gauchet, "Constant," in Furet and Ozouf, eds., *Critical Dictionary*, p. 97. See Staël, *Circonstances actuelles*, p. 927.

56. Staël, *Circonstances actuelles*, pp. 183, 10.

57. Ibid., p. 166.

58. Ibid., pp. 188 - 189.

59. 相关案例，参见 Benjamin Constant, *De la liberté chez les modernes* (Paris: Livre de Poche, 1980), pp. 315 - 319.

60. 与该文段相关的、强调斯塔尔和贡斯当等人拥护贵族制原则的论述，参见George Kelly, "Liberalism and Aristocracy in the French Restoration," *Journal of the History of Ideas* 26 (1965): 509 - 530.

61. 关于达官显贵统治的经典论述，参见André-Jean Tudesq, *Les Grands Notables en France (1840—1849): Étude historique d'une psychologie sociale*, 2 vols. (Paris: Presses Universitaires de France, 1964). 尽管图德斯科（Tudesq）最初只把这个概念用于七月王朝的最后几年，但它后来被引申于指称表示整个1815—1848年期间的统治阶级，正如在那流行的多卷本法国历史中，类似的用法反映在图德斯科和安德烈·雅尔丹（André Jardin）撰写的那两卷的标题之上：*La France des notables*, 2 vols. (Paris: Le Seuil, 1973).

62. Madame de Staël, *Considérations sur la Révolution française*, ed. Jacques Godechot (Paris: Tallandier, 1983), p. 63.

63. Ibid., pp. 83, 132, 192.

64. 比如说，她对1793年6月20日入侵杜伊勒里宫的暴民们的描述，ibid., p. 273：“他们的面貌被身体和道德上的粗野打上了烙印，无论一个人是多么心地慈悲，他对此也会无法忍受地感到厌恶，……他们那混杂着咆哮的叫骂声，他们那恐吓性的姿态和凶残的武器都展现了最可怕的景象……"其他例子请参见该书162页和211页，分别关于1789年7月14日和1789年的10月游行（The October Days）。

65. Staël, *Circonstances actuelles*, p. 36. 然而，她提及这个群体是为了谴责它，因为它"武装反对贵族和社会底层"，并因此卑鄙地释放了报复性的暴力。(p. 37)

66. Emmet Kennedy, *A Philosophe in the Age of Revolution: Destutt de Tracy and the Origins of Ideology* (Philadelphia: American Philosophical Society, 1978).

67. [Antoine Destutt de Tracy], *A Commentary and Review of Montesquieu's Spirit of the Laws* (Philadelphia, 1811), p. 12. 德斯蒂的文本最早以这个版本在英国发行。

68. Kennedy, *Destutt*, ch. 5.

69. [Destutt], *Commentary*, p. 18.

70. Marc Régaldo, "Lumières, élite, démocratie: La difficile position des idéologues," *Dix-huitième siècle* 6 (1974): 201 – 204, quote p. 203.

71. Staël, *Circonstances actuelles*, p. 184.

72. Régaldo, "Lumières, élite," pp. 203 – 204.

73. Clive Church, *Revolution and Red Tape: The French Ministerial Bureaucracy, 1770 – 1850* (Oxford: Clarendon Press, 1981), chs. 1–2.

74. Ibid., chs. 3 – 4.

75. Alexis de Tocqueville, *The Old Regime and the French Revolution*, trans Stuart Gilbert (New York: Doubleday, 1955), p. 209.

76. J. F. Bosher, *French Finances, 1770 – 1795: From Business to*

Bureaucracy (Cambridge: Cambridge University Press, 1970).

77. Ibid., p. 311.

78. Ibid., p. 313.

79. Church, *Revolution and Red Tape*, ch. 8.

80. Rafe Blaufarb, "The Ancien Régime Origins of Napoleonic Social Reconstruction," *French History* 14 (2000): 408 – 423.

81. Ibid., pp. 415 – 416.

82. Ibid., pp. 418 – 419.

83. Ibid., pp. 420 – 422.

84.参见 David Bien, "La Réaction aristocratique avant 1789: l'exemple de l'armée," *Annales: économies, sociétés, civilisations* 29 (1974): 23 – 48, 505 – 534, 以及 Jay Smith, *The Culture of Merit: Nobility, Royal Service, and the Making of Absolute Monarchy in France, 1600 – 1789* (Ann Arbor: University of Michigan Press, 1996).

85. Charles Taylor, *Hegel* (Cambridge: Cambridge University Press, 1975), pp. 185 – 188, 403 – 410; Karl Marx, *Critique of Hegel's Philosophy of Right*, Annette Johns and Joseph O'Malley, eds. (Cambridge: Cambridge University Press, 1970); Shlomo Avineri, *Hegel's Theory of the Modern State* (Cambridge: Cambridge University Press, 1972), chs. 5 and 8.

第五章 资产阶级在政治上诞生 1815—1830年

　　人们有时候会说，法国资产阶级诞生于1820年2月13日深夜的一起谋杀案。一个名叫卢韦尔（Louvel）的独身一人的工人阶级狂热分子手持匕首刺穿了贝里公爵（duc de Berry）的心脏。死者是路易十八的侄子，是波旁王朝延续其男性血统的唯一希望。在这场情节过分简单的戏剧中，重点并不是说，对波旁王室的致命一击使资产阶级们像某种神怪一样从壶中喷薄而出——因为不管怎样，7个月后，公爵的遗孀又奇迹般地产下了一名受王室认可的男婴。重点在于，刺杀贝里的举动对所谓的极端保王派（Ultra party）而言十分有利，这件事使得复辟时期喧闹不止的反动派得以加速"右倾"转向，而这一进程在几个月前就已经开始了：出版界口不能言，选举法受到限制，而左派在下几轮选举中也被彻底打败。

　　在这一过程中，原先处在复辟政治中心的中左翼政治团体"信条派"（Doctrinaires）的成员现在被排挤到了边缘，被迫进入了反对派的行列。从下议院的议席到索邦的报告厅，皮埃尔·保罗·鲁瓦埃-科拉尔（Pierre Paul Royer-Collard）、奥古斯丁·蒂埃里（Augustin Thierry）、普罗斯珀·德·巴朗特（Prosper de Barante）和弗朗索瓦·基佐（François Guizot）等人向他们的政敌和被催眠了的学生们讲述着法国资产阶级的故事。他们说道：在法国，自由和进步的种子最初萌生于中世纪的自由城市或市镇（communes）[*]之中，那是封建残暴统治景象里的文明天堂。这些市镇中的自由民是协助王室对抗残酷自负的封建老爷们（feudal grandees）的最好盟友。为了偿还他们的帮助，胖子路易（Louis the Fat）和其他卡佩王朝的君主们授予市镇以捍卫其居民自由的特许状。与这类似的是，路易十八也为法国制定了一部宪章，即被信条派当作过去与现在之间最理想的折中方案来拥护的1814年宪政纲领。那么，谁才是1820年王室的最忠诚支持者难道还不够清楚吗？即便反动逆流声势正盛，难道历史还没有清楚地显示出，谁才是势所必然的胜利者吗？

当然，这些讲述资产阶级兴起的历史叙事之所以出现，不仅仅是因为1820年的政治危机，还因为它有许多更深刻和更贴近的渊源。最显而易见的是，这些叙事借鉴了18世纪的历史叙事，比如马布利的历史叙事。并且，这些叙事的作者们对历史总体上的重要性、对作为变革发动机的社会冲突的感知，已经被这个民族的革命和帝国的经验磨砺得非常锐利了。此外，虽然法国在这一时期还未曾经历过大规模工业化进程，但是，在19世纪前半叶，城市人口却同时在相对和绝对的意义上稳定地增长，这一增长在首都最为强劲：1831年的巴黎与1801年相比，其居民增长了43%。[1]这说明，即便关于社会的观念是由政治修辞所驱动的，语言的再现（linguistic representation）也仍要受到特定社会场景下具有一定可信度的事物的限制。[2]因此，在1820年宣称城市资产阶级是历史变革的先驱比在1780年说同样的话当然就更有说服力一些。

然而，就算基佐和他的同事们的资产阶级叙事并非无中生有，事实却

---

[*] commune一词在法语中具有多义性，它指的是一种平等自由的公民共同体，但同时也是具有很强道德含义的行政单位。译文将根据文本的不同语境，将commune一词译为市镇、公社。——译者注

依然是，在对法国历史上的资产阶级进行最积极和最成功的描述时，政治的确扮演了决定性的角色。1814年后法国的形势是如此紧迫，以至于在从流亡中怀怨而归的前统治精英与大革命成果的维护者（即使他们拒绝其过激的部分）之间积攒了太多的仇恨。双方在意识形态上下的赌注极高，他们都为各自的治国主张辩护，同时诉诸历史教训，斥责对手的危险鲁莽：自由派谴责极端保王派，认为他们是靠大棒夺取的权力，恰如他们的日耳曼贵族祖先在黑暗时代的所作所为一般；而极端保王派则反唇相讥，控诉自由派为了达到目的又一次诉诸暴民的力量。19世纪20年代，在政治经济学家和历史学家的笔下，同时也在政治生活自身的磕磕绊绊之中，一个讲述资产阶级兴起的叙事脚本出现了。

昂利·德·圣西门：没有资产阶级的工业*

在那些见证新旧政权交替的名人［如拉法耶特（Lafayette）和塔列朗（Talleyrand）］当中，圣西门伯爵克劳德–昂利（Claude-Henri），在改造陈旧的社会概念并将其应用于后革命世界的工作中扮演了关键的角色。作为一个赞美"工业主义"却同时痛斥"资产阶级"的作家，一位据说是同时鼓舞了银行家和社会主义者的贵族，圣西门借鉴了重农主义者的观点，却把他们的理论头足倒置了过来。他将历史主义注入社会分析中，而他的作品却成了他瞧不起的自由派们（liberals）灵感的主要来源。

圣西门出生于1760年，他拥有无可挑剔的贵族血统；这个工业主义拥趸的血脉继承自圣西门公爵（The Duke of Saint-Simon），此人是个自命不凡的编年史作家、一个流言蜚语传播者，他因嘲弄路易十四的朝廷是

---

* industry在圣西门的语境中原应译作"实业"，但由于作者在前后文的论述过程中仍是以通常意义上的"工业"为基准，且在后文中作者将会具体论述industry在圣西门语境中与常规意义的差异，为了文意连贯起见，本章中的industry全部译为"工业"。——译者注

"邪恶的布尔乔亚老巢"而闻名。以上对比构成了一组绝妙的反讽。在圣西门那横跨革命年代的生命历程中，他在一切恰当的场合里都展露过身影：孩童时期受到达朗贝尔（d'Alembert）的教导（他自己是这么宣称的），在约克镇战役中帮助美军作战，1793年在卢森堡监狱中等待处决，在督政府时期大赚一笔却又将钱财挥霍一空，在自己的沙龙里招待意识形态论者们，向日尔曼·德·斯塔尔夫人求爱，他还是奥古斯丁·蒂埃里（Augustin Thierry）的养父。他的作品横跨了从19世纪头几年直到1825年他去世的这段时期，而他最重要的作品则集中于1820年前后。[3]

在他的写作生涯早期，圣西门用传统上来讲非历史性的术语（ahistorical terms）来对社会进行描述，认为社会是由有产者、无产者，以及一个漂浮不定的知识分子群体所构成的。他在18世纪90年代的观点颇有那种流行于督政府期间的焦虑感，即对可能爆发的社会战争表示担忧。他争辩道："有产者避免败于暴民之手的唯一方法，就是将学者（savants）阶级争取到他们一边。这个学者阶级俨然已被圣西门视作某种世俗的教士阶层（priesthood）了。[4]然而，经历了拿破仑帝国和复辟时期之后，圣西门对社会的看法就相当程度地改变了，带上了一种明确的历史性。

在复辟时期的著作中，圣西门定义了一个"封建阶级"，一个与之对立的"工业阶级"，和一个嵌于两者之间的"中间阶级"；这乍看之下似乎是一个现代式的上层–中层–下层的组合，但实际上并非如此，因为那些我们会视为中间阶级的人不仅存在于"中间"类别里，也存在于"工业"类别里。圣西门的作品中包含了许多关于这些群体历史起源的讨论。比如说，在刊物《组织者》（L'Organisateur）中，圣西门解释了"封建阶级"和"工业阶级"这两个主要的阶级是如何产生的。在旧（中世纪）体制下，属灵权力（spiritual power）是"教皇的或神学的"，而世俗权力则是"封建的和军事式的"。在这一体制下，各民族主要的致富手段是战争和掠夺，而"工业"（他指的是农业和制造业两者）则居于从属地位。[5]封建–军事社会自然而然地产生了权威主义的政治体制，因为一个以战争为导向而运转的体制要求人民消极服从，正如在精神领域中，宗教首先要求盲从，要求有不可置疑的信仰一样。[6]

然而，即使在这个尚武而崇神的世界中，另一个领域也早在11世纪就开始形成了，这个领域具有两样伟大的"积极能力"——科学和工业。"从那以后，这两个系统既共生共存又对立斗争，两者的互动时隐时现。结果是前者逐渐衰弱而后者日益壮大。"[7]带来历史性转折的则是政治因素：在11世纪和12世纪，法国国王开始授予一些城镇及其居民以自由，来报答他们或者说是期望他们协助遏制难驯的封建贵族。这就是著名的"市镇解放"（*affranchissement des communes*），这一事件对于复辟时期的自由派来说头等重要。"这个解放（affranchissement）为工业能力打下了基础，因为它为工业能力的发展提供了一个独立于军事势力的社会存在。"[8]最终，城市工业产生了诸如火药等发明，这些发明使战争胜败取决于科学和技术，从而为工业社会那循序渐进却不可阻挡的崛起铺平了道路。

追随圣西门，我们是否终于抵达了一种新兴资产阶级的叙事呢？人们往往会跳到这个结论上去，这是由于圣西门论述了一个新经济和新社会世界从旧世界的缝隙中形成的过程，而这预示了马克思的理论。但是，圣西门不同于马克思的地方（也因此与他的前辈巴纳夫不同）在于，他在论述中强调了政治的能动性（political agency）。在圣西门看来，最初导致变革的因素并不是新的财富形式（这一财富形式在巴纳夫那里是商业，在马克思那里是资本主义）带来的压力，而是政治意志的行动，即卡佩王朝的君主们做出赋予其城镇子民以自由的决定。与他的许多自由派同辈们一样，圣西门极力想从法国历史中证实以下论点：王室的天然盟友和最可靠的支持者不是那些愚昧的极端保王派，而是平民。

更重要的是，中间阶级或资产阶级这些术语的任何一种含义都不能与圣西门的"工业阶级"一词等同；简而言之，"工业阶级"这个群体太宽泛了。圣西门用以下词汇来描述这个群体：les sciences, les beaux-arts, les arts et métiers (科学，艺术和手工艺), savants, artistes, et artisans (科学家，艺术家和手艺人)或agriculteurs, manufacturiers et commerçants (农民，制造商，和生意人)。简而言之，任何从事生产工作的人们。[10]我们也可以反过来列举那些不在其范畴内的人们，以此来定义何为工业阶级。广为人知的是，圣西门将这些人比作不事生产的雄蜂，区别于劳作的工蜂，他们包括：王室、宫廷、整个行政机构、教士，以及一切土地所有者。[11]

人们往往会从圣西门的"工业阶级"中看出一种资本家资产阶级（capitalist bourgeoisie）的蓝本，这是因为他对他所列举的以下行业中的领导者表现出明显的偏爱：制造业、商业、银行业和农业的大亨们。在这里，农业虽然并未受到特别关注，却显然是工业社会中的一部分，这意味着圣西门对"工业"一词的运用仍接近于劳作（work）一词。同时，除了工业巨头（captains of industry）之外，这个范畴还包括旧制度时期所谓的"手艺人"：泥瓦匠、锁匠、补鞋匠、烘焙师，诸如此类。实际上，考虑到圣西门引入了更新、更精巧的历史框架，除此之外，他的"工业阶级"与西耶斯和其他1788—1789年间的小册子作家所描述的包罗万象的第三等级非常相似。

然而，存在一个重要的例外：圣西门通常称为légistes et métaphysiciens（法律学家和玄学家）的那个群体，也即革命性的第三等级的领导者，他们总体上被排除在了"工业阶级"之外。这些人是些舞文弄墨的家伙，实际上被单独划分为一个阶级，而恰恰就是他们组成了这个中间阶级。人们可以用好几种方式来理解"中间"这个词，但没有一种方式能表达社会中间性（social middlingness）的含义。中间阶级的这些人是社会和历史的中介人：他们在不同时期化身为各种身份——旧制度中高等法院的法官、大革命中的修辞家、拿破仑时期的行政官以及自由派政客——推动了这个充斥着神权与征伐的旧世界走向覆灭。他们并非社会真正的"组织者"，而只是起过渡作用的中间人。他们有可能，并且已然造成了恶劣的影响：由于不了解世界的本质，他们错把言辞当作实物，把形式当作内容。对于圣西门而言，这个群体更多地属于过去而非现在，这体现在他给这个群体所起的如下绰号上：la féodalité de Bonaparte（波拿巴的封建阶级）。从启蒙哲人和市政官到雅各宾派律师再到拿破仑尊奉的官僚，这些人其实都是同一个群体，一种新形式的贵族。这个新贵族一旦完成了他们的历史使命，接下来所做的只不过是原地踏步并与旧贵族们相互斗嘴而已。[12]

　　正是在这个有害的空谈家阶级的存在中，圣西门找到了工业社会无法按部就班发展的原因。"工业阶级"是由所有为社会做出实实在在贡献的人所构成的。这个内部多样而不均，但却很和谐的"工业阶级"囊括了一切有益且有用的事物，它因而是一个普遍阶级，注定要进行统治并建成一个工业社会。[13]那么，既然封建武士阶层都已经被一劳永逸地解决了，为什么事情还迟迟没有发生呢？问题就出在政治上：这个中间阶级的修辞家在完成他们扮演的历史角色后仍然拒绝退出政治舞台。在没有其他角色可担任的情况下，这些律师、演说家和行政官就自诩为新社会的代表。他们霸占了下议院的席位，阻碍了真正的工业领导者进入政治舞台。圣西门刁钻地论证说，实际上，正是因为他们自己就是一帮"杂种"中间群体，所以才会借诸如复辟政权这样本就是混合而成的政体繁荣起来，才会对从根本上对其进行改革毫无兴趣。[14]

　　这位杰出而古怪的圣西门在对法国社会的理解进行转化（从某些方面而言）和巩固（从另一些方面而言）的意义上，是个关键性的人物。

他借鉴了重农主义政治经济学，对其进行改造，这一改造显示出自1789年以来世事已发生了多么剧烈的变化。对大地母亲、善良的农民和一切与此相关的丰饶多产的意象的崇拜已经远去了；相反的是，圣西门尊奉的是那曾被重农主义者斥为"无果可结"（sterile）的群体：技师、制造商、工业家。更重要的是，圣西门在运用重农主义理论的同时将其历史化了。在圣西门的理论中，群体根据其工作的价值和性质得到定义，而不是在某种非时间性的网格之上被排列出来：某些群体已风云不再，而某些群体则正要大展宏图。尽管生长和培养于启蒙时代，圣西门展示了只有将杜尔哥*的理论和马布利的历史学结合起来才能为1789年到1815年间的历史赋予意义，他也因此超越了他所处的时代本身。圣西门给复辟时期的自由派历史学家带来的巨大影响是毋庸置疑的，对于分量如奥古斯丁·蒂埃里这样的人物而言，他既是顶头上司，又是一个亦师亦父的角色。[15]

就圣西门的所有创见以及他对工业家和工业主义的顶礼膜拜而言，他的社会观会令持通常的（往往是马克思主义或者英国中心论的）预设者百思不得其解。首先，它总是重提前革命以及革命时代对社会的理解，其最著名的表述来自于西耶斯：一个令人回想起第三等级的生产性的"普遍阶级"，对立于一小撮无用的特权阶级。在这样一个具有革命视角的传统中，圣西门并没有确立一个作为模范或生而就是精英的中间或上层阶级，而只是设想了由各类职业组成的"工业阶级"将会产生出他们自己的领导者。相反，在他的理论规划中看似最接近中间阶级的群体恰恰被塑造成了历史反动派的角色，这个自私自利的文人群体使大革命演化成了一场灾难。他用来描述这个群体的术语，这个被他视为由封建主义衍生而来的群体的名称，几经变化，直到1823年终于开始被他称为"资产阶级"了。[16]

---

* 杜尔哥，即安·罗伯特·雅克·杜尔哥（Anne Robert Jacques Turgot, 1727—1781），法国经济学家，重农学派最重要的代表人物之一，曾任法国财政总监。——译者注

在颂扬工业社会的同时，圣西门也延续了对一个真正民族内部的任何与民众隔绝的精英阶层进行中伤的革命传统。就像那些雅各宾党人的用词一样，他也使用"资产阶级"来指明某种类型的邪恶贵族，这个民族生产性力量的天然敌人。圣西门为19世纪留下的知识遗产也因此是二元的、矛盾的。他那工业解放的历史叙事直接启发了所谓的"1820一代"（Generation of 1820），这群人力图为资产阶级塑造一个起源神话，并主张资产阶级掌握政治权力。但是，圣西门本人对众议院自由派精英的谴责（事实上他谴责一切不扎根于实物生产和实用科学，却自称具有优越性的群体），却更容易被纳入一种共和主义–社会主义的传统中，而这一传统很快就将变节的贵族（renegade aristocrat）视作其中一员接纳了进来。

现在的政治：精英与选举

在欧洲列强的干预下于1814年重返法国的复辟政权（尽管在1815年短暂地被拿破仑复辟所打断）不应当被认为只是一场单纯的反动逆流。[17]1814年宪法保留了大革命的重要成果——法律上的平等、大部分的公民自由权、任人唯贤的体制。而日渐衰老的路易十八也足够精明狡猾，他知道他的那些右派极端支持者和他的左派政敌会给他制造同样多的麻烦。（当极端保王党在选举中大获全胜时，路易十八曾做出这样的回应：他讲了一个段子，一个人为了攀上马背而祈求神力相助，当他借神力从一侧跃上马背时，却因神力过猛而从另一侧坠下了马背。）在这个政权早期，来自极左派的反对声音既不够洪亮也没有组织，"百日王朝"的事变也使得波拿巴主义者和共和主义者惨遭排挤、斗志涣散。更实质性的反对声来自"自由派"，也即鲁瓦埃–科拉尔（Royer-Collard）领导的信条派，他们热切地拥护当前政治现状的大部分内容：国王、宪法和英式风格的宪政。

这些站在左和右的不同立场上的人，在许多场合中针对政权的选举机制进行论辩。他们的激烈争论使人不禁想起一条古老的见解：赌注越小，政治竞争反而显得越发刻薄，因为这场争论关系到为法国那少得可怜的选举人数增补几万名额的可能性。1814年宪法规定了法国立宪君主制的权力由国王、一个262席的众议院（Chamber of Deputies），以及一个由王室指派的贵族院（Chamber of Peers）所共享。议会代表任期5年，由30岁以上、已缴纳300法郎直接税的选民投票产生；候选人资格则要求候选人达到40岁并已缴纳1000法郎的税款。根据这个制度，最多仅有10万名合格的选民将在大约1万名候选人中选举产生议会代表。这意味着，在一个拥有大约3500万人口的国家中，99%的人口将被排除在合法的政治生活之外。一开始，这些选举条款在百日王朝的紧急情况下被暂停了。而在1815年8月的选举中，国王制订了一些不同的规则，彼时自由派正处于无序状态，这使得选举产生了一届极端反动的议会，即所谓的"无双议会"（*Chambre Introuvable*）。这一议会很快就显露他们在政治上是个大麻烦，于是国王在1816年9月解散了它，要求依据原来的选举法进行重新选举，这得到了信条派的支持。

围绕该选举法的辩论于1816年12月和1817年1月在下议院举行，这为我们审视时人在政治领域内如何谈论社会提供了十分有利的条件。辩论的结果是自由派（人们常常这么称呼信条派）占了上风，法律也得到了修订；而辩论中最尖锐、最生动的演说则来自那些抵制选举法的右派代表。新选举法提案中的一项特色在于，它要求选举在每个省的主要城市中心或首府（chef-lieu）举行。极端派害怕这一安排，因为这可能导致选举过分代表城市自由派的利益。尽管在现实中该法律只不过是从沉默的外省城镇中召集了数百名德高望重的公民代表而已，但极端保王派仍警告其听众说，革命暴民与帝国军队即将要重新登上历史舞台了。一个名叫德·卡东奈尔（de Cardonnel）的代表说道："想象一下，当选民们聚集在小镇上时，这是何等的迷茫、骚动和混乱……是何等麻烦而无序的场景……这场景简直是在向阴谋诡计敞开大门！"他的另一个同僚所见略同，阴沉地附和道："你们就指望警察能收拾局面吧，但他们根本就是杯水车薪，只会让火愈烧愈烈。"[18]克洛塞·德·库塞格（Clausel de Cousergues）在结束他的发言前援引了恐怖分子巴莱尔（Barère）的例子，还以一种保王党式的腔调谈到了拿破仑，最后他说："没有人会不知道大型公众集会是多么不符合君主制的精神和利益。"[19]

保守派们不得不将市镇集会和群氓、军队的意象相关联，以此来说明该选举法提案带有危险的民主特征。这是因为选举资格规定得十分严格，所以他们不能振振有词地宣称选举法将迎合穷人或认为选举法为乌合之众敞开大门。耐人寻味的是，他们也从反面进行争论，认为自由派正在建立一套会造成某种形式特权的体制。极端派领袖约瑟夫·德·维莱尔伯爵(Joseph de Villèle)在辩论开始时争辩说，该选举法将会制造一个"特权阶级"并为其利益而服务。出于何种目的呢？维莱尔说，那些缴纳300法郎的合格选民们将无法独立投票。他们夹在上层和下层阶级中间，"他们的收入刚踏入小康的水平线，但是离富裕还有好一段距离"，因此在当地行政机构的威逼利诱面前尤其脆弱，而这些行政机构则受命于内阁。[20]自由派大臣，比如说该法案的支持者约阿希姆·莱内（Joachim Lainé），正是在利用中等阶级的自利来推进他们自己的计划。

另一名极端保王派代表更直白地阐述了自己的观点。他说道，法案将创造一个特权群体，因为它的最终效果是动摇了财富"超脱利益之上"的影响力（"disinterested"influence）。他继续说道，如果财富在选举中不具有这种"利益无涉性"，整个国家就会被中间阶级（classe moyenne）的自私自利所绑架："我很乐意和你们一同赞许中间阶级的家庭美德，但其他阶级也具备这样的美德；况且当下我们所需要的不是这种家庭美德，而是公共美德。"大革命的历史恰恰表明了这些中间类型（middling types）有多么危险。他们既不够富足，在教育方面也不够完善，他们在半知半解的基础上奔走宣传，最终导致了18世纪90年代的灾难性后果。这名代表总结道，正是这些人想要发动革命，因为他们正处在向社会上层攀升的路途中，不像富人和穷人，中间阶级在剧烈变革中总有收益却无损失可言。[21]

这些代表们争辩说，大革命促成了这个冷漠而自私（保持愿意）的时代，这反映在力图把选举制度变成一种冰冷的数字计算上。为了回应这一事态，极端派抛出了一批阵容整齐的旧制度贵族制的术语和流行词：荣誉、贵族的调停作用（孟德斯鸠所说的"中介团体"），以及对团体性的、有机的社会组织的需求。[22]但最有趣的是，他们认为中间阶级——事实上他们只是缴纳300法郎税款的一小群人而已——本质上是不稳定的。一个稳定的社会组织将会使一个统合联系的格局成为必要，"庇护、善意、尊重和相互需要是促使政治集会保持和平的来源"。没有什么群体比一个自私自利、腐败堕落和野心勃勃的中间阶级更不稳定了。

作为回应，自由派为他们的法案进行辩护，尽管人们很难从他们对法案的社会正当性的解释中找到多少连贯性。法案的支持者莱内论述了商业的重要性，他认为应该有人代表商业和土地财产；另一名代表则制造了一种古典的定义，称赞"一切社会活力都寓居于中间阶级，这个阶级完善了农业，增加了工业资产，使商业、艺术和科学得以繁荣，并通过行政和司法工作对社会进行管控"[24]。而对于其他代表来说，这项法案仅仅只是一种贵族制原则，尤其只是一种公务员贵族制原则的延展而已。鲁瓦埃-科拉尔，自由派团体准正式的负责人，他的下述一席话开始了这一方向的讨论："尽管法案的外表具有民主特征，但这个法案不会抹除那些已形成的自然的精英阶层（natural aristocracies），而是强化了各种政府形式的优越性。"他和他的同僚卡米尔·若尔当（Camille Jordan）都强调投票并非是一项权利，而是一项为了民族利益而行使的重要的行政的或公共服务的（magistrature et service public）职能。[25]

对于另一些自由派成员来说，法案的合法性来源于它的社会目标与政治目标的结合。当然，1814年宪法中详述了选举法案。在为它辩护的人看来，1814年宪法是在古今之间最完美的折中，它展现了一个完美地结合了所有社会利益的政治体制："低等阶层必须被保护和捍卫，而不应该让他们自己采取行动和进行指挥……这才是真正民主的君主制（democratic monarchy），它由前第三等级的精英们组成，同时具备古代的和新式的优越性，同时吸收了真正的与习俗的卓越性标准，并以此获得重生。"[26]选举法案和宪法共同定义了"民主的"君主立宪制的典范，它旨在囊括整个民族，却排除了穷人和真正的中间阶层。

该事件也许在法国历史上第一次明确地反映了中间阶层的特性和地位。1816—1817年的辩论当然也清楚表明了争论仍是关于位序（rankings）而不是关于数量（numbers）的，因为辩论所关系到的群体仅占总人口百分之一中的三分之一——他们在地位上也许是中间的或中介的，但他们在数量上却远不足以涵盖任何真正的社会中间领域。保守派在辩论过程中重新唤起了那种在任何等级制社会框架中的中间阶级或流动群体所造成的恐惧感。他们争辩道，把民族的政治福祉过多地交付到一个从定义上来看毫不稳定的群体手中是极不明智的。这些人野心勃勃、蠢蠢欲动，他们"有钱而未致富足"（half-rich），"有教养而未致文明"（half-enlightened）。而另一方面，对于自由派来说，这些缴纳300法郎税款的中间阶级却是绝对稳固的三脚桌的一足，而这张桌子由贵族（peers）、代表（deputies）和王室共同支撑起来。然而，在阅读这些论辩材料的过程中，最令人印象深刻的是信条派迄今为止并没有为中间阶级提供真正而持久的辩护。当他们的对手们援引拿破仑、暴民统治以及商业阶级中公共精神的缺失以发起进攻时，自由派们却只能躲在宪法、君主制以及天然贵族的含混概念背后。只有当自由派经历过政治反动和彻底失败之后，对中间阶级这一社会身份的更积极、更强有力的陈述才会浮现出来。

那场政治反动就发生在1820年，由贝里公爵遇刺案所引发。刺杀事件发生后，国王的首席大臣（principal minister）、亲自由派分子埃利·德卡兹（Elie Decazes）面临来自统治机构中声势渐长的右派的沉重压力，不得不与维莱尔合作重新制订出一个更保守的选举法案。政府立刻开始了对媒体的监管并强化了警力，而路易十八也不得不解雇了这位首席大臣（时人曾说，"德卡兹的脚不小心沾了贝里公爵的血"）[27]。到了5月，针对所谓双重选举法（Law of the Double Vote）进行辩论的条件已经成熟了：根据该法案，选举人团的产生将基于农村地区而非城镇，而且最富有的农村选举人（极有可能是保守派）还能参加省一级的选举以选出下议院新增设的172个席位。该法案最终被采纳并在1820年和随后的补选中产生了右派预想的效果。到1823年，下议院中仅剩下了19位自由派代表。

1820年5月15日到6月12日针对新法案开展的辩论一度成为政治生活的焦点。波旁宫的门前挤满了学生和年轻雇员，当报信人接二连三地从议院内带来辩论的最新消息时，他们要么嬉笑怒骂，要么拍手称好。[28]由于自由派报刊都被叫停，左翼和中左翼代表们就利用议会开会作为他们向公众传达信息的主要方式。因此，他们在会议上的讲演就不再局限于议题本身，而是变成了有关历史和政府理念的论述。[29]

然而，政治的确深刻地塑造了他们的言辞。彼时情境的对抗性本质促使自由派这样来谈论中间阶级：中间阶级被界定为一个受企图剥夺他们的政治权利的贵族所敌视的群体。不同于1817年，这一次有关中间阶级的论述是明确而集中的。代表们谈论着classes moyennes（中间阶级），并且毫无疑义地将他们与"勤勉的"（industrious）或"工业的"（industrial）阶级画上等号。例如，议会代表马丁·德·格雷（Martin de Gray）在辩论的第一天就发表了一篇颇具特色的长篇大论：

> 坚持中间阶级的优越地位是新法国赖以生存的本质；这么做十分必要，因为他们同时承载着物质力量和道德力量，同时承载着财富和思想的重担。中间阶级是公正合理的，因为他们的利益和全体人民的利益是一致的，而且在捍卫既有秩序这件事上，中等阶级又特别关心。[30]

另一名自由派代表愤怒地质疑了认为大地主是捍卫政治稳定的唯一的利益攸关方的观点，他说："难道那些在土地中投以可动资本（moveable capital）的人们就不会有同等乃至更多的意愿去捍卫现状了吗？商贩们需要仓库来储备货物，资本家在工业上进行了巨额投资，制造商要雇佣大量工人，他们难道不愿意去维护秩序吗？[31]正是这些人才构成了民族的本质，而愚昧的贵族们则想要把他们排斥在选举之外。""那么，为什么贵族们要毫不留情地抨击这一从事生产劳动的阶级（industrial and working class）？"马丁·德·格雷问道，"为什么呢？因为贵族们知道这些商人和工业家们是那么热爱祖国；他们知道这些爱国者们无论何时何地总是要逃离专制主义，提倡自由。"[32]

终于，从这篇在全面政治反动的大潮下发表的演说中，我们发现了一套关于中等阶级身份的语言。代表们反对1820年选举法动议的论辩，立足于这样的论点：法案反映了贵族企图剥夺由工业家、商人和制造商构成的中间阶级的公民权。然而，1820年政治言辞中最令人印象深刻的地方是代表们经常诉诸历史论据。1815年之后，由于各方势力在公共舞台上相互竞争，代表们在辩论中诉诸历史也就变得无可避免。这类引用在1817年的辩论中还不很鲜明，彼时的保守派还只是拐弯抹角地提及群氓暴乱的阴霾。而自由派对此则只是回应说，选举法案反映了1814年宪法对法兰西民族的不同成分进行了超越性的、不受时间限制的综合。到了1820年，辩论修辞就变得相当不同了。这一回，自由派激情洋溢地捍卫了那历史上源远流长的中间阶级。他们运用典故活灵活现地抨击了选举法，指责它蕴藏了暴力、支配和反革命的因素。从高卢人、罗马人到拿破仑，并援引帕斯卡和路易十五，反对1820年选举法的言论充斥着各种历史典故。然而，这些论证都落入了明显的套路，而这些套路都被框定在若干相同的宏大预设之下。这其中最为宏大的预设认为，当前的政治现实（由国王和宪法、中间阶级的上升、贵族的反动构成）正处在一个漫长却不可阻挡的历史演进过程的终点。

人们能在信条派精神领袖鲁瓦埃-科拉尔的那些著名演说中找到一些关于这类观点的最为掷地有声的段落，这些文字能在科拉尔身后流传下来，全赖科拉尔的同僚和弟子普罗斯珀·德·巴朗特的编辑和发行。在1817年，鲁瓦埃-科拉尔仍使用非历史性的、亚里士多德式（Aristotelian）的语言来表达对自由派选举法案的支持。他说道，投票资格（voting requirements）明智地将政治职责托付给"一个中间阶级，一切利益都能以该阶级为其自然的代表；在其之上，人们会发现一种对支配的需求，对此人们必须保持警惕；而在其之下，人们见到的则是无知、陋习和贪欲，因而不适用于我们所考虑的这些职能"[33]。但是两年后，他已经在历史（而非哲学的）框架中为中间阶级的优越性进行辩护了："许多世纪的时光为它做好了准备；大革命的发生宣告了它的到来。"[34]而在其最著名的1820年5月17日演讲中，他发表了总结性陈词，从中世纪开始："江流逝而不返其源，事态兴而不归于无。血色革命改天换地，旧社会陨于暴乱，新秩序长于墟土：治之以新人，导之以新律。"[35]

大革命在智识上和修辞上给自由派带来了一个微妙的问题：如何能既肯定大革命是积极的、进步的力量，又能否定那所有统治精英都既恨又怕的暴力成分。有两种态度得到了采纳，尽管这种做法有时并不一致。比方说，鲁瓦埃-科拉尔在同一个演讲中先是断言大革命的罪行"并非必然"，但随后却又为革命为何造成了巨大破坏提供了一种明显的决定论解释：大革命骤然制了一个新的社会，它和一切新的、征服性的民族一样野蛮，需要经过一代人才能使这个新世界恢复法制和合法性的原则，这些原则是一个实现完全文明的基础。[36]

由于涉及暴力和弑君的问题，大革命大多数时候要么是被浮光掠影地带过，要么是被拐弯抹角地谈及，在1820年的语境下，这是一个无法回避却往往隐晦地出现的话题。在对1814年宪章所创制之政体的一则评注中，鲁瓦埃-科拉尔阐述了这样的观点：下议院"是矗立在王权和贵族面前的民族（the nation），这个民族恰恰处于这样一种状态之下它接受了公社（communes）这个具有历史意义的称号"。他又补充说（这与1789年的无数小册子作家遥相呼应），一旦你扫除了君主制和贵族制，"这个民族所剩下的东西……在本质上是同质的（homogeneous）"[37]。公社一词被用在下议院之上特别有效，因为它易使人们联想到多种涵义。它暗示了下议院[*]和英国众议院之间的亲缘性，这在当时是安全又毫无争议的等价关系。这个词在建立起一个谱系时尤其有用，这个谱系首先回溯到革命的第三等级那里，也即所谓的1789年公社（communes in 1789），在此之上又回溯到中世纪市镇，也即中世纪国王们赋予自由的那些市镇（communes）。

"大革命完成了公社的解放"[38]，大革命不是开端而是高潮，它的

---

    [*] 下议院（House of Commons），字面意思为"平民院"。——译者注

逻辑延伸下去就是1814年的妥协。这就是自由派借历史打的一张王牌。通过追溯历史长河的遥远上游并把他们自身的历史起源确定在中世纪，自由派把大革命从原因转化为了结果。并且，他们还主张根据这个并非30年前而是7个世纪前就已经开始了的进程之必然性来证明大革命是正当的。"1814年宪章的雏形可以溯源至路易六世那里，当他解放了市镇的时候，"鲁瓦埃-科拉尔解释道，"当腓力四世开始在民族的集会（national assemblies）上召集我们的先祖们时，这些宪章的雏形就扎根下来了……正是从那时起，争取权利、反对特权的正当却残酷的斗争悄无声息地开始了，随后在数世纪进程中的某个命定之日爆发了出来。"[39]像自由派代表让·约瑟夫·德·库瓦西耶（Jean Joseph de Courvoisier）这样的人以光鲜之笔渲染着中世纪市民（burghers）的荣耀与权能，包括他们的法庭、民兵和能吏们（provosts）。他追忆道："亨利四世身负巴黎资产阶级的头衔。"真正的篡权者是贵族，为了补偿封建主义不可阻止的衰朽带来的损失，他们终于入侵了市镇，夺取了中间阶级正当的荣耀和职能。[40]

历史并不仅旨在把自由派的主张和一个资产阶级兴起的社会和政治的叙事联系在一起，并且，更是无处不在地把过去的重担压在一个被描述为危险而反动的贵族权力的主张之上。自由派演说家毫不犹豫地把正在发生之事描述为封建主义的复活。马丁·德·格雷将选举法提案解读成封建法全面复兴的桥头堡。"法兰西的土地，"他以戏剧式的口吻总结道，"自由与荣耀的土地，将逐渐臣服于死手（mainmorte），而他的人民将成为农奴。"[41]同样常见又不乏戏剧性的是，自由派们常常引述贵族掠夺和征服的历史，暗示这是一种外族统治。许多演说家都将1820年事件与古时候北方蛮族征服高卢的行径等同起来。"贵族党"又要开始行动了，德·格雷怒吼道，"他们就要再次征服高卢，夺取新法国的一切土地、工厂和店铺，一切商业和工业的财富。"[42]鲁瓦埃-科拉尔认为"双重选举"法是一个"政治赘语"（political pleonasm），它在一个以法律平等为基础的系统之上又重新引入了特权。从历史角度来看，特权实际上是一种征服者从被征服者那里要求的贡品。企图重新施加特权"违反了1814年宪法，不仅是一场反对代议制的政变，更是一场针对社会的政变；这是反对平等的革命，是一场真正的反革命"[43]。自由派代表们回到了前革命时期历史学家的论点上，坚称暴力与缺失法度（lawlessness）的威胁来自那些胆大妄为的贵族，而非来自这些热爱和平的中世纪市民的后裔。

自由信条派的立场因此奠基于一种历史构想，这一构想将中世纪市镇的解放视作法国历史的规定性时刻（defining moment），而资产阶级则成了真正的法兰西民族的体现。但是信条派对高度受限的选举权的辩护乍看之下似乎和这个拥戴中间阶级的历史论述相悖。鲁瓦埃–科拉尔、巴朗特，以及他们的追随者都坚称他们以法国人民的名义发声，为捍卫有史以来首个完全代表法兰西民族整体利益的现代政府（1814年宪政）而发声。但在整个复辟时期他们却是在宣扬和捍卫一种仅仅向极富裕阶层开放的选举制度，整个选举制度明显地排除了绝大多数也能被算作中间阶级的人民。他们又该如何解释这一明显的悖论呢？

我们能从法定资格（capacité）这一概念中总结出答案，鲁瓦埃–科拉尔在1820年选举辩论的另一篇著名演讲中用了一些篇幅来界定这个概念。他解释说，社会是由两个要素组成的。在其物质性的那一方面，社会可被视为个体和集团的力量和意志；而从"道德"的（我们可以称之为智性的或精神的）视角来看，社会存在于"从诸正当利益中导出的诸权利"[44]。如果你把社会奠定在人类需求和欲望的物质性之上，你最终要么走向民粹政府，要么走向威权政府（这两者实质上都是专制主义的变种）；如果你将社会建立在"道德"考量之上，那么政府的基础将不再是权力而是得到充分理解的"权利和利益"[45]。后者显然就是科拉尔和他的同僚们所青睐的那种。他解释说，法国社会由两种主要的"利益"所构成，这是两种不同的"政治境况"——贵族的和平民的，由政府的两院分别代表。这两者都不能从内部进一步再分割，前者由世袭的原则所统治，那么大众利益的表达又如何能得到最好的安排呢？

解决方法就蕴含在由1814年宪法确立的两种"法定资格"之中，即投票的权利和被选举的权利。这两种基于教育和收入水平的资格旨在界定这样一个群体：他们有能力将视野超拔于逐利竞争的物质世界之上，用以把握一个柏拉图式的整全理念。资格一旦得到界定并能在某人身上被辨识出来，代表人数多寡的问题就变得无关紧要了："在此意义上，一个民族中就不存在多数或少数，仅仅只有团结（unity）和一致（unanimity）。" [46]针对那些可能批评限制选举权利会造就一批新特权阶级的人，鲁瓦埃-科拉尔回答道："这说明批评者尚未从人民主权概念的遗毒中解脱出来，因为他仍在那种主权框架下进行讨论，并且顽固地认为代表制只是代表人头数，却无法提升到把代表制理解为代表权利和利益的境界。"选举与被选举的资格并非基于某种粗糙的数学公式，而是基于人的超越社会小团体利益并代表整体行事的能力（这种资格由收入和教育所决定）："代议制的公正性和优点主要来源于……选举人能够感知未经稀释之整体利益的特殊资质。" [48]

总而言之，在鲁瓦埃-科拉尔的论述中几乎没有关照中间阶级利益或是任何其他阶级利益的暗示。实际上，他明确地摒弃了基于阶级讨论政治的方式，认为这种论述方式受到物质领域的危险束缚。他相信，1814年严格的选举资格旨在界定一个公民类别，对于该类别的公民而言，选举和行政工作将不是一种权利，而是一项特殊的职能或义务，它奠基于一种预想中能够超越自身利益的能力。鲁瓦埃-科拉尔，这个冉森派信徒家庭的子嗣，引用帕斯卡的话（"请重读一下《致外省人信札》的前两篇吧，先生们；请重读一下吧，我请求你们"）以求在"资格"和"恩典"（grace）之间建立起对等关系，在他看来两者都是充足的、不可再分的、绝对的品质或状态。

如果鲁瓦埃–科拉尔并没有明确地界定和捍卫中间阶级的话，那么在当时通常和"中间性"（middlingness）概念联系在一起的政治家兼作家弗朗索瓦·基佐（所谓"中庸之人"）也并未做到这一点。基佐最经常被引用的名句仍是他那句对无选举资格者的指令："发财去吧！"[49]1820年的基佐太过年轻（仍只有三十来岁）因而不能参选众议院议员，但他在1821年的一个小册子《法国当前状况下统治与反对的手段》（Des moyens de gouvernement et d'opposition dans l'état actuel de la France）中写下了对彼时政治气候和事态的思考。诚然，脱开语境看，这个文本里的许多段落似乎是对一个不断上升的中间阶级之前景的颂扬。在题为"新利益"（"The New Interests"）的章节中，基佐劝慰了议会代表们，要他们不要对所谓中间阶级的革命倾向感到担忧，相反地，他们应当拉拢中间阶级："你们想要使法国摆脱对贵族的怨恨，那就建立一个资产阶级政府吧。"这个仍在成长的群体将不会是麻烦之源，而是力量之源："无须畏惧中间阶级的影响力，帮助他们扩散，使他们强大起来吧……不要惊惶地压抑这个阶级的上升运动，而要给予他们帮助。"[50]

但是，帮助它去做什么呢？不是要使这个阶级成为工业大亨，而是要使它成为政府的高级公务员。基佐写道，这个正在上升的阶级，"并不要求特权，它要求竞争（contests）"[51]。基佐反复援引了路易十四，这个因向有才能的平民开放公职而闻名的君主。从"新利益群体"中吸纳最有才干者的构思反映了一种视政府为超越性的道德力量的观点。基佐与他的督政府时期前辈们（诸如斯塔尔夫人）以及许多同时代人遥相呼应，重申了这一耳熟能详的论点：政治"平等"并不意味着人民政体，而是一个能使

"自然精英"阶层占据国家领导地位的体制。"优秀"之人将不可避免地形成一个"优秀"的政府，这个政府绝不可能是人民的"仆从"。基佐明确而愤怒地拒斥了最低限度政府和仆从型政府的论点。[52]他所构想的法兰西民族的领导者是一个大于其各部分总和的国家（state），一个"成为一切社会生活的实质和表现"[53]的政府。他宣布："不要如此侮辱我们的民族，叫它屈服于受雇的侍从（paid retainers）和卑贱的职员（lowly clerks）的权威之下：你难道认为当法国服从于波拿巴时，他是在臣服于某个拿薪水的仆从吗？"[54]

基佐著作中展现的这个模式与那种视资产阶级为庸碌的经济人（homo economicus）的刻板描绘截然不同。他的理想不是一种竞争和自利的体制，而是一种精心安排的、（以仿效的方式）自我提升的、指向公共服务的体制。他的小册子反复强调"普遍利益"（the general interests）至关重要，并反复抨击与其对立的"个体利益"（individual interests），认为这是败亡之策。正是"个体利益"，这个曾经扳倒了督政府统治的"个体利益"，破坏了1820年的议会会议，产生了可憎的选举法。[55]尽管他也用保守派贬损的拼词法称呼波拿巴（Buonaparte），但很明显，基佐欣赏拿破仑的成就：他造就了某种超越一己之私的总和或平衡。对于基佐，同样对于鲁瓦埃–科拉尔来说，他们秘而不宣的理想是某种排除了波拿巴的波拿巴主义，是这样一种体制：它使拿破仑所具备的活力、智慧和理想主义不必凝聚在一个暴君独夫身上，而是凝聚在一个由选民、代表和公职人员组成的群体之中。

皮埃尔·罗桑瓦隆（Pierre Rosanvallon）在其对基佐政治思想的修正主义方法研究中坚称，我们必须将法国"自由与民主想象"的历史与任何对资本主义发展的解释区分开来。罗桑瓦隆相信，基佐及其追随者的思想是对契约思想的反动。在基佐他们看来，契约思想的可靠性已经因为大革命而变得没有信誉可言。他们同样也不相信市场能像亚当·斯密及其他人所说的那样为社会生活提供基础。确实，他们的困境简单说来就是："我们如何超越身体和市场这两种原型来想象社会性的存在？"[56]我们如何能够在社会的与政治的事物之间构想一种关系，它既能挣脱传统的等级制，又能避免自负（self-regard）的腐蚀性作用？基佐相信，答案就在"理性"之中，体现在法定资格（capacité）之上。[57]社会生成了一批更上一等的存在者，他们能够在普遍的、超越的层次上构想政治利益。因此，信条派全体共同阐述的理想，以及基佐个人的理想并非是要提拔一个从经济上被界定的资产阶级，而是要创造一个致力于全民族利益的精英政治阶层（caste），一个新的、自然的贤能贵族阶层，始终准备着为了全体的善而奉献自己。

在1816—1817年的选举法辩论中，以及更多的是在1820年的辩论中，对资产阶级的界定和支持在法国历史上第一次凸显出其重要性来。在较早的辩论中，自由派还只是诉诸自然贵族制的概念，并着重强调其对国王和宪法的忠诚来反击极端派的进攻。而在1820年的辩论中，随着政治反动浪潮的全面展开，自由派的修辞就变得愈加尖锐，诸社会身份也被界定得更为分明。这一回，许多自由派代表的确是在歌颂一个勤劳多产的中间阶级，他们是民族财富与政治稳定的最佳来源。但1820年社会政治修辞中最引人注目的却是，代表们大体上都反对用经济来界定这个中间阶级。自由派领袖们的确把自己表现成资产阶级的卫士（champions of a bourgeoisie），但他们却把这个群体界定为具有忘我地为国奉献技能和智慧的人，而不是生产资料的占有者。最重要的是，资产阶级是一个由民族历史所铸造的群体。使他们有资格领导民族的不是他们在工业上的首创精神，也不是启蒙了的自利精神，而是他们体现了长久以来，理性和行政"资格"终于取得了对贵族所谓的暴力和血缘崇拜的胜利。

过去的政治：资产阶级有了历史

1820年政治反动浪潮造成的一个后果是，自由派领袖从直接介入政治转移到更广阔的、更超然的历史沉思中去。弗朗索瓦·基佐，自1814年起曾在许多部门以及国务委员会（Council of State）担任多个职务，却在1820年回到了索邦大学继续教授历史。同年，自由派报纸《欧洲监察官》（Le Censeur européen）被官方叫停，奥古斯丁·蒂埃里不得不在另一报刊《法国邮报》（Courrier français）上发表文章，但他最终还是放弃了新闻业而投身于长期的历史学研究计划之中，最著名的即是他1827年的《论法国历史的书信》（Lettres sur l'histoire de France）。这并不是说中断了与自由派话语的联系后，政治本身就"创造"了历史话语。有大量证据表明，远在1820年危机前，复辟时期的公众就对历史抱有强烈的兴趣。历史题材的绘画，尤其是偏向中世纪和文艺复兴主题的绘画自从拿破仑帝国结束起就日趋兴盛。这一风格创造了一系列细节详实的人物群像，既包括巴亚尔（Bayard）*、圣女贞德（Joan of Arc）、简·格雷（Lady Jane Grey）和查理一世这类虔诚的传统形象，也包括沃尔特·司各特（Walter Scott）作品中的感伤主义插画（sentimental illustrations）。[58]司各特在法国极受欢迎，这将其推上了19世纪20年代的畅销作家榜单，而这也都发生在政治反动浪潮之前。在1812年到1825年之间，书籍的年发行量在法国翻了一番，而历史类作品则增长了超过三倍。[59]

在政治反动浪潮到来前很久，率先触发自由派编史学大潮的事件是1814年蒙洛西埃伯爵（count of Montlosier）的《论法国君主制》（De la monarchie française）的出版。弗朗索瓦–多米尼克·德·蒙洛西埃

---

* 即皮埃尔·特利尔（Pierre Terrail，1473 –1524），法国中世纪传奇骑士，其地位相当于中国人印象中的常山赵子龙。——译者注

（François-Dominique de Montlosier）是一位自由派贵族，一位君主立宪制的拥护者。尽管他在大革命时期逃往伦敦居住，但他对极端保王主义毫无同情。比起君主制，蒙洛西埃更近似于封建主义的热烈支持者。毫无疑问，正是因为他的意识形态立场难以辨认，伯爵才得以受拿破仑之命撰写了一部法国史，旨在通过将拿破仑帝国和旧君主制之间建立联系以为帝国构造合法性。这部法国史原本应为民族和解（national reconciliation）奠定基础。然而，令皇帝失望的是，蒙洛西埃于1807年完成的这部史书却意图激化而不是平息社会和政治的分歧。在该书中，蒙洛西埃复活了一种18世纪范式，认为法国历史就是两个"种族"——法兰克人和高卢人之间的斗争。他的历史叙事讲述了法兰克武士们如何用封建制度征服"古老民族"（"ancient people"），他们的权力如何被其原来的附庸（也即与王室联手的第三等级）一点一点地侵蚀。大革命——这些"新人"（"new people"）夺权的最终行动，只不过是两个敌对种族及其不可调和的文化与价值之间无尽斗争的最新篇章罢了。[60]毫不稀奇的是，拿破仑的审查委员会未被作品触动，没有让它出版，退还给了它那失望的作者。然而，1814年波旁王朝的复辟给了蒙洛西埃一个绝佳的机会出版他的手稿。他的作品并不全然是对君主制的奉承，但其中对封建主义的礼赞和对贵族掌权的怀念恰好击中了返乡的流亡贵族和其他极端分子的复仇情绪。

这本书自然也在自由派中间引起了波动。蒂埃里和基佐都被它激怒了，但也肯定受到了它的启发。的确，蒙洛西埃写下的许多语句，如果从其总体的框架中抽离出来，看起来就像是他的敌人们会写下的东西："我们应该看到一个新国家正从旧国家之中诞生；新人民正从旧人民中诞生……我们应该看到一个双重国家、一个双重人民、一个双重社会秩序正肩并肩地前行，接着相互攻击而被禁锢在残酷的斗争中。"[61]许多复辟时期的自由派历史学作品读起来就像是观点颠倒过来的蒙洛西埃的作品一样。[62]伯爵力挺封建制度的著作所提供的模型被完美地改造以适应自由派的意图：它着重强调了中世纪历史和市镇解放运动，它复兴了18世纪关于君主制和贵族制的争论，但同时又赋予第三个主要的行动者，即城镇的"新人民"以同等的重要性。尤其是，蒙洛西埃把大革命解释为时间上可追溯到几个世纪之前的历史进程的结果，并认为法国历史前进的动力是贵族与第三等级之间正在上演的殊死斗争。（之前的保守派评论家，尤其是巴吕埃尔神父，在谈到大革命时总认为所有的一切都是共济会和其他无神论分子的阴谋，因此革命是偶然的、可避免的。）[63]这些新历史学家（蒙洛西埃和他的对手们一样）都认为历史不是由国王的行动或观念的进步推动的，而是由一个民族中的两个敌对"种族"或"阶级"之间持续反复的斗争所推动的。蒙洛西埃在为第三等级赋予历史身份这一点上，理应享有一份功劳。

要求第三等级行动起来并继续其历史斗争的最响亮、最雄辩的召唤来自奥古斯丁·蒂埃里。这位年轻的历史学家在十几岁的时候就曾担任圣西门的秘书。1817年，他开始在自由派报纸《欧洲监察官》上发表一些文章，其中一些随后被整理成《论法国历史的书信》。这些文章回荡着一个二十出头的年轻人的政治热情。"只有两个民族留存了下来：自由之人和掌权之人；前者以治物为生，后者则以治人为生。"[64]他在自己的文章中呼吁他这一代的年轻人武装起来，就像基佐在索邦大学演讲厅所做的那样。他在1818年如此评论第三等级："那些艺术的拯救者，他们是我们的祖辈；我们是那些进贡者们的孩子，是征服者们肆意吸髓吮骨的那些布尔乔亚的孩子……他们的名字应当承载着美德和荣耀的记忆，但那些记忆却已变得模糊了，因为那本应该记载他们的历史被我们祖先的敌人收买了。"当1820年反动浪潮发生后，他再一次唱响身份、自尊与受害（victimization）的主题："我们是第三等级之子，这第三等级来自市镇，这些市镇是农奴的庇护所，而农奴则是在征服中被征服的人们。"[65]

对于他的资产阶级英雄们，蒂埃里不仅宣扬他们的卓越德性，而且创造了他们自己的历史：和基佐一样，他驳斥了法国国王（从12世纪的路易六世开始）由于需要争取资产阶级盟友才主动解放了一部分市镇的传统观点。在他看来，镇民们对自由的渴求甚至超过了国王对盟友的需求，镇民们夺取自由，如果有必要的话也会使用暴力："这些都是构成这些城镇的商贩和匠人的成就。"国王们只不过是顺势将这个自我解放运动归功于己而已，因为这是为他们自己的政治利益服务的。[66]

由于完全采纳了这种将法国史视为两类人之间斗争的范式，蒂埃里毫不犹豫地在其历史叙述中生动细致地描绘暴力因素，也包括他的市民英雄们的残忍行径。比方说，他细致地描绘了1112年的拉昂（Laon）起义，导火索是主教废止了市镇宪章。蒂埃里向他的读者们展示道：资产阶级们"手持刀剑、长矛、十字弩、大棒和斧子"，一边喊着"市镇，市镇！"一边挥刃屠杀着贵族们，他们冲进主教宅第，不顾躲在桶里的主教的求饶而活活将其砍死。[67]蒂埃里既没有贬低暴力，也不打算为之申辩。他在结尾处将这一事件与其他"民族革命"（national revolutions）的模式联系起来：民众和平追求自由的要求最开始被允许了，而后却被剥夺了；旧统治者违反信约的行为激发了民众的愤怒和复仇的欲望。[68]蒂埃里暗示说："革命暴力并不来源于兽性或目无法纪的性情，而是铭刻在推动现代社会发展之剧变的特定模式之中。"

蒂埃里用"资产阶级"的术语指称其历史叙事中的英雄，并且很明显地，在诸多场合中他心里所想的正是旧制度下那种在法律上有清楚规定的布尔乔亚（市镇自由民），也即中世纪市镇起主要作用的市民们。但同样的是，他的论述经常模糊了第三等级中富人和穷人之间的界线。他以赞美"中间阶级和大众阶级"的"爱国主义和活力"（这种品质显现在无数资产阶级和农民发动的起义之中）作为其著作的开场白。[69]他认为12世纪市镇的"共和"倾向来自于市镇中的"商贩和匠人"，他也承认这些市镇既包括那些最有自豪感的古老城市，也包括那些"国王和领主在其领地上赐予农奴和流浪汉聚居的避难所"[70]。

蒂埃里这种认为第三等级在基本欲求和命运上团结为一体的观点可能来源于其曾是圣西门弟子并做过其他"工业主义"预言家助手的背景。蒂埃里在1817—1820年曾效力过的两份期刊，《工业》（*L'Industrie*）和《欧洲监察官》（*Le Censeur européen*），就支持圣西门的以下观点：工业社会的成长是不可阻挡的，胜利是不可避免的；工业组织与政治自由是相关联的。正因如此，蒂埃里的社会观基本上是二元的，并且处在1789年大革命的传统之中：社会中存在两个群体，征服者与被征服者，掠夺者与实干者，暴政的拥护者和自由的拥护者。[71]尽管他承认历史上资产阶级在第三等级中具有领导地位，但工业主义的方案使他仍致力于一个劳作的、生产性的、团结民族的理想图景。

尽管蒂埃里和基佐常被认为分享了同样的意识形态立场，但他们对资产阶级的理解和关注实际上却相当不同。在蒂埃里的《书信》（*Lettres*）出版后的岁月里，基佐在索邦大学教授了一系列课程（1828—1830），这些课程后来被编为《欧洲文明史》（*History of Civilization in Europe*）和《法国文明史》（*History of Civilization in France*）出版。基佐的著作涵盖了许多和蒂埃里相同的部分——包括对中世纪史以及不可阻挡的市镇解放的着重强调——他还频繁地援引早期历史学家的论述，得出许多相同的论断。比方说，基佐与蒂埃里相呼应，也认为市镇自由民是主动地夺取自由，而非消极地接受中世纪国王的恩赐。但是，基佐的历史英雄不是一个未分化的第三等级，而是一个规模更小的、更加独特的中间阶级，它夹在专横的贵族阶级和危险暴力的下层阶级之间。

尽管基佐直接使用了蒂埃里的论述，但在相当程度上，他对中世纪市镇的真实状况抱以更不理想和乐观的态度。在他的阐释中，市镇起义的残暴值得更多的警惕而非具有英雄气概。他告诉学生们：读读蒂埃里，你就会知道那个时候的"自由"大多是"悲惨可叹的"。[72]虽然他们从封建领主的苛捐杂税中赢得了独立，但自由民们并没有守住他们来之不易的自由，因为对暴民的恐惧总是使他们去寻求其他强大的庇护人——君主或地方领主。[73]基佐的中世纪市镇不是共和主义港湾，而是一个被不平等撕裂的复杂社会。他写道，绝大部分的市镇居民都是无知而残暴的，并且很快不平等就导致了一个上层资产阶级（bourgeoisie supérieure）的形成——这是一个与劳作人群（population ouvrière）相对立的富裕精英阶层。"镇民们很快就发现自己被划分为两类人：一类是上层资产阶级，而另一类则是沉溺于一切盲众之谬误与罪恶的人群。"[74]市镇从未变得像他们本应当的那样了不起，这是由于在它之内蕴含着的政治冲动一方面是穷人们"盲目、狂暴而残忍"的民主本能，而另一方面却是上层资产阶级的胆小消极。[75]

不像蒂埃里，基佐并非工业主义的支持者，并且他对历史的理解在任何意义上都不可能导向经济决定论。[76]他并不幻想工业、商业和制造业能成为民族的命脉，他对这些活动毫无兴趣。他相信第三等级从另一来源汲取历史力量，并在《法国文明史》中解释了这一点：

> 那些法官、法警、看守、总管（senechal），所有国王或大领主的官员，所有中央权力在社会秩序方面（civibrder）的代理人不久就形成了一个庞大而有力的阶级。现在，他们大多数都是资产阶级；他们的集体、他们的权力都是为了资产阶级的利益而运转，这使得后者的影响日趋扩大，重要性日益增加。在第三等级的所有来源中，这一源头或许在其赢得社会领导地位的过程中做出了比其他来源更多的贡

献。[77]

在其历史作品中，正如在其政治评论中一样，基佐不强调经济的力量，而是强调观念的力量：对他而言，法国大革命是意识形态而非经济的斗争。[78]他据此赋予了一个有教养的官僚阶层（而非一个工业的或商业的资产阶级）以最大的历史重要性。

基佐的历史作品展现了对这个民族的非贵族核心群体中存在的阶级分化的敏锐意识，也展现了对自然贵族制原则的依赖，对行政领导团体而非经济领导团体的崇敬，以及对理性将在未来取得胜利这一观点的热爱，它被认为是历史命运的实现。再次不同于蒂埃里，基佐将资产阶级专门地界定为第三等级的上层，这一界定既是出于对暴民的恐惧，也是出于对贵族特权的敌视。在1830年革命前夜的授课中，他痛斥资产阶级缺乏政治主动性和勇气。正如罗桑瓦隆所言，基佐认为他的使命（他自己就是如此理解）就是要给资产阶级一个历史、一段记忆和一种政治文化。[79]

复辟时期的历史学作品反映了法国社会想象发展史上的一个关键转折点。复辟时期的历史条件（尤其是1820年之后的时期）为18世纪相互分离的两种智识追求，也即历史的和政治经济学的追求的融合提供了情境。无须赘言，新历史叙事的出现很大程度上应归功于晚近的大革命经验以及随之而来摇摆不定的政治体制。"阶级"一词终于开始获得了应有的意义：这个词具有不再是那种科学家任意界定的范畴所涉及的有限的意义，而是表达了某种有机的、动态的、随时间而增长变化的事物。[80]现代法国对阶级的理解最早来源于这种长期存在的观点，即认为法兰西民族历史就是两个种族或两类人之间的斗争，而大革命和波旁复辟则是其中最近发生的两个篇章。讽刺的是，最先开始使用lutte des classes（阶级斗争）这个表述的人竟然是保王派的蒙洛西埃。[81]

正是在复辟时期，阶级的概念才和阶级斗争的概念牢牢联系在一起；也正是在这时，基佐这类历史学家才开始将阶级冲突视作民族历史中变革与进步的源泉，而非某种悲剧性的错误。其他历史学家，比如弗朗索瓦·米涅（François Mignet）和阿道夫·梯也尔（Adolphe Thiers），也越来越多地暗示这一斗争不确定的本质，并且预见到这种斗争将会以第三等级中的富裕部分和穷苦部分争夺权力的形式继续进行下去。[82]与此同时，基佐表述了一种阶级观，这种阶级观与古老的宗族世仇无关，而是孕育于大规模的、分散人群的共同经验之中。基佐写道："在市镇解放之后，这个国家充满了处于共同境况中的人们，他们拥有共同的利益和生活方式（manners），而这必然在他们之间形成某种纽带，这种一致性最终孕育了资产阶级"[83]。从这种分析中也涌现出一种对大革命的完全不一样的解释，它不再将大革命当作一种非历史的善与恶之战，而是将其视作社会斗争的决定性篇章。

尽管中间阶级（classe moyenne）和资产阶级（bourgeoisie）两个术语越来越接近它们那为人熟知的现代意涵，但是并没有任何复辟时期的政客和历史学家阐述过那种自马克思起就成为标准版本的资产阶级定义：一个在生产资料占有以及个人主义的、物质主义的价值观上团结一致的资本家而非贵族的精英群体。到19世纪20年代，马克思定义中的诸要素俱已在案，但这些要素却分别归属于不同的传统。一方面，在圣西门及其弟子蒂埃里的著作中，我们能找到没有资产阶级的工业。工业主义拥护者们所理解的资产阶级只不过是革命的第三等级的延展，其本身是一个不可分割的"产业的"群体，是那些在土地上或工厂中、在作坊或银行里劳作和生产的人们。另一方面，基佐的资产阶级观源于两种传统：倡导为国效力是光荣的前革命传统，以及倡导由理性贤达之人构成的自然贵族制的后革命理想。这是一种没有工业的资产阶级。为何资产阶级理想从未真正地在法国扎稳脚跟？原因可能在于：资产阶级理想被工业的普世主义和为国效力的新贵族式的精英主义这两个传统的相反作用力所破坏了。

政治与阶级

到1830年为止，中间阶级和资产阶级的概念，以及强调该群体之重要性的主张，在法国公共文化中前所未有地凸现出来。政治话语（针对选举法的辩论、高度政治化的历史叙事、关于时势的意识形态的两极化）在这种阶级语言的创造中扮演了至关重要的角色。强调政治因素并不等同于贬低其他基于更加传统的方式所构想的阶级形成之基础，诸如经济和人口的变化。不过，人们可以说，政治话语在对中间阶级身份起源上的作用，要比对其他群体身份确立时所起的作用更为关键。[84] "中间阶级"和"资产阶级"的范畴是如此含糊棘手，以至于如果不借助于切实利益（concrete stakes）、制度和政治语言的帮助，它们就难以形成各种身份。

近来对法国中间阶级这部分群体最为透彻的研究支持了这样的观点。大卫·加里奥奇（David Garrioch）关于1690年到1830年间巴黎资产阶级的著作聚焦于巴黎一个制造业区［即破落而令人不安的巴黎市郊圣-马塞尔区（the gritty faubourg Saint-Marcel）］的精英阶层，考察了他们在这关键的半个世纪进程中的情形。[85] 根据他对圣-马塞尔的起主导作用的家庭及公民的深入调查研究，加里奥奇总结认为，这一时期见证了从"巴黎布尔乔亚"（"bourgeois de Paris"）到"巴黎资产阶级"（"Parisian bourgeoisie"）的转变。这个街区最早由一群关系亲密的家庭团体所支配，他们生长于同一教区之中，世世代代相互联姻。这个地方权力系统最初被绝对君主制所侵蚀，而后又被大革命彻底摧毁：全新的地方政府制度被建立起来了，新来的外地人介入该地并接管了它。从那以后，就没有回头路可言了。大革命之后，尽管许多旧家族在这个地区仍享有威望，但他们的子嗣却更可能在圣–马塞尔以外的地方成家立业。而新的教育机构［督政府时期的大学校（grandes écoles）和帝国时期的男子中学（lycées）］则正在铸造一个全市范围的精英阶层。

当然，加里奥奇强调了经济和社会文化变革的重要性用以解释扎根于教区的宗亲家族为何消失而全市范围的精英又为何兴起。在他的叙事中，资本主义（大规模商业和制造业的需求）和18世纪的消费革命起了重大作用。[86]然而最终，创造这个新的、统领性的、全市性的资产阶级的最重要的因素即是他所谓的"国家的监护"（the tutelage of the state）。他写道："最重要的是，正是这个由大革命所创造的国家成了新地方精英的助产士。"[87]在帝国时期和复辟时期，国家牢牢地控制着福利委员会和教区委员会在内的地方显贵，并把那些展现忠心的人（也包括地方俊杰）委派进区议政会（conseils d'arrondissement）、商会（Chamber of Commerce）、学校行政机关，以及国民卫队的领导层。[88]诚然，在任免职务时（比方说，在任免巴黎的12名市长和24名副市长中的每一个时），下述各种因素都会被纳入考虑：候选人在当地的地位、个人声望、家族关系等等。但最终仍然是国家挑选和塑造了这个精英阶层，并授予他们职权。这些职权带给他们荣耀和威望，也带给他们诸如漂亮的制服和荣誉军团勋章（Légion d'honneur）绶带这类代表卓越的有形标志。加里奥奇毫不含糊地总结道："巴黎资产阶级的形成主要不是一种经济现象……它很大程度上应归功于政治斗争和（无论世俗的或宗教的）政治观念的影响。"[89]

因此，有关复辟时期资产阶级自觉意识的表述更应当在时人所珍视的政治制度的框架下进行解读，而不应该与制造业或商业的繁荣期联系在一起。这些文件之一即是1814年宪法，它使得急于证明自己值得尊重并对波旁王室忠心耿耿的自由派集结在了一起。比方说，代表贝尼欧（Baignoux）为新精英所做的强有力辩护（写于1829年）就既称赞了商业、工业以及"适度的"或"自然的"社会不平等，又赞美了1814年宪法。[90]

资产阶级身份的另一个更重要的标志即国民卫队，尤其当它在1827年被更令人厌恶的查理十世以所谓敌视政权为由解散后，这一点就更为明显。夏尔·孔德（Charles Comte），一位杰出的自由派记者，在那一年撰写了一部国民卫队历史。他在前言中毫无说服力地宣称自己的作品既客观又公正。[91]孔德以国民卫队在围攻巴士底狱的影响下诞生这一为人熟知的故事作为其叙事开头，但随后却转而强调卫队保护富裕阶层免遭劳工阶级（classe ouvrière）极端暴力所害的英勇事迹。在1789年10月暴民冲击凡尔赛的事件中，国民卫队"遣散了暴徒并拯救了宫廷及其亲卫队"；在1792年暴民冲击杜伊勒里宫时，国民卫队又一次现身，遏制了那些挥舞着砍刀、长枪尖悬挂着动物内脏的刁男恶女们。[92]甚至在王室倾覆前夕，"仍有国民卫队英勇现身……敢于保卫王室，那个由宪法所确立的王室"[93]。孔德指出，重组于1814年的国民卫队拥有许多贵族指挥官，这一事实有力地反驳了那些给国民卫队贴上"革命机构"标签的观点。[94]"比旧政权更糟糕"[95]——全书以一段对解散国民卫队的现政权的严厉控诉收尾。国民卫队历史的高潮同样也是法国历史的高潮，也就是联盟节（the Festival of Federation）。彼时，在国民卫队的领导下，到处洋溢着民族和谐与无私的风尚。

对1814年宪法和国民卫队宣誓效忠远比对商业或工业宣誓效忠容易得多。这不仅因为前两个制度象征着献身于超越私己追求的公共福祉的高尚精神，还因为它们比处于萌芽阶段的经济发展更加具体实在，此外它们也意味着会有一套实际的政治议程。

资产阶级的目标似乎在1830年7月30日这一天实现了：73岁的拉法耶

特——第一届国民卫队的原指挥官、温和革命的象征——披着一面巨大的三色旗，在人群的欢呼声中、在巴黎市政厅的阳台上拥抱了奥尔良公爵路易–菲利普（Louis-Philippe d'Orléans）这位未来的自由派国王。教科书上的知识告诉我们，1830年革命让资产阶级的胜利变得神圣了。不过，"资产阶级君主制"仅仅持续了18年，而这18年见证了动荡不安的工人抗议，以及知识界、文学界对一个无优点可言、俗不可耐的精英阶层的口诛笔伐。弗朗索瓦·孚雷写道，奥尔良王朝宣称自己是资产阶级，"而这却把国家原本固定的目标替换成了游移飘忽的现实"[96]。在后革命时期的法国，政治是个危险的游戏。任何从既定的体制出发来主张自己社会身份的人们都面临着中途夭折的极大危险。

注释

1. Peter McPhee, *A Social History of France, 1780 - 1880* (London: Routledge, 1993), pp. 131 - 133; William H. Sewell, Jr., *Work and Revolution in France: The Language of Labor from the Old Regime to 1848* (Cambridge: Cambridge University Press, 1980), pp. 146 - 153.

2. Dror Wahrman, *Imagining the Middle Class: The Political Representation of Class in Britain, c. 1780 - 1840* (Cambridge: Cambridge University Press, 1995), pp. 6 - 7.

3. 对圣西门生平的生动阐述，包括对他思想的极佳阐述，请见 Frank Manuel, *The New World of Henri Saint-Simon* (Cambridge, Mass: Harvard University Press, 1956).

4. Ibid., pp. 246 - 248.

5. Claude Henri de Saint-Simon, *L'Organisateur*, in *Oeuvres*, 6 vols. (Paris: Anthropos, 1966), II: 79 - 86.

6. Ibid., II: 86 - 87.

7. Ibid., II: 88.

8. Ibid., II: 82.

9. Ibid., II: 131.

10. Ibid., II: 20, 148, 149, 208, 209.

11. Ibid., II: 20 - 21.

12. Saint-Simon, *L'Industrie* in *Oeuvres* II: 120 - 123, 161 - 164; Shirley Gruner, "The Revolution of July 1830 and the Expression 'Bourgeoisie,'"

The Historical Journal 11 (1968): 463－464; Manuel, Saint-Simon, pp. 266－270.

13. Marie-France Piguet, *Classe: Histoire du mot et genèse du concept* (Lyon: Presses Universitaires de Lyon, 1996), pp. 134－136.

14. Manuel, *Saint-Simon*, ch. 22.

15. Ibid., p. 192.

16. Gruner, "The Revolution of July," 465.

17. 对这一时期的标准阐述（在今日看来依然生动而且信息量大）是 Guillaume de Bertier de Sauvigny, *The Bourbon Restoration*, trans. Lynn M. Case (Philadephia: University of Pennsylvania Press, 1966). 更简明、更晚近的分析式阐述，参见 François Furet, *Revolutionary France, 1770－1880*, trans. Antonia Nevill (London: Blackwell, 1993), ch. 6. 近来关于这个政体下政治文化的启发性论述，参见Sheryl Kroen, *Politics and Theater: The Crisis of Legitimacy in Restoration France, 1815－1830* (Berkeley: University of California Press, 2000).

18. *Archives parlementaires de 1787 à 1860*, 127 vols. (Paris: P. Dupont, 1862－1913), 17: 721, 711.

19. Ibid., 18: 61－62.

20. Ibid., 18: 699－700.

21. Ibid., 18: 14－15. 这些论点出自一位名叫理查德（Richard）的保守党代表。

22. 例见 ibid., 17: 700, 721－723.

23. Ibid., 18: 14.

24. Ibid., 18: 9, 21.

25. Ibid., 17: 698, 703.

26. Ibid., 18: 21.

27. Furet, *Revolutionary France*, p. 294.

28. Bertier de Sauvigny, *Bourbon Restoration*, pp. 170 – 171.

29. Alan Spitzer, "Restoration Political Theory and the Debate over the Law of the Double Vote," *Journal of Modern History* (March 1983): 54 – 70.

30. *Archives parlementaires*, 27: 665.

31. Ibid., 28: 119 – 120.

32. Ibid., 27: 666.

33. Prosper de Barante, *La Vie Politique de M. Royer–Collard, ses discours et ses écrits*, 2 vols. (Paris: Didier, 1863), I: 290.

34. Ibid., I: 456.

35. Ibid., II: 30. See also *Archives parlementaires*, 27: 658.

36. Barante, *Royer-Collard*, II: 17, 30 – 31.

37. Ibid., II: 19 – 20.

38. Ibid., II: 17.

39. Ibid., II: 16 – 17.

40. *Archives parlementaires*, 27: 745.

41. Ibid., 27: 667. Mainmorte是封建主对农奴财产做出的一项臭名昭著的限制，它规定农奴死后不能将土地遗留给任何人［除了一个和他共同居住的家庭从属人员外（coresident dependent）］。

42. Ibid.

43. Barante, *Royer–Collard*, II: 22 – 23.

44. Ibid., II: 33.

45. Ibid.

46. Ibid., II: 37.

47. Ibid.

48. Ibid., II: 37 – 38.

49. 关于基佐的中间领域（middle ground）概念有启发性的比较研究，参见Vincent Starzinger, *Middlingness: Juste-Millieu Political Theory in France and England, 1815 – 1848* (Charlottesville: University Press of Virginia, 1965), ch. 3.

50. François Guizot, *Des Moyens de gouvernment et d'opposition dans l'état actuel de la France* (Paris: Ladvocat, 1821), pp. 216 – 218.

51. Ibid., p. 218.

52. Ibid., pp. 157, 171.

53. Ibid., p. 175.

54. Ibid., p. 166 – 168.

55. Ibid., pp. 2, 7, 56, 131.

56. Pierre Rosanvallon, *Le Moment Guizot* (Paris: Gallimard, 1985), chs. 1 – 5, quote p. 76.

57. Ibid., ch. 5.

58. Beth S. Wright, *Painting and History during the French Restoration: Abandoned by the Past* (Cambridge: Cambridge University Press, 1997), chs. 4 and 5.

59. Martyn Lyons, *Le Triomphe du livre: une histoire sociologique de la lecture dans la France du XIXe siècle* (Paris: Promodis, 1987), chs. 5 and 7. Bertier de Sauvigny, *The Bourbon Restoration*, pp. 338 – 342. James Allen, *Popular French Romanticism* (Syracuse: Syracuse University Press, 1981), pp. 40 – 51, 127 – 150.

60. Piguet, *Classe*, pp. 147 – 150; Shirley Gruner, "Political Historiography in Restoration France," *History and Theory* 8 (1969): 347 – 349.

61. Quoted in Piguet, *Classe*, p. 149.

62. Gruner, "Political Historiography," p. 349.

63. Stanley Mellon, *The Political Uses of History: A Study of Historians in the French Restoration* (Stanford: Stanford University Press, 1958), p. 72.

64. Cited in Rulon Nephi Smithson, *Augustin Thierry: Social and Political Consciousness in the Evolution of a Historical Method* (Geneva: Droz, 1972), p. 54.

65. Ibid., pp. 60, 72.

66. Augustin Thierry, *Lettres sur l'histoire de France* (Paris: Furne, 1851), pp. 179 - 180, 183 - 184.

67. Ibid., pp. 215 - 230.

68. Ibid., p. 230.

69. Ibid., p. 13.

70. Ibid., pp. 179 - 185.

71. Gruner, "Political Historiography," pp. 351 - 355.

72. François Guizot, *Histoire de la civilisation en France*, 4 vols. (Paris: Didier, 1879), IV: 78.

73. Ibid., IV: 78 - 79.

74. François Guizot, *Histoire de la civilisation en Europe depuis la chute de l'empire romain* (Paris: Didier, 1875), pp. 217 - 218, quote p. 218.

75. Ibid.

76. Gruner, "Political Historiography," p. 361.

77. Guizot, *Civilisation en France*, pp. 89 - 90.

78. Gruner, "Political Historiography," pp. 359 - 361. Rosanvallon, *Moment Guizot*, pp. 267 - 270.

79. Rosanvallon, *Moment Guizot*, p. 185.

80. Piguet, *Classe*, ch. 6.

81. Ibid., p. 159. 一般性论述参见 Jacques Barzun, *The French Race* (New York: Columbia University Press, 1932).

82. Ibid., pp. 160 – 163, 167 – 171.

83. Guizot, *Civilisation en Europe*, p. 208.

84. Wahrman, *Imagining the Middle Class*, passim.

85. David Garrioch, *The Formation of the Parisian Bourgeoisie, 1690 – 1830* (Cambridge, Mass.: Harvard University Press, 1996).

86. Ibid., chs. 6 and 9.

87. Ibid., p. 244.

88. Ibid., ch. 10.

89. Ibid., p. 288.

90. M. Baignoux, *Histoire philosophique de la réformation de l'état social en France* (Paris: Fournier, 1829).

91. Charles Comte, *Histoire de la Garde Nationale de Paris* (Paris: Sautelet, 1827), p. 2.

92. Ibid., pp. 158, 219.

93. Ibid., pp. 246 – 247.

94. Ibid., p. 401.

95. Ibid., p. 520.

96. Furet, *Revolutionary France*, p. 344.

第六章 "资产阶级君主制"的失败

奥尔良公爵路易-菲利普于1830年登上法国王位，以"资产阶级国王"（the bourgeois king）的外号著称，他统治下的政体也以典型的中间阶级君主制（middle-class monarchy）为人所铭记。在欧洲，只有法国君主制明确地以资产阶级为名实行统治，而这却造成了一个重大的历史反讽：恰恰因为政府给自己贴上了这个标签，政治上反对政权的呼声、文化上形式更加含糊的不满才很容易围绕着"反资产阶级"的主题而成型。如果复辟时期的政治孕育了资产阶级的身份，那么所谓的七月王朝（1830—1848）则反转了这一进程，使得以此群体为名义的统治永远不可能实现。

长久以来，历史学家总是将19世纪三四十年代的资产阶级君主制当作法国向法国特色的现代民主制过渡的必经阶段。关于法国历史的流行观点认为，19世纪是大革命原始版本的扩展性重演（extended replay）：复辟的波旁王室就相当于旧制度，而路易-菲利普政权则与1789—1792年的立宪君主制遥相呼应；1848年的激进共和主义继以波拿巴主义，恰好对应了1793年雅各宾派掌权和1799年拿破仑的政变；最后，这个民族在温和共和制中找到了归宿。法国人力图在10年内快速完成历史进程，却花了一个世纪回到正轨。这种观点存在的一个问题是：它忽视了在任何特定的历史转折点上，对政体和统治者的选择显然都存在着其他可能性。1848年后的数十年中，法国本来很有可能维持共和政体，但如果恰好有人看似有理地宣称自己有资格成为国王的话，那它在1870年也很有可能变成立宪君主制。1830年，奥尔良派不过是对波旁王室满腔怒火的意识形态乱局中的一支罢了；它还远不如共和主义和波拿巴主义那样流行且令人信服。在1830年7月的巴黎街头，喧嚣着的大多是波拿巴主义者的口号。当路易-菲利普终于以秩序和进步统治的象征出现之时，他仍处在下列各种革命符号的环绕之中：三色旗和三色帽徽，老迈的拉法耶特，以及匆忙召集的国民卫队。[1]还要过些时候，这个政权才会获得那些从此将在历史文献中一直跟随着这个政权的那些特性，使它的统治背负上中庸、妥协和偏狭自私的名声。

将七月王朝和革命时期的君主立宪制截然分开的一个特征是：路易-菲利普的奥尔良王朝明确地将资产阶级这个社会群体当作自己的主要拥护者和支持来源，而18世纪革命党们则从未承认过在第三等级的富裕成员和穷困成员之间存在着任何分化。讽刺的是，1830年的这一举措本该给予政权以力量和合法性，却反而变成了政权动荡和最终灭亡的主要原因。七月王朝留下的政治遗产不是一个资产阶级的文化霸权，而恰好相反，在居于现代法国政治和文化认同中心的反资产阶级气质逐渐形成的过程中，奥尔良王朝是一个关键环节。

资产阶级君主制究竟有多资产阶级？

起码从谱系的角度上看，国王路易-菲利普能够成为中间阶级式的节制的化身，这是一个令人惊讶的新事态。作为法兰西王室奥尔良分支的后裔，路易-菲利普的世系就是一长串政治闯祸鬼和私德淫乱之徒的名单。而且，若是放在其他情况下，有个与雅各宾党共谋并犯下弑君罪的父亲，这样的出身也许令人不安。但由于奥尔良王室一开始就表现出了某种使人安心的朴素气质，甚至连奥诺雷·杜米埃（Honoré Daumier）*也在其讽刺画中把路易-菲利普画成了梨子这一传世经典形象。而路易-菲利普也知道形象的重要性：他在下议院中低调地举行自己的加冕仪式，并且苦心经营自己重视家庭的形象。他走路上班，手里拿着那可敬的现代人勤俭自足之标志——雨伞。历史学家们之所以例行公事地给七月王朝贴上资产阶级的标签，正是因为他们把拿伞的国王这一形象和这个政权的其他特性混而为一。第一，传统观点认为，1830年是法国真正开始迈入工业时代的标志。人们通常用以下事实来阐明这个观点：路易-菲利普的两个主要支持者（两人在1830年后都担任了部长大臣）都是如假包换的资本家，他们分别是银行家雅克·拉菲特（Jacques Lafitte）和工业家卡西米·佩里埃（Casimir Périer）。另外，基佐领导的信条派集团彼时已经牢牢地掌握了国家大权，他们立即扩大了选民名额，同时公开宣称自己就是理智而稳定的中间派，是中庸主义者（juste milieu）。

单独地看，上述这些事实中的每一个都存在很多问题，更不用说人们在他们之间预设的那些关联了。就拿选民的问题来说，1831年的选举改革降低了选举的缴税标准，在选举权方面纳税资格从300法郎下降到200法郎，而在被选举权方面则从1000法郎降至500法郎。其结果是选举人数从100000人增加到了167000人左右（随后又增加到250000人），而法国总人口则大约有3300万人。[2]由于25名成年男子中勉强只有一名能参与投票，选举改革也就没有使选举权利扩展至社会核心。的确，可想而知，这个扩大的选举名额仍由富裕的地产主所支配：选举人总数的55%，其主要收入来源于土地；另45%的收入则既来自地产也来自职业和行政活动。[3]诚然，基

---

* 奥诺雷·杜米埃（Honoré Daumier，1808—1879），法国讽刺漫画家，曾在其一幅讽刺漫画中，把路易-菲利普画成了一个梨子。梨子在法语俗语中有易受骗的人之意。——译者注

佐及其同僚使中产阶级上层的更多成员成了选举人，但他们仍将投票行为视作一种职能而非一项权利，是有教养的精英阶层而非居于中间位置的民众（middling mass）的一项特权。

如果这个小而富裕的选民团体作为真正的中间阶级不够格的话，那么它能算是一种马克思式的工业精英、一个资本家资产阶级吗？在过去20年经济史学家的宝贵努力下，那种认为奥尔良王朝是因资本主义兴起而掌权的观点现在变得十分可疑。[4]在19世纪早期，经济以维持在2%~3%之间的年增长率持续发展。但是，到19世纪30年代，经济则延续了18世纪的缓慢增长模式，与之相伴的是平稳（或说是缓慢）的人口增长和缓慢的城市化进程。如果说有什么不同的话，那就是19世纪的经济增长与革命前数十年相比要更加缓慢，因为在该时期的大部分时间中，农产品的价格都很低迷，而且在后来的19世纪20年代以及更晚的19世纪40年代的两次严重衰退中，经济又遭到了重创。在七月王朝的大多数时候，工业结构都没有发生变化，仍然依靠廉价劳动力和零碎的市场，商人们仍将劳动分包给贫困的家庭小作坊。[5]尽管国内最大的两个城市——巴黎和里昂——在1800年到1850年间发展得极为迅速，但人口增长却在总体上表现为穷苦工人数量的增多，而且这些工人在增进消费需求方面没有什么作用。[6]19世纪前半叶，农业、工业或银行业的基本结构没有发生任何重大变化。经济方面最重要的质变还要等到19世纪40年代才会发生。那时法国已经建成了主要的铁路干线，也扩张了运河网络。这些发展很快就推动了市场整合，然而这些效应却大多要等到1850年后才能被人们感受到。

如果法国确实经历了一场工业革命（这个标签已然成了争论的焦点）的话，那也是在拿破仑三世而非路易–菲利普时期发生的。近期的一项综述总结称："从许多方面来看，18世纪的经济模式一直持续到了1840年代，其特征是，零碎化的市场、低生产率的农业、依赖于水和木材提供能源的小规模制造业。"[8]人们也许仍会质疑，即使经济方面没有发生剧烈变化，路易-菲利普治下的国家有没有可能相较从前容纳了更多中间阶级的成员呢？可想而知，这个问题的答案将会和中间阶级这个概念本身一样模糊不清（elusive）。根据阿德丽纳·多玛德（Adeline Daumard）对巴黎资产阶级的详尽研究，在19世纪前半叶，巴黎的中间阶级数量只在绝对的量上，而非在相对的比例上有所增长：穷人仍然在数量上压倒性地超过了生活宽裕的人。[9]在调查了19世纪全国的情况后，多玛德再次下结论称，穷人与富人之间的贫富差距在整个世纪的进程中始终静止不变，唯一的变化则是，大富豪阶层的数量上涨，而中等富裕阶层的数量却下滑了。[10]在对法国所谓资产阶级时代的社会中间阶级进行了数十年艰辛而宝贵的研究之后，阿特丽纳·多玛德发现自己无法证明1880年的中间阶级要比1815年更加名副其实。

如果经济并非具有资本主义性质，选民也不是中间阶级，而中间阶级也并未获得实质性的增长，那么1830年之后的政治阶级要比从前具有更多资产阶级性质吗？或者说，把这个问题一分为二：1830年革命前夜的政治反抗是资产阶级性质的吗？这场革命是否把权力转移到了一个非贵族的商业和职业精英阶层手中？[11]的确，在1830年革命前夕，公众相信对波旁政权抱有敌意的是工业的和商业的中间阶级，地方官员呈递给中央的报告更是为这一看法煽风点火。极端保王派也做出相反的假设，认为富有的地产主才倾向于效忠查理十世的政权，他们据此制定了选举法。

然而，历史学家发现，这些看法中没有一个经得起推敲。比方说，1827年下议院的成员名单向我们展示出，在土地财富和政治保守主义之间并无关联：议院中最富有的成员实际上略微地更倾向于自由派立场而非保守派立场。的确，绝大多数工业主义者（industrialists）都是自由派。但在19世纪20年代末的经济危机中，尽管许多商人和制造商抨击政府政策，然而他们在自己究竟支持什么的问题上却毫无共识。相反地，和1789年大革命中的情况一样，一些最明显的自由派分子都有贵族头衔，［比如充满贵族色彩的德布罗意公爵（duc de Broglie）］，而不少极端派分子反而是平民。[12]

认为1830年革命是资产阶级式的观念很大程度上可以被追溯至以下政治话语和政治神话：1830年革命之前极端派政客的恐惧，以及革命发生后共和主义者和社会主义者的失望（他们埋怨中间阶级政客们夺取了革命的果实）。七月革命的确给上议院带来了剧烈的变化，它废止了贵族进入上议院的专有权利，取消了爵位世袭制。通过国王提名的方式，上议院的席位现在也向非贵族开放。下议院中以地主为主要职业的代表比例在1830年后也确实下降了，从31%降到了23%。有贵族头衔的代表的比重也下降了，尽管并不那么显著，从1827年的40%下降到了1840年的30%。但是，代表中商人的比例仍然很低，从1829年的14%上升到1831年的17%，而到1840年又降回到了13%。[13]总而言之，历史记录并未表明在复辟时期和七月王朝两个时期的政治精英之间有什么巨大差异，自然也就不存在可以被归结为剧烈经济变革影响的差异。[14]尽管拉菲特和派里埃的资产阶级身份如此显眼，奥尔良王朝统治下的选举人和议会与波旁时期相比却并无实质性区别。最终，对资产阶级君主制的定义，依据的不是其经济和社会基础，而是政治角逐、意识形态和修辞。

危险的中间阵地

文森特·斯塔辛格（Vincent Starzinger）曾将法国19世纪早期的资产阶级描述成"在一个不相信资产阶级存在的社会中，也不相信自己是资产阶级的阶级"[15]。在七月王朝下，资产阶级的确有自己的拥护者

（champions），但他们却没能赋予这个阶级一个连贯的意识形态或身份。一方面，这个群体的拥护者拒绝以（商业的或工业上的）具体经济利益来界定自身；另一方面，他们把"中间阶级"的命运同某种被证明是成问题的、最终站不住脚的政治立场联系在一起。仅仅在一代人的时间里，这些中庸政治家们（如基佐）既成功地在修辞上孕育了资产阶级，随后却又有效地扼杀了它。

1837年在巴黎发行了一部作品，其标题暗示着它的内容读起来有种近似对社会中间性（social middlingness）的赞美。这部题为《新民主制，或法国中间阶级的风度与力量》（*The New Democracy, or the Manners and Power of the Middle Classes in France*）的作品由爱德华·阿雷茨（Edouard Alletz）所撰写。阿雷茨明确地将自己归入中间阶级（他用"我们"来指称该阶级的成员），他以一段对查理十世的猛烈抨击作为全书开篇："（查理十世）体制中的每一个部分都带着他企图贬损中间阶级的烙印。他滋长了后人难以逾越的对中间阶级之偏见。"[16]不过，中间阶级在1830年迎来了他们需要的国王。阿雷茨书中的一个章节考察了社会中不同群体与七月王朝之间的关系，他列举了一系列敌视这个政权的群体，不难预料，这些群体包括：神职人员、旧贵族、大地产主、知识分子阶层的一部分，以及工人阶级。而政权的中流砥柱则都是大大小小的商业类团体和中等财富的有产者，他们"甘愿为自己革命得来的国王肝脑涂地"[17]。然而，在该书后面部分，阿雷茨却格外费心地争辩说，法国从来就不是，将来也不会是一个工商业国家：他解释说，这与我国的地理、记忆、品味、礼俗和"天赋"相悖。[18]这样，作者在排除了众多其他群体之后，也摒弃了工商业群体。他由此总结称，现政权应当将一切政治活力都投入到"中等规模的产业（middling property）"之上，这是这个政权的基础，现在也保全着王朝的命运"[19]。阿雷茨直率的分析表明，一个政权如果依靠政治手腕而非意识形态作为自己的社会基础，这个被认为是社会基础的东西将会变得多么狭隘和摇摇欲坠。

人们在看到阿雷茨著作的标题时本该期待着读到某种以胜利者自居的或者至少是得意洋洋的论述，但读者们真正读到的主题却是作者反复表达出的挫败感和迷失感。阿雷茨写道：1830年革命给予"我们"大量权利和自由，却没有给我们提供政治教育和政治目的。我们有选民、代表、陪审团和地方政府，但"我们的价值观既非君主国家式的，也非民众国家式的。我们虽然施行了1830年宪法确立的所有原则，但在精神上却是空洞而虚弱的"[20]。一旦1830年革命尘埃落定，一种幽闭恐惧感就降临到了这个民族身上。阿雷茨从多方面将其归咎于中间阶级的信仰缺失，或是归咎于工商业价值观对民族心智的腐蚀。列席于议会的商人和工业家为数众多，他们"以其吝啬而节约的精神，压抑了向往行动和光荣的民族冲劲"。结果是，"法兰西快要窒息而死了。啊！是时候打碎桎梏，冲出罗网了！给我们一些光明！给我们一些空气！我是在说，让我们去成就一番伟大的行动！"[21]

面对阿雷茨从各种意义上称呼的倦怠（ennui）或萎靡（malaise），法兰西民族必须为其精力找到某种合适的宣泄对象，不管是商业也好，军事也罢。据他判断，由于法国还未准备好进行大规模的、高风险的商业活动，而只有一种看似行得通的办法："我们在阿尔及利亚的殖民地似乎提供了一切有利的条件，因为它为一切活动都提供了宣泄的出口。它将恢宏志士之气，满足法兰西对行动和荣耀的高尚追求。"[22]在这里，殖民主义并非像经典列宁主义理论说的那样为资本主义提供了倾销出口，而恰恰是作为"光荣"而合适的替代物取代了资本主义。

在本该有高歌猛进的资产阶级意识形态存在的地方，人们却只能看到一片空缺；而这却是一个自认为是现政权支持者的作家所做的诊断。这也是整个时代最大的谜题：一方面，我们很容易发现各种各样的反资产阶级情绪（只要打开巴尔扎克或福楼拜的任何一本小说就知道了），而另一方面，反映资产阶级或中间阶级自豪感的表达却寥寥无几而且颇成问题。文森特·斯塔辛格数十年前的著作至今仍是对这一问题的最好论述。斯塔辛格对比了19世纪早期法国和英国的政治意识形态，他总结认为：在法国，社会和政治中间派的意识形态既"切合时要"（都是对支配性的政治激进主义的良药），同时又是完全不现实的。[23]信条派政治家（特别是在七月王朝时期）想要在政治的中间地带建立起这种制度并以中间阶级作为其主要支持者的尝试。尽管在逻辑上是说得通的，但最终却被证明是个失败：在政治上对中间阶级或中庸路线进行颂扬，在持此观点的狭窄的政治阶层的范围（即基佐及其伙伴）之外，无法招徕更多的支持者。这是为什么呢？

以基佐为核心的自由派所面临的一部分问题，主要是效果差，失误多。尽管1830年后信条派掌握了极大的权力，而且基佐从1840年到1848年一直担任政府首脑，然而这个团体始终没能建立起一个有效的政党，也没有制订出一个连贯的立法议程，当然也就无法阻止革命最终将其扫出权力中心。尽管他们宣称自己代表中间阶级的利益，但他们对中间阶级的定义更像是柏拉图式的理念（"理性""正义"）而非基于对社会的洞察力。在需要具体定义发挥作用的地方，他们却仍拘泥于对中间阶级的限制性定义。而与基佐固守的这种定义相伴随的只能是寥寥数十万人组成的法定选举人，也即所谓的"法律上的国民"（"pays légal"）*罢了。[24]

七月王朝的中间阶级意识形态最根本的问题在于缺乏实质内容。基佐和鲁瓦埃–科拉尔都拒斥那种将阶级与物质性功能（比如商业和工业）联系在一起的资产阶级定义。而且与同辈人本雅明·贡斯当不同，他们的意

---

* Pays légal，与pays réel（真正的国民）相对，指在没有普选权的情况下，具有选举权的那一小部分人。——译者注

识形态对关于个体的种种观念并不特别友好。[25]试图既不诉诸商业价值观也不诉诸自由主义信念来构建一个法国式的中间阶级理论，这种尝试被证明是极其脆弱的。因为很显然，这种尝试是服务于政治目的的。

信条派"将中间阶级理论伪装成了一种与生俱来的典范（inherent ideal），但它很大程度上不过是一种带有立场性的行为而已，旨在维持（左和右之间的界线）"[26]。即使当时政界以外的人也意识到了这一点。一位自认为是"巴黎资产阶级"的自由派医学博士路易·维龙（Louis Véron）在他（于1853年出版）的回忆录中写道："七月王朝既不以荣誉为纲，也不以法定权利或既得权利的神圣性为纲。这不过是个疲于应对状况的政府，被迫依靠（政治）的权宜之计苟活……一切谋划都只着眼于当天的问题和眼前的急需，一切手段都只是为了应付党派阴谋和新形势下的危险。"[27]信条派无法形成一个关于主权和代议制的可信理论（"理性"是什么，为什么它只属于如此少数的人呢？），因此他们永远无法从左派和右派敌人那里夺回政治和意识形态的主导权。到了19世纪40年代，尽管基佐仍然掌权，但信条派的权力基础已经十分狭窄了。

正如罗兰·巴特（Roland Barthes）那著名的论断所言，意识形态必须经过自然化才能变得有效：它们必须被认为是从自然世界或明显的社会经验中直接生成的事物。[28]在复辟时期，信条派通过强行让历史叙事为其政治目的服务，从而成功地自然化了资产阶级的政治主张。但是，历史在1830年革命中完成了信条派的目标。随之而来的是，这种历史论证开始产生相反的效果：这回资产阶级不再是将要大展宏图了，它开始被人们看作是已经施展了身手而即将辉煌不再的阶级。斯塔辛格指出，信条派相信未来所有人都会普遍地成为中间阶级，这不过是他们拿历史的承诺来代替当下切实的自由，试图以此逃避自己显而易见的精英主义立场罢了。[29]但是他们那独特的历史学分析术语也对他们起了反作用。用弗朗索瓦·孚雷的话来说，资产阶级胜利的叙事带来的问题是："如果历史是阶级斗争的科学，那我们为什么要停留在资产阶级上呢？"[30]早在其写于19世纪20年代的法国大革命史中，阿道夫·梯也尔就预见到了信条派历史脚本的自掘坟墓之本质：

> 一旦对既得之物感到满足，有教养阶级就想要停下来，但他们却做不到，而且很快就要被后来居上者碾过。那些停下来的（阶级），虽然成为了倒数第二档，对在其下者而言却又好像是贵族阶级。在这个阶级洗牌的斗争中，地位不高的资产阶级很快又会被劳作者称作一个新的贵族阶级，并因此受到控诉。[31]

不久之后，卡尔·马克思及其追随者就会在技术上论证为什么无产阶级才是历史终结的化身。与此同时，由于信条派显然不愿将选举权扩展到"法律上的国民"的狭窄范围之外，他们关于资产阶级容纳着未来那个普世阶级核心部分的主张也只能变得愈发空洞了。

反资产阶级的普世主义

在这种意识形态缺位的情况下，左派很快就重获了主导权，并借此在1848年重新回到了权力中心。比占支配地位的自由建制派（liberal establishment）更左的团体从更负面的意义上重新界定了资产阶级，他们还全盘改造了1789年的意识形态，以此来反对七月王朝的政治和社会建制。反对七月王朝的组织涵盖了各种各样的团体，从所谓的"王朝左派"（gauche dynastique，忠诚于奥尔良王室但反对信条派的七月王朝反对派）到一系列"共和主义派系"，再到一系列自封的"社会主义者"和"共产主义者"。这些团体相互之间在诸如私有财产是否神圣不可侵犯以及中央集权国家是否可行等议题上分歧甚大。而众多共和主义者和社会主义者——后期圣西门主义者、傅立叶主义者、伊加利亚主义者（Icarians）*、布朗基主义者和蒲鲁东主义者在对社会弊病的诊断以及他们的最终目标上都存在不少重叠。资本主义和新贵族式的"资产阶级利己主义"（neo-aristocratic "bourgeois egoism"）常常被认为是问题所在；相反地，各种形式的友爱、和谐与普世联合（经常明确地以基督教为灵感来源）则被当作社会理想得到推广。[32]

在这一时期，对制造资产阶级的消极定义负有责任的群体之一就是圣西门的追随者们，他们把圣西门的理论朝一个激进的方向做了发挥。诸如普罗斯珀·昂方坦（Prosper Enfantin）和阿贝尔·特兰松（Abel Transon）这类思想家摈弃了圣西门那官僚式的、法律上处于中间地位的资产阶级概念，转而采纳了一种纯粹经济学的界定方式，将资产阶级定义成一群依赖庞大的生产者阶级供养的懒汉。在19世纪30年代，这个由懒惰的资本家和地产主构成的资产阶级被圣西门主义者定性为人民的头号公敌。这种意识形态和马克思主义极为不同，因为在其设置的对立中，一边是工业主义的生产性劳作，另一边则是资产阶级和贵族两者共有的剥削性的游手好闲（exploitative idleness）。

在基佐和蒂埃里等自由派的认识中，社会结构中的裂痕，仍然是那个把贵族与作为整个民族的资产阶级（bourgeoisie-as-nation）相分离的东西，而与其对抗并最终胜利的圣西门主义者却已经把无所事事的贵族和资产阶级一起从生产性人口中排除出去了。彼时社会演进三阶段论尚未被发明出来，因此，与18世纪90年代的意识形态遥相呼应，资产阶级不可避免

---

* 伊加利亚主义者（Icarians）是法国人埃蒂纳·卡贝（Étienne Cabet, 1788—1856）的信徒。卡贝于1848年率领门徒进入美国，陆续在多个州建立起一系列平等主义公社。这个运动得名于他的乌托邦小说《伊加利亚旅行记》（Voyage en Icarie）。——译者注

地被刻画成了某种形式的贵族阶级。[33]

里昂丝织工人的两次大规模起义中的第一次发生于1831年，起义发生之时正值一次迅猛的经济危机，最初是为了抗议资本家违反最低工资（被称作tarif）规定。在暴动中，工人报纸《工人之声》（*L'Echo de la Fabrique*）成了圣西门理念的重要载体。[34]里昂的暴力械斗很快在1832年6月的巴黎起义中再次上演，这次暴乱发生于共和派英雄拉马克将军（General Lamarque）的葬礼之际。正如在里昂发生过的那样，参与街头械斗的双方都报告了许多伤亡，这进一步使人们确信，一场新的残酷的社会战争已经开始了。在随后的几年中，工人运动在人权共和协会（Republican Society of the Rights of Man）的旗帜下变得日益政治化。人权共和协会，这个把工人和中间阶级共和主义者团结起来共同反抗自由派政权的组织，也在1834年里昂和巴黎两地爆发的反抗政府颁布工人协会禁令的同样暴力的起义中扮演了重要的角色。[35]

圣西门主义和激进共和主义的影响很明显地反映在1830年开始出现的工人报刊的语言上，这些报刊包括《手艺人报》（*L'Artisan*），《工人报》（*Le Journal des Ouvriers*），《人民报》（*Le Peuple*）。《手艺人报》1830年的创刊词与大革命的语言遥相呼应：

> 毫无疑问，社会中为数最多且最有用的部分就是工人阶级。没有他们，资本就毫无价值；没有他们，机器停转、工业停产、商业滞塞……某些记者囿于他们那小资产阶级贵族的视野，顽固地认为工人阶级不过是为了他们的生活需要而进行生产的机器而已……但是，我们并不处在一个工人们可像农奴一样被主人们任意宰割的时代里。[36]

正如威廉·休厄尔指出，这段话中的语言与西耶斯遥相呼应，只不过工人阶级取代了第三等级的位置，成了不可缺少的普遍性团体，他们的劳作构成了整个民族。使人进一步联想起大革命的还有这段文字中提及的"农奴"一词，但讽刺的是，不同于大革命，这段文字中对应的贵族式敌人则被认为是"小资产阶级贵族"或"贵族资产阶级"。[37]

这样的观点似乎不仅在社会主义者中，在共和主义激进分子中也很常见。一位名叫米永（Millon）的马车夫（此人也是人权共和协会的成员）撰写的一系列文章（这些文章在1833年被查扣）包含了一段对近期历史的解释。米永写道，在1830年七月革命前，人口中"积极的、劳作的"部分，或者说"人民"，遭到"高高在上、笃信宗教的贵族阶层"的剥削；而在1830年，人民砸烂了"贵族制的头颅"，但革命尚未成功。米永呼吁"公民们……贵族制的残骸在资产阶级的统治下又重新复苏了，让我们继续推翻它吧！用一个更关切工人需求的'共和主义政府'来取代现政权吧！"[38]这样，当中庸的自由派因大革命的危险先例而日益疏离革命之时，19世纪30年代早期的共和主义和社会主义工人运动却挪用了1789年的修辞遗产，把工人当作人民（le peuple），而资产阶级则取代了旧贵族的位置。整个七月王朝时期，工人报纸都将"资产阶级"定性为新特权阶级，而工人则是拥有主权的人民，准备着要发动一场新的革命以夺回他们的自由。[39]

从大革命中改造而来的修辞成了七月王朝统治下工人斗争的中心。1830年后激进主义的崛起并非源于突然发生的工业化进程，而是源于19世纪30年代早期和19世纪40年代晚期的两次经济危机，以及圣西门主义者和激进共和主义者对工人进行的政治动员。40年前的革命话语在适应19世纪30年代的政治和制度现实的过程中获得了新的内涵。比方说，1789年革命中贵族的自私自利与革命的兄弟情谊的对立，现在变成了工人阶级的团结与盛行的自由派自由观念的对立，后者被工人们谴责为"利己主义""与世隔绝"和"孤僻"。[40]在1789年革命中，使公民们团结一心的友爱（fraternity），其基础纯粹是感性的，是一种在与内奸和外敌斗争中铸造起来的兄弟之爱。而在40年后，革命凝聚力在制度层面体现得远为具体：在复辟时期，工人协会就以互助协会的形式再度出现，它们致力于慈善援助和行业管制。1830年后，这些组织进而投身于联合各行各业工人的运动中。[41]1834年4月，下议院通过一项特别严格的法律，取缔了所有主要的工人协会，这件事成了那一年里昂和巴黎大规模起义的催化剂。

在19世纪的法国，一种工人阶级意识（working-class consciousness）在把工人社团扩展成更大的跨行业协会的斗争中成形。和1789年的革命文化一样（这种文化为19世纪工人运动提供了强有力的典范），在19世纪中叶，工人阶级运动汇流于争取协会合法化的斗争中，而这种斗争具有一种"普世主义的和包容性的道德基调"[42]。它恢复了不可分割的整全人民（undivided people）这种革命惯用语并对其进行了调整，它不是用阶级的语言，而是用一种人道的语言进行表述。尽管出于特殊的政治原因，信条派最终没能保住权力，没能把"中间性"的信条灌输给这个民族，但我想要说明的是，信条派政客们也受到了这些令人信服的意识形态的冲击，比如那些左倾共和派工人们的意识形态，这种意识形态接续了一种普世理想主义的民族传统。

宗教情绪同样强有力地推动了反对七月政权的运动。政教分离是波旁王室倒台的后果之一。路易-菲利普也许本可以不变成福楼拜和巴尔扎克夸张嘲讽的那种伏尔泰式的资产阶级*，但和他的前任统治者不同，他还是阻止了教会对其政权的干预。

天主教摆脱了和反动体制的联系，于1830年后重新夺回了它在社会中的阵地，并开始为左翼共和主义者和社会主义者的思想提供养分。的确，

---

　　* 伏尔泰是激烈批判教会的泛神论者，但伏尔泰式的资产阶级则是指盲目崇尚科学并以之自我标榜、自私自利的资产阶级，以《包法利夫人》中的药剂师郝麦先生最为典型。——译者注

基督教对政治反对派的影响，怎么高估都不为过。诚如某个历史学家所言：“几乎所有七月王朝时期的共和派、社会主义和工人阶级的运动的杰出思想家都响应了彼时一些主要浪漫派作家的宗教情绪。”[43]

后期圣西门主义者又一次证明自己具有极强的影响力。大师圣西门去世后，他的得意门徒菲利浦·比谢（Philippe Buchez）、普罗斯珀·昂方坦和圣–阿芒·巴扎尔（Saint-Amand Bazard）宣扬了老师的教义，却掺入了更多明显的神秘色彩。他们以教会的形式组织其追随者，并从伯爵生前最后的著作《新基督教》（Le Nouveau Christianisme）中提炼他们的意识形态。圣西门主义者对社会弊病的诊断听起来为人熟知：他们叹惋社会纽带的松懈，痛斥工业社会的恶性竞争，憎恶流行甚广的自私风气。他们在其期刊《圣西门的学说》（Doctrine de Saint-Simon）中发表的一些有代表性的文章里指出，由于缺乏超越性的原则和追求，他们身处的此类社会不过只是一群孤立自私的个体的偶然结合而已。[44]为了回应彼时的社会境况，特别是回应贫苦阶层的困窘，他们也像其他处于工人运动中的团体那样，宣扬普世联合而非阶级斗争：受原初基督教教义的启发，他们明确地宣扬一种爱的福音。圣西门的弟子们扮演起使徒和导师的角色，投身于播撒如下信念：爱的能力是人类所具有的至高能力。在艺术家、教士和诗人当中，这种能力发展得最为成熟。[45]他们构想了一个高度组织化和集权化的社会，经济将由中央民族银行完全监管和指导。[46]圣西门主义者还希望回归政教合一：这当然不是指奥尔良王朝和天主教会的结合，而是指他们那结合了政治与宗教的理想权力图景，在那个理想世界中，社会权威和精神权威将共同来源于启蒙了的权力（enlightened power）。[47]

如果说圣西门主义者在宗教复兴当中打了头阵，那么同样的观念在许多其他左派中也十分盛行。依靠诸如《工场报》（L'Atelier）和《民众报》（Le Populaire）这类报刊发声的里昂工人运动就把基督教等同于民主、友爱和合作运动，他们还把耶稣称作"第一个共产主义者"。自由派天主教作家费利西泰·德·拉美纳（Félicité de Lammenais）依靠《一个信徒的心声》（*Paroles d'un Croyant*）和《人民之书》（*Le Livre du Peuple*）这类作品赢得了一大批中间阶级和工人阶级读者。他呼吁推广普选权，宣称只有真正的民主制才是唯一和基督教并行不悖的政体，他指责资本主义是无神论的，还把工人阶级与救主基督等量齐观。在诸如短命的报刊《共和派的基督》（*Le Christ républicain*）这类发声平台上，最终于1848年推翻政权的激进共和主义与社会主义联盟也同样宣称，只有民主共和主义才能在这个物质世界中矫正"资本和信贷"产生的恶行，实现福音的承诺。[48]

七月王朝的批评家们所表达的社会忧虑在许多方面使人想起旧制度灭亡前对奢侈之风的十分突出的批评。19世纪40年代工人阶级诗人和作曲家的作品充斥着诸如"迦太基毫无信仰，英格兰也是一样"（*Carthage était sans foi, l'Angleterre est de même*）这样的词句，为谴责商人的自私自利拉开了序幕。[49]两个时期的作者都表达了对物质主义和社会解体危险前景的担忧；两个时期的人们都渴望重新建立起某种精神团结，渴望建立一个体现超越性价值的政体。大革命、拿破仑帝国和复辟政权都表达出强有力的意识形态信息，虽然这些政权都导致了民族的分裂，但甚至连他们的反对派都明白他们各自代表的超越性价值：大革命代表人民，拿破仑帝国代表军功荣耀，复辟政权则代表天主教王权。相反，对于奥尔良王朝人们只感受到了本质的空洞，这既唤起了人们的恐惧，也唤起了人们的希望。相似的情绪也在1750年后伴随着旧制度君主制的"去神圣化"席卷而来。在这两个案例中，这种感受都是被现代性（假如不是资本主义）的力量所点燃的，它们包括：城市化、个性的逐渐泯灭、物质文化的改变、商业主义的兴起。在大革命前，人们把这些力量称作邪恶的奢靡之风；在后革命时代的法国，这类恶兆的新标签则变成了资产阶级。在18世纪，利己主义的解

决方案是家庭或民情（moeurs），一种承认存在共同人性纽带（它使所有
人民团结一致）的意愿。大革命之后，人们广泛意识到仅依靠情感本身无
法使法国人团结一致，亲如手足，还需要教育和制度才能重建起人性的纽
带，以其作为一切公正而幸福的社会的基础。

当社会主义者和圣西门主义者正努力以工人阶级、工业阶级和知识阶
级之结合来重构民族想象之时，另一个有影响力的声音却呼吁整个民族以
农民为根基凝聚在一起。这位作家就是儒勒·米什莱（Jules Michelet），
他想象从社会角度重新对法国人民进行整合，这在当时产生了最为有力和
持久的影响。米什莱生于1789年，是一对工人阶级夫妇的孩子（他的父亲
是一个印刷工），夫妻二人都是从农村移居来的。米什莱的父母望子成
龙，尽管囊中羞涩，仍倾其所有供米什莱教育深造。米什莱也不负厚望，
大大报答了父母的恩情：他成了家喻户晓的作家、王室的私人教师，以及
法兰西学院的教授。贯穿其璀璨生涯的始终，米什莱成功地把自己塑造成
了人民之子——巴黎工人阶级之子，但尤其是（他父母来自的）农村的、
乡下世界的孩子。他不把自己经营成从社会底层向上层流动的典范，而宁
可成为这样的作家：拥抱所有阶级，并因此能够在他们之中居间调停。[50]

身为一个左派人士，米什莱拒绝与任何具体的党派发生任何联系，
对他而言神秘共和主义者（mystical Republican）的称呼或许最为贴切。虽
然他也酷爱阅读路易·布朗（Louis Blanc）等社会主义思想家的作品，但
他并不赞同阶级斗争是社会本质内在的构成部分因而不可避免的观点。米
什莱最突出的地方在于，他坚持认为，法兰西民族中的任何部分都不应该
被当作敌人对待。他在1846年发表了自己对法国社会的思考，即《人民》
（Le peuple）一书，主要是在赞颂法国的小农业主。米什莱认为资产阶级
也是人民固有的一部分，尽管这个阶级由于和社会的农业根基日益疏远，
其自身已经变得岌岌可危。他写道："资产阶级不是社会中的一种阶级，

而是社会中的一个位置——在农村，某些情况下一个人会被当作劳动者，而另一些情况下他又因占有资产而会被当作'资产阶级'。谢天谢地，这一推论使人们不能把资产阶级和人民绝对对立起来（某些人经常制造这种对立，其恶果是在统一的人民中创造了两个民族）。无论人们是否称其为'资产阶级'，小农业主都将是人民最核心的部分。"[51]

身份和自我认知的危机困扰着资产阶级。不像他的同辈人那样认为资产阶级的存在理所当然，米什莱认为"我们很难明确这个阶级的边界在哪里，它的范畴从何而起，又终止于何处？它并不全然由富裕阶层构成，也有很多穷人属于资产阶级的范畴"[52]。那些谴责资产阶级的人同样也受其误导，以为资产阶级就是一个唯利是图的企业家群体：七月革命中冲锋陷阵的"工业阶级"反而因其短暂的胜利而陷于瘫痪状态。至于作为一个整体的资产阶级，"我们不能假定大部分的资产阶级都在积极追求物质利益，就因此谴责或赞美他们。的确，这些人很自私，但这是一种循规蹈矩的、惰性的自私"[53]。米什莱解释道，依靠物质驱动的团体是难以持久的。这是因为，除了历史上短暂的几个"崇英时刻"（比如早在18世纪的摄政时期和七月王朝）之外，"法兰西从未有过商人的灵魂"[54]。

在1789年到1830年间，这个形成于法国的资产阶级曾有过十分美好的前景，但它的抱负最终一无所成。米什莱认为，法国资产阶级曾经企图变成一个自成一体的阶级，一个新贵族，但最终失败了。这是因为，一旦抛弃了自己作为人民一分子的真正本性后，资产阶级就抛弃了自己的使命感，也离开了活力之源。否认自己的过去，否认自己源于人民，这让资产阶级变得忧虑、怠惰、使命感匮乏、理想信念缺失："你知道在这孤立中、在这小心翼翼地画地为牢中潜藏着什么样的危险吗？在自我封闭中，你有的只是虚无……把门上锁，这没什么，可家里并没有人……可怜的富人，如果你一无所有，你又要保卫什么呢？"[55]与无数旧制度下对资产阶级的批评遥相呼应，米什莱认为问题部分根源于资产阶级这个社会样本自身的混合状态，"这个杂交生物，它的本性在其发展过程中被遏制了，它变成了一个混合体，有些粗野，高不成低不就，既不能走也不能飞"[56]。本真性、继而创造力都属于法国传统的贵族阶级，这两种品质在最关键的人民那里表现得更为明显。而另一方面，在"那种混合的、杂交的、半开化的群体"中，人们又能指望什么呢？在对彼时的阶级向上流动性（upward mobility）的评论中（当然不包括对他自己飞黄腾达的评论！），米什莱宣称："在其自身性格失去一切活力的杂交中间阶级"那里，人们找不到任何原创性和创造力。看看骡子这种杂交动物吧，他写道，这种动物无法生育。"[57]

米什莱在《人民》中再次阐发了那种忧虑和理想，它们曾在大革命前夕以不同的形式表现出来：人们一方面担心社会原子化的噩梦成真，另一方面梦想着融进一个道德的、精神性的共同体。在一篇题为"论联合"的章节中，米什莱描述了一种实践，这是其关于社会团结之理想的隐喻和实例。他描述了诺曼底海岸的一个渔民合作社。在那里，每个人（包括男孩和女孩们）都拥有大渔网的一部分。男孩出海打鱼，女孩织补渔网。鱼捕得多，才有线织出好网，这网可作为嫁妆，又为未婚夫将来更好地捕鱼做了准备。米什莱描述的这种社会关系网和其他类型的农业协作组织的纯然功利计算存在很大区别。比如说，在汝拉（Jura）山脉中的奶酪合作社里，人们只是拿牛奶来换利润。这种系统，"有利于自我主义，能够同一切无社会效益可言的个人主义共存"[58]。

和18世纪崇尚祖国（patrie）和善良民情（moeurs）的感伤主义遥相呼应，米什莱为腐朽的个人主义开出了"社会性"（sociability）、"爱"，也包括祖国在内的药方。在19世纪，"patrie"的概念并非指向家庭模式，而是指向历史。对于米什莱而言，1790年的"联盟节"（*Fête de la*

Fédération）乃是表现法国人民团结一致的理想图景，在这个源于大革命的图景中，既没有分裂，也没有暴力。[59]

米什莱那具有浪漫色彩的传统主义使他最终得以在先贤祠中永垂不朽。他歌颂拥有田产的小农阶级，拒斥经济范畴（economic categories），否认金钱关系（cash nexus）的优先性，否认阶级斗争是大革命留给人们的遗产，也不承认阶级区分就是现代社会的本质。[60]

米什莱追求社会联合的终极理想和七月王朝中工人运动的政治目标如出一辙。按照休厄尔的说法，在他们的政治目标中，联合的理念胜过了阶级斗争的理念，工人们宣传的是普世主义而非对立冲突。[61]米什莱和左翼共和主义者、社会主义者都抱有共同的设想，他们认为法国从来没有，今后也不可能接纳一种商人的、个人主义的价值观，因此1830年后资产阶级的兴起不过是某种暂时的反常，而这种趋势在19世纪40年代也已经衰退下去了。许多人习以为常地认为19世纪见证了资产阶级不可避免、无法阻挡地兴起，但他们看到当时人的想法之后也许会感到惊讶，因为彼时许多人似乎相信，资产阶级在那个世纪的中叶就已经风云不再了。毫无疑问，1848年革命后，许多人会认为资产阶级面临着60年前的贵族那样的历史命运。身处第二帝国的统治下，古斯塔夫·福楼拜（Gustave Flaubert）忧郁地评论道：1789年革命摧毁了贵族，1848年革命摧毁了资产阶级，1851年波拿巴政变则摧毁了人民。[62]站在19世纪中叶回顾七月王朝，许多人觉得资产阶级已经覆灭。人们不但认为这是由于资产阶级自身的傲慢，而且也开始相信是某种社会变迁铁律导致了这一结果。

社会主义理论家阿尔贝·莫兰（Albert Maurin）在1851年发表了一部多卷本的后拿破仑时代法国编年史，名为《波旁王朝覆灭史：资产阶级的兴衰，1815—1830—1840》（*History of the Fall of the Bourbons: Grandeur and Decadence of the Bourgeoisie 1815‑1830‑1840*）。他总结道：之前四

分之一个世纪给我们的教训是，历史进程会把新的阶级推上前台，这是不可阻挡的；一个制度如果企图阻止这一不可逆进程，如果拒绝接受他们的常规历史剧本，它就必定会被推翻。

> 按照常规进程，复辟政权本该通过渐进而必要的政治改革，通过制度和道德规范，通过同时促进公共生活和私人生活的发展，来实现中间阶级的统治。而它却反常地企图使朽迈的贵族阶级继续把持政权，企图埋葬时代活生生的利害关系。那么，这个民族依逻辑和自然的进程本需十五年的时间才能达到的目标，现在只要三天的革命就已足够，神授君权也就被资产阶级国王所取代。

随后，作为1830年革命赢家的资产阶级也企图阻止助其夺得权位的历史进程，这又导致了他们自己的覆灭。这种兴衰模式出现在1850年也许是很合理的，但早在13年前，奥诺雷·德·巴尔扎克（Honoré de Balzac）就发表了一部有关资产阶级之狂妄与覆灭的小说，名为《赛查·皮罗托盛衰记》（*History of the Grandeur and Decadence of César Birotteau*），耐人寻味地抢先了莫兰一步。而米什莱，在1848年革命前两年写下的一段文字中，又提前表达了完全相同的思路："仅仅在半个世纪的时间里，（资产阶级）从人民中显现，通过自己的行动和力量向上攀升，突然，在鼎盛的时刻，他们却瓦解了。如此迅速的衰退，史无前例。" [64]

基佐及其自由派同僚们的中庸意识形态之所以遭受失败，不仅是因为他们自身的弱点，而且还因为七月王朝反对派们的各种理念和信条远更具有说服力——这些信条来自共和派工人、自由派天主教徒、圣西门主义者，以及认为奥尔良派资产阶级的胜利不过是民族命运中短暂的异常情况的其他派别。阿尔贝·莫兰写道：尽管资产阶级胜利取得了暂时的胜利，1830年革命还是为法国开创了崭新的未来。"最终，人们会看到等级制被完全抛弃，一个家庭中的所有成员都将融进那个没有虚伪的自由之中，它不再只会对公民说，如果你有能力的话，就会怎么怎么样。相反，自由将扫清他面前的一切障碍。"[65]莫兰、米什莱、比谢以及许多其他作家的视野并不局限于颂扬工人阶级，因为这样的话，这种视野就太过偏狭、太过自利了；他们的视野要求把整个民族凝聚成某种比各部分简单相加更大的东西：一个普世联合，一个没有阶级性的、神秘的祖国（patrie）。真的存在某个社会团体吗，它有望能为这乌托邦的景象提供了一个框架或模型？

巴尔扎克的世界：官僚、波西米亚人和虚构的资产阶级

现在的历史学者很不愿意用"社会革命"来描述1830年发生的诸事件以及路易–菲利普的登场，这是因为从波旁复辟政权向奥尔良王朝的更替并没有在选民和代表的社会身份上造成剧烈变革，更不用说在更广阔的国家社会经济结构方面带来什么改变了。1830年后的法国主要还是一个农业国家，仍由占有土地的名流（notables）构成的精英为了自己的利益所统治，尽管人数略有扩展。不过，对于社会中的某个部分来说，事情在1830年确实产生了巨大的变化，这个部分就是国家官僚阶层。七月革命之后，紧接着发生的是对公务员群体的迅猛清洗和全盘更替，其剧烈程度自1789年以来前所未有。

路易–菲利普登基后没多久，他的政府就立刻开展了所谓行政人事上的真正革命，裁撤了大部分原先侍奉波旁王室的行政官员（也有不少人自行请辞），并把行政机构上上下下都替换成了自己人。对这一时期研究最为出色的美国历史学家总结称，"（这个）人事变动也许是1830年革命中最具革命性的一面"[66]。省一级的人事变动更是蔚为壮观，基佐作为新政

权的首届内务大臣上任伊始就更换了83%的省级官员，88%的省级以下官员。（总共90人中）只有7名曾侍奉波旁王室的省级官员存留了下来，他们中大多数都是在复辟时期不那么反动的阶段里被任命的。相同程度的大变动也影响到了军队，高层军官全都被替换了。司法部门也未能幸免，绝大多数波旁王室任命的检察官和法官都被迫离职退休。[67]

如果还有人认为七月王朝改变了法国的社会景观，这一定是根据行政人事的大规模更替得来的看法。不过，这种重新洗牌更多的是一场复原而非革命，因为大多数路易–菲利普任命的新公务员之前都曾在拿破仑手下或是在复辟时期的温和派政府中任过职。83名新上任的省级官员中就有53名之前有过从政经历；大多数都是政治生涯始于拿破仑时期的老面孔。此外，他们中的许多人都出身显赫，世代为官从政，这些才俊家族甚至可以追根溯源到旧制度时期。[68]唯一可以令1830年革命是一场资产阶级革命的观点说得通的地方，就在于当局迅速地提拔了一批中等或中上层阶级背景的人员进入了政府机构，或者说让他们官复原职了。

对于社会价值观和信仰来说，这种事态发展意味着什么呢？尽管没有人撰写过关于这个群体的文化和政治倾向的详细研究，但大卫·平克尼（David Pinkney）确信，由于他们中的大多数人最初都是受拿破仑的提拔而位置显赫，他们必定对波拿巴主义怀有强烈同情之心。既然贯穿整个七月王朝，波拿巴主义始终有为数众多且声音响亮的支持者——也许在国家官僚阶层中尤其如此——那么路易–拿破仑（Louis-Napoleon）在1851年能够政变成功就绝非侥幸。原先在拿破仑麾下任职的军事高官们当然会持这种立场，这些人自滑铁卢之后就一直待在国外躲避风声，直到1830年才回到了法国。[69]而更普遍的情况则是，1830年的行政改组带回了一批和前政权有联系的公职人员（fonctionnaires），这种做法加强了公职机关的连续性和同质性。七月王朝的官僚阶层因而变成了一个自成一体的小圈子，受制于一系列复杂的等级制、先来后到的规矩和死板的荣誉守则（有人批评说，这个小圈子被荫庇制度主宰了，它简直就是"封建的""野蛮的""贵族式的"。该批评还把它和旧制度下主宰贸易的封闭的行会集团相提并论）。这个小圈子的成员对拿破仑时代表达了相当程度的怀念，因为彼时的官僚体系在人们的想象中处于至高地位。对于那些杰出的行政官，皇帝会毫不犹豫地颁给他们荣誉军团勋章绶带作为奖励。[70]简而言之，七月王朝的文官机构重新启用了一部分革命时期和帝国时期的前任官员，这在文官系统中似乎形成了一种与国家公共机构同在的光荣感和荣誉感，这种情感也使他们瞧不起那些只侍奉财神爷的钱奴们。

在七月王朝中，作家和艺术家的世界是大量生产反资产阶级情绪的一个更为明显的来源。即便是对该时期知之甚少的人也会注意到那些对资产阶级代表人物的苛刻描绘、那些对资产阶级市侩（philistinism）的批评，这些批评体现在巴尔扎克和福楼拜等作家的小说中，体现在杜米埃这类漫画家的讽刺画里。对资产阶级的蔑视似乎成了各类"文学圈"（cénacles）的成员得以团结的源泉。在19世纪40年代中期，一系列报纸文章创造了现代文学世界中最强有力的奠基性神话形象之一：波西米亚人。1846年，这些文章在《波西米亚人生活即景》（Scénes de la vie de Bohéme）的标题下得以发表。如果不是因为这些文章，其作者亨利·缪尔热（Henry Murger）也许一辈子都默默无闻。缪尔热是第一个用吉普赛人或"波西米亚"生活的隐喻来描述作家和艺术家这个亚文化群体的人［这部作品在缪尔热短暂的一生中十分成功，后来又成了普契尼（Pucini）著名歌剧的主要来源］。[71]在19世纪早期（和我们今日一样），文学中的波西米亚人所具有的性格使他们成为主流体面人物的对立面：他们年轻、慷慨、今朝有酒今朝醉，拥有不落俗套的相貌和人生旅途；他们习无常轨，居无定所；尽情游戏，能歌善舞。杰罗尔德·西格尔（Jerrold Seigel）认为，由于"资产阶级"这个术语总是流动易变，波西米亚人的神话和现实，其存在本身就是一种将资产阶级的内涵确定下来的手段，这是通过展示其对立面而实现的。[72]

人们可以在法国文学史上找到一个反资产阶级文学的长长的谱系，但令人不解的是，为何在后拿破仑时代的法国，尤其是资产阶级不再被看作罪人之际，这类主题却显得格外突出并饱含敌意。最有说服力的解答牵涉到社会史和经济史方面更为具体的发展，即出版业的成长和商业化，以及作家的社会处境。研究波西米亚现象的历史学家认为，反资产阶级波西米亚主义的诞生肯定与私人赞助制度的瓦解（collapse of patronage），与艺术家和作家越来越依赖于非人格化的、更不稳定的收入来源有关。在19世纪之前，作家和艺术家（除非财富上能自给自足）大多都是由统治者或私人赞助支持的。在法国，大革命总体上终止了这一实践，尽管它在1800年后还以一种有限的形式持续下去：拿破仑、波旁君主，甚至1852年政变后的路易-拿破仑都想要赞助几位作家和艺术家。然而，在七月王朝统治下，国家赞助降到了一个很低的水平，与此同时对书籍和报刊的需求量却在稳步增长。[73]

书籍市场在1814年后，尤其是在复辟时期极大地扩大。在1814年到1825年间，年发刊量翻了三番，日报的种类从1811年的11家增长到了1846年的26家。[74]在七月王朝中，报纸的发行量比书籍交易量增长得更快，不过首批面向大众市场的日报（比如*La Presse*和 *Le Constitutionnel*）之所以能成功，很大程度上有赖于亚历山大·仲马（Alexandre Dumas）和欧仁·苏（Eugène Sue）等作家投稿的连载小说。[75]一方面，出版业采用了新的广告形式，追求订阅量，给出折扣，整体在策略上变得越来越以利润为导向。而另一方面，巴尔扎克和乔治·桑（George Sand）等知名作家则经常陷入稿酬纠纷中。[76]书籍的制造本质上还停留在手工阶段，小作坊的手工印刷仍占据主导地位，可是书籍贸易却变得越来越有竞争性，越来越商业化了。塞萨尔·格拉尼亚（César Graña）认为，我们可以很合理地把作家对"资产阶级"的敌视当作他们对自己在1814年后社会世界中处境的表达：一方面，社会对文字作品的需求比以前更大了；但另一方面，作家们的生活保障也越来越少了，他们发现自己不得不屈从于出版商和读者的品位和怪癖。[77]

正如巴尔扎克在小说《幻灭》（*Lost Illusions*）中充分展示的那样，作家们既渴望又蔑视市场的嘉奖；他们憎恨自己无法自主写作，憎恨自己必须讨好匿名的读者。[78]在激增的商业主义之中，文学与现代性相遇了，文学因此把它具象化为对强大而无知的资产阶级的抨击。

以可鄙的资产阶级形象为对比，人们得以界定这个社会的潜在理想：人们希望通过从事艺术或投身公共服务，来实现对物质世界（特别是商业世界）的超越。下面我将对该时期一部最伟大的小说进行总结性分析，为这个论点提供具体的小说文本阐释。

巴尔扎克的最后一部小说《贝姨》（*La Cousine Bette*）发表于1846年，同年也出版了缪尔热的波西米亚传奇故事以及米什莱的《人民》。巴尔扎克的小说的情节围绕着于洛家族这个上流家庭几近毁灭的经历展开，这是因为大家长于洛男爵的淫乱生活和妻子的堂妹（即与小说同名的老处女贝蒂·斐希）的复仇怒火所导致。小说大体上讲的是贝蒂如何策划并对于洛家的女人们复仇的故事：贝蒂的大堂姐阿特丽纳·于洛（Adeline Hulot）美若天仙。如童话一般，她嫁给了埃克托·于洛男爵（Hector Hulot），从此摆脱了贫困的出身；而阿特丽纳的女儿奥当斯（Hortense）抢走并嫁给了贝蒂唯一的心上人。埃克托·于洛已过了知命之年，他是高官、前军人，家里原先又被拿破仑封了爵位。尽管他的妻子德貌兼备，埃克托却总是无法自制地出轨,正是他对年轻性感女人的迷恋和追求使他成了贝蒂复仇的棋子。

贝蒂诱使埃克托勾搭上了她的邻居瓦莱丽·玛奈弗(Valérie Marneffe)。瓦莱丽是个年轻的中产阶级妇人,相貌极其美丽,但品行上更是唯利是图。瓦莱丽很快就使埃克托跪倒在她的石榴裙下,她一边榨干他的钱财,一边还和另外好几个男人交往。埃克托为满足她的欲壑不惜孤注一掷,于是利用自己高级军官的职位迫使下属贪污了一大笔公款。不料事发东窗,埃克托的下属畏罪自杀,而埃克托自己则狼狈地丢了乌纱帽。他在巴黎的贫民窟中和他的一个小情人躲了一段时间后,宽宏大量的妻子最终还是让埃克托回了家。与此同时,贝蒂也罹患肺结核不治身亡。可是,埃克托直到最后仍然死性不改。在得知他与女佣偷情之后,他的妻子悲愤而亡。而他最终则与女佣成婚,一同去了诺曼底乡下。

另一个重要的配角是赛莱斯丁·克勒凡(Célestin Crevel),他是小说中的资产阶级反英雄。克勒凡极其富有,他原先是个香水商人,靠房地产和金融投机赚了一大笔钱。他把自己唯一的孩子赛莱斯丁纳(Célestine)嫁给了于洛的儿子维克托兰(Victorin),以此和于洛家攀上了关系。克勒凡是个鳏夫,一个攀龙附凤的人,他总和贵族出身的于洛家庭相互竞争攀比。尽管他真正的兴趣在赚钱而非女色,但他还是努力在风流韵事方面抢埃克托的风头。他先是抢了埃克托的情妇——演员茹赛法(Josépha),然后又勾引于洛太太,最后还和赫克托最爱的瓦莱丽同床共枕,甚至把她娶进了家门。克勒凡是小说开篇第一个被介绍给读者的角色:他在序幕中被描述成"一个中等身高,穿着国民卫队制服的肥胖男人"[80]。克勒凡正走在前往于洛家勾引阿特丽纳的路上,他浑身散发着成功商人的洋洋得意,胸前的荣誉军团勋章绶带抖擞着威风。阿特丽纳愤怒地拒绝了他,随后又诉苦说家庭的经济困窘使得她难以为女儿找到贤夫良婿。克勒凡抓住时机提出条件说，如果她愿意做他的情人，那么奥当斯的婚配将不成问题："我会出资为你女儿提供嫁妆的。"[81]

虚荣自满的赛莱斯丁·克勒凡不过是《人间喜剧》（*La Comédie humaine*）中为数众多的资产阶级角色的一个化身。他这类人对世界的理解只停留在狭小的物质和商业的层面，他只能把世界理解成一个由金钱主宰，受欲望、竞争和复仇驱动的场所，此外他无法理解任何更高的追求。巴尔扎克的资产阶级形象并非全都一模一样，而克勒凡这个样本则比在他之前出现的角色更为恶劣，这些角色包括《猫打球商店》（*La Maison du Chat-qui-pelote, 1830*）中的呢绒商人纪尧姆（Guillaume），以及巴尔扎克小说中最著名的店老板英雄赛查·皮罗托（1837）。[82]纪尧姆和皮罗托都不具有克勒凡的政治野心，也不像克勒凡那样在性关系上那么放荡。他们既是忠诚的丈夫，又是顾家的称职男人，经济上奋进，但文化水平不高。克勒凡是巴尔扎克对不可一世的资产阶级所作的最极端描绘。

尽管克勒凡极其富有，但小说却是通过描述他的匮乏——他在认同上的缺失——来对其进行系统性界定的。他虽然担任公职，但所行使的仅仅是地方性的有限权力，而作者对他愚蠢行径的滑稽刻画更突显了这一点。在小说中他穿两套制服，一套是国民卫队的大队指挥官制服，另一套是巴黎一个区的长官制服，这种光鲜衣着只适用于礼仪性场合，但缺乏任何真正的内涵。可是，他却穿着这些服装，幻想自己是一名战功英雄：他在企图勾引于洛太太的时候，经常摆出已故皇帝拿破仑的经典姿势，"他像拿破仑那样双臂交叉，把头转向一旁，按照他的画像师教他的那样，深邃地注视着远方"[83]。

饱受文化缺失之患，克勒凡总是借用其他时代的穿衣风格（尤其是物质主义的18世纪）来打扮自己。为了追随贵族风尚，他以效仿陈腐前例的方式为上一世纪的浪荡子传统招魂："这可是摄政时期的风格，这可是路易十五的派头,是牛眼窗(oeil de boeuf)*时代的派头呢!""摄政派、蓝色长礼服派、蓬巴杜尔夫人派、黎塞留元帅派**,我甚至敢说,是《危险关系》派。"[84]然而,克勒凡装模作样的纨绔范儿却并不使人信服,因为他纵使挥霍也从不越过底线。阿特丽纳的家庭毁于丈夫的情欲,而克勒凡对她解释说,与她丈夫不同,自己是一个"有手腕的大老爷":在女人身上花点小钱不算什么,但要把自己的资本搭进去那就是疯了。[85]按照克勒凡的前任情妇茹赛法的说法,克勒凡是这样一种男人,他"在大额花销面前伫立不前,仿佛驴子面临急流"[86]。

克勒凡这类资产阶级角色具有的问题并不在于他不公平地拥有过多的财富,而在于他无法施展某种炼金术,以使自己的财富在更高的理想(比如激情或艺术中)中得到救赎。资产阶级只是让自己的钱财得到无穷无尽地再生产而已,它永远在物质领域里打转。巴尔扎克对克勒凡住所的描绘是,它们如同机器再生产的庙宇。他的装潢师格兰多(Grindot)"又一次将他白墙描金的客厅用红色锦缎壁挂装饰起来,而这已经是第一千回了"。 内饰的装修完成后,屋子里到处都是仿洛可可式的家具、大批量生产的大理石饰品,形成了"一种咖啡店风格(café-style)的奢华感,真正的艺术家要是看到了只能耸耸肩膀"[87]。塞萨尔·格拉尼亚公正地指出,资产阶级被认为缺少文化和价值,"这是因为他们的生活内容缺乏明确的特性,缺乏自我满足感,因此也缺乏内在价值"。资产阶级文化是商业交易的反映,它是扩张性的、延展性的,这与它在本质上缺乏深度和界限是有关的:"资产阶级的生活注定要在质的空洞(qualitative vacuum)中不断进行自我再生产。"

---

* 牛眼窗(Oeil de boeuf),法国巴洛克建筑风格中常见的一种窗式,常开在建筑高层或斜屋顶上,形似牛眼,故得名。——译者注

** 黎塞留元帅(Maréchal de Richelieu,1696—1788),路易十五时期重臣,红衣主教黎塞留的侄孙。——译者注

在小说中，与克勒凡对等的女性角色则是从家庭妇女堕落为交际花的瓦莱丽·玛奈弗，她在文本里始终被当作一个资产阶级女人示人。我们在小说中见到的瓦莱丽，严格地讲，就是个资产阶级：作为妻子和母亲，她家境平平，丈夫只是于洛掌管的陆军部中的一个小雇员。瓦莱丽的真实处境事实上就是一幅原汁原味的资产阶级家庭生活的讽刺画：脏乱的公寓中凌乱地陈列着仿制奢侈品，独生子被丢在一旁无人管照，仆人摆着一张臭脸，丈夫道德败坏又病怏怏，还唆使他的老婆勾引别的男人，以换取钱财。[89]于洛及时地将她安置在了瓦诺街（Rue Vaneau）的一幢豪华公寓里，而她和她丈夫则仍是名义上的夫妇，这使她在表面上还能维持已婚女性的体面。小说作者把她塑造成"一个梅尔特伊式的资产阶级女性"*——一个精明的荡妇，对市场价值有着切实的理解。[90]于洛送给她花销的钱才刚到手，她就在克勒凡的指导下投资股票市场并很快精通于此，积攒了一大笔储蓄。毫不意外的是，在众多追求她的艺术家和贵族中，瓦莱丽最终选择了克勒凡：在社会学的意义上，他们俩注定是一对。

克勒凡和华莱丽这一对（他们俩在一起的道理直到小说末尾才变得明晰）体现了19世纪常见地将资产阶级和卖淫联系在一起的社会想象。人们常常用商品化（commodification）的逻辑来解释这两者之间的关系：资产阶级和妓女之所以属于彼此，是因为他们都是市场经济的典型主顾。[91]毫无疑问，这种解读很有道理，但我想强调不同的一点：资产阶级和妓女都是丑闻的对象，这是因为他们僭越了公私领域之间的界线。妓女在这方面最为明显，她们把性这种私密的功能变成广而告之的身份标志。对于资产阶级而言，一旦他在真正的公共领域主张自己的权利，他就犯下了僭越行为。在巴尔扎克看来，这是因为资产阶级的主要特征就是私（privacy）：

* 梅尔特伊侯爵夫人（Marquise de Merteuil），18世纪法国作家拉克洛小说《危险关系》的女主人公。——译者注

这不是指亲密关系之私，而是指醉心于私人利益。

如此看来，埃克托·于洛与克勒凡的不同之处，不在于他具有更高尚的个人品质（这个虚荣而且自作自受的偏执狂身上并没有什么值得钦佩之处），而在于他在社会分类中所处的位置：他和国家、军队、公共福祉站在一起。巴尔扎克一早就澄清了于洛家族并不具有古老的贵族血统，只是在拿破仑麾下服役之时才得以加官晋爵，但他显然也认为，为国效力和从军作战而得的爵位（和艺术创造一样）也是一种位置很高的社会理想。小说中存在着一些有此特征的男性角色，于洛男爵就是其中之一，他的身份是由往昔的军功和拿破仑帝国的背景所造就的。在阿特丽纳的床的上方悬挂着"一幅罗伯特·勒菲弗于1810年画的于洛肖像，肖像中的于洛身着近卫军军需官的制服"[92]。于洛是拿破仑时期行政官团体中的一员，在1815年拿破仑退位后遭到排挤。应形势所需，他在1823年被波旁王室重新启用，而后在路易–菲利普统治下又被提拔为陆军部署长的高位：他代表的公务员阶级把七月王朝和革命时期的光荣、帝国时期的战功衔接起来。与于洛有关的一切事物都使人想起他从前为拿破仑效命的经历："埃克托·于洛男爵的装束气度是国会派、拿破仑派的。这是因为，要辨认出帝国遗老（原先效忠于拿破仑帝国的人）是很容易的，从他们的军人风度，从他们将蓝制服上的金纽扣一直系到脖颈处的穿衣风格，从他们黑色的塔夫绸领带中，从他们走路时的骄傲姿态中，我们就可以做出判断。"[93]

在小说中，于洛男爵并非唯一体现帝国遗风的角色，与他相似的人有类似的背景，但没有他道德上的缺陷。他的哥哥于洛元帅[也即福士汉伯爵（count of Forzheim）]才是个真正的战功英雄，以其煊赫的武功和正直的人品而闻名。在于洛兄弟之上还有陆军大臣维桑布尔亲王，这个"贝纳多特的亚匹"（rival of Bernadotte）*有着一双"拿破仑式的蓝眼睛"，他的前额"像战场一样纵横交错"[94]。在于洛之下还有斐希兄弟，即阿特丽纳的父亲和姑父，他们头脑简单，盲目服从他人。即便到了19世纪40年代，皮埃尔·斐希还把境况窘迫的埃克托·于洛当作是"拿破仑这个太阳放出的光芒"[95]。

在后帝国时代的法国，对于这些人来说，国家取代了他们敬爱的皇帝，成了一切荣耀和认可的来源。这就是为什么当于洛欺瞒国家以填私欲之时，这种行为就显得罪大恶极了。"你抢了国家的钱，"维桑布尔亲王在一次激烈的交锋中怒斥于洛，"你可耻地玷污了我们的高级行政系统，迄今为止，它是整个欧洲最纯洁的！……而现在，它的名声全毁了！我的先生，就为了二十万法郎和一个荡妇！"[96]在于洛的哥哥看来，经历这次危机如同经历了一次最严重的集体性创伤（collective trauma）。这无关乎金钱和地位，这关乎的是荣誉的损失。"他让我们所有人蒙受耻辱，他让我痛恨我自己的名字。"这位在小说开头被描述为充满荣誉感的元帅如此哀叹道。维桑布尔亲王和于洛元帅这类优秀公仆内在固有的荣誉感和其具象表现——荣誉军团勋章绶带——之间形成了含蓄对照，后者被克勒凡趾高气扬地佩戴着，也是瓦莱丽那病快快的丈夫（另一个资产阶级）的渴求之物。资产阶级角色没有意识到，那种为崇高的国家事业献身的真正荣誉与他们所体现的自利冲动是无法兼容的。于洛的问题是，他因关照其自私冲动而沉沦到了资产阶级的层次。"你最好滚出行政系统，"维桑布尔亲王向于洛咆哮道，"因为你根本连人都不是，你有的只是色欲。"[98]

维桑布尔亲王和于洛元帅体现了勇武和友爱的正面社会规范，荣誉感明显和男性气概相关。巴尔扎克虽然也承认这种女性的荣誉感，但他着

---

* 让–巴蒂斯特·贝纳多特（Jean-Baptiste Bernadotte，1763—1844），拿破仑一世手下的元帅之一，后任瑞典国王，称卡尔十四世·约翰（Charles XIV John）。——译者注

重强调了这种品质的脆弱性：阿特丽纳不得不将自己委身于克勒凡，以换取钱财来挽救丈夫的名声和大伯的性命。［克勒凡不但拒绝了她的请求，而且还加倍羞辱了她：他提议把她介绍给一个外省资产阶级，一个手头阔绰的退休杂货商，名叫波维萨奇（Beauvisage）。他巴不得自己能用钱买到这样上等的情妇。］[99]当个人利益危如累卵的时候，即使是如此高贵的妇人都有可能堕入资产阶级和娼妇的行列。巴尔扎克小说的这些部分说明了资产阶级身份性别化的实质。醉心于私人生活和私人利益，资产阶级是女性化的。这也是为什么在法国文化中"资产阶级"这个类属少有的能逃过批评的方面全都与家庭生活有关（资产阶级红酒、资产阶级烹调、资产阶级家居生活），以及为什么资产阶级角色只有在他不僭越私人领域的时候才能被人们接受。格纳拉认为，资产阶级从事的都是女性化的工作，它具有再生产性、程式化、精神上消极的特征；他的劳动潜在地与展现男性气概的活动相对立，因为那些活动具有英勇的、精神性的、独具一格的特征。[100]在巴尔扎克的社会分类中，理想的活动与艺术或高级公职相关，而资产阶级人物则以他们自私的态度和再生产性活动从反面界定了那些崇高的理想。

标准观点认为，奥诺雷·德·巴尔扎克的社会和政治立场表明他是一个厌恶资产阶级的、对某种类型的旧制度生活充满怀旧之情的反动保王派。从格奥尔格·卢卡奇（Georg Lukács）到弗雷德里克·詹姆逊（Fredric Jameson），这种观点在左翼学者中很受欢迎：他们认为，巴尔扎克从右翼边缘（right-wing marginality）的立场完成了左派的意识形态工作，揭露了在弱肉强食法则和资产阶级精神空虚主宰下的社会丑恶现象。[101]这一传统观点既不准确，也是误导性的。巴尔扎克的家庭出身和早年教育使他扎根于左派的传统（启蒙自由主义、共和主义和波拿巴主义）之中。复辟时期的巴尔扎克认为自己处在政治光谱的自由派一端，尽管他更倾向于革命传统中比较悲观、比较威权主义的一派，这一派与卢梭、罗伯斯庇尔，特别是拿破仑联系紧密。尽管巴尔扎克的立场有过变换，在七月王朝早期他确实支持过守旧的保王主义，但终其一生，他的政治信念始终如一：他青睐威权政府，崇拜拿破仑；他讨厌自私的物质主义；他反对任何形式的民众行动主义。[102]

总的说来，巴尔扎克在《贝姨》中展示的社会景观（包括他对军功英雄和公职人员的美化）与他内心最深处的社会政治倾向相吻合，而这种倾向最终和反动保王主义毫无关系。巴尔扎克对资产阶级的厌恶（由克勒凡这个角色表现出来）远不是某种古怪的右翼观点，而是在这个颂扬普世主义和超越性的文化中会出现的标准态度，它所树立的自私、贪婪的资产阶级形象只是作为陪衬用的反例。巴尔扎克在《人间喜剧》中苛刻地描绘了资产阶级的贪财逐利和精神空虚，他对敌人的这种界定与空想社会主义者以及米什莱这样的共和主义者类似。尽管巴尔扎克的精英主义使他和社会主义者、民主共和主义者分道扬镳，但在以下两点上他们却不谋而合：他们都敬畏作为超越性集体性的国家，鄙视"资产阶级"一词传达出来的精神空虚。

法国现代史的标准叙事（无论它是否明确地支持马克思主义的框架）立足于以下假设，即作为统治阶级的资产阶级至少从1830年开始就处于支配地位。除了第二共和国（1848—1852）和巴黎公社（1871）这两个短暂时期例外，经济领域和智识领域的非贵族精英在第二帝国和随后的数个共和国中都占据支配地位。这一观点（也包括更早的类似阐释）具有的问题并不在于其事实上是错误的，而在于这种阐释缺乏分析深度和具体性。确实，贵族的鼎盛时代已经过去了，法国也处在一个富裕的、有教养的非贵族的上流阶层的统治之下，并为其利益而服务。[103]但是，对于资本主义尚处于欠发达阶段的时期而言，或者说，对于那些并非明确使用马克思主义的研究取向而言，"资产阶级"这个范畴在应用于分析时究竟与什么相关联是很不清楚的。尤其对于法国历史而言，对资产阶级霸权的陈腐假定阻碍了人们思考文化史和政治史层面最为有趣的一些问题，比如：为什么谴责资产阶级的声音先于资本主义的发展而到处盛行？为什么在法国建立一个自由的、中间阶级的英国式政权的企图最终惨遭失败？

当然，许多偶然因素导致了七月王朝的不得人心和最终灭亡：路易-菲利普本来就不是魅力超群的人物，而他的大儿子，这个家族中唯一受人欢迎的成员却在1842年意外身亡。近期的一篇文章认为，在法国，也许资产阶级君主制的理念本身就十分自相矛盾，以至于难以在表征领域中发挥作用：七月王朝难以在君主制原则和尚贤制原则之间保持平衡，这两种原则都是其立政之基。而国王路易-菲利普的形象也从贪婪软弱发展成了凶狠残暴（尤其是在1834年的残酷镇压之后）。[104]

这里对七月王朝为何不得人心做出的解答牵涉到法国政治文化中的一些长期存在的特征，比如不可分裂的人民这个理念具有的力量，以及精神层面在人们理解政治体时具有的重要性。复辟时期自由派的历史叙事和政治意识形态之所以能够成功，是因为他们把资产阶级解释成了整个民族，资产阶级成了第三等级改名换姓后的转世重生。然而，当信条派掌权以后，他们想要走一条中间道路的企图暴露出他们的言辞不过是政治手段，而非政治理想：它全然决定于社会位置，空洞得令人沮丧。而基佐拒绝采取任何实质性措施扩大选举名额的做法又大大强化了这一观点。诚如孚雷所言，七月王朝给自己贴上的资产阶级标签恰恰成了众人攻击的靶心。[105]为了回应七月王朝对物质主义和犬儒精英的青睐，在1830年到1848年间兴盛的反对派意识形态诉诸普世主义梦想和精神性原则：他们包括空想社会主义和基督教社会主义、理想化了的共和主义、文学家和艺术家的精英主义，以及一个效忠于超越性国家的、日益具有自治性的公务员阶级。

为了反对复辟政权的政教一体模式，七月王朝小心翼翼地与教会保持距离，而这反倒使人们批评其物质主义。反对这个政权的声音也因此或明或暗地染上了强烈的基督教元素。贝尔纳德·葛洛图伊森在很久以前曾指出，福音书只承认两种形式的伟大：权力的伟大和贫困的伟大。伟人享受着上帝式的荣耀，而穷人则体现着耶稣式的清贫和苦难。没有哪种中间状态能够赋予这种道德声望。资产阶级，既无权力也不贫困，只能被放逐至精神的荒原。[106]这个对社会而言的真理对政权也是成立的：如果一个政权要具有合法性，它的核心原则要么在于权力与荣耀（即使是波旁或波拿巴王室中的次要人物也能体现这点），要么在于劳作和人民的苦难（共和主义以及一切更左的意识形态的立政之本）。换种方式来说，根据皮埃尔·罗桑瓦隆的观点，建立自由立宪君主制的尝试在这一时期之所以失败，是因为在法国政治文化传统中存在一种对"中性权力"（neutral power）理念的广泛抗拒。1789年革命只是转移了主权的内涵，而并非限制它，主权仍然保有其神圣的本质。[107]最宽泛地说，中间阶级立宪政府在1815年后之所以失败，是因为主权不能被想象成某种空洞的或中性的东西，正如社会理想也无法被想象成寓居于某种以中间性为主导特征的群体之中。

在法国的语境中，"资产阶级君主制"这个表述比它的字面意思更为自相矛盾。理想的君主政体应当代表民族共同体，是光荣的、英雄的利他主义的化身；而作为其修饰语的"资产阶级"在人们的想象中则是私人性、自利和精神匮乏的化身。在法国历史与文化的语境中，"资产阶级"和"君主制"的语义组合本应当毫无疑问地作为过去和现在的最佳折中而存在于人们的想象中，但是，它最后却变成了一个不攻自破的灾难性理念。

注释

1. David Pinkney, *The French Revolution of 1830* (Princeton: Princeton University Press, 1972), chs. 3‑5; Pamela Pilbeam, *The 1830 Revolution* (New York: St. Martin's Press, 1991), chs. 4‑5.

2. François Furet, *Revolutionary France, 1770‑1880*, trans. Antonia Nevill (Oxford: Blackwell, 1992), pp. 333‑334. Peter McPhee, *A Social History of France, 1780‑1880* (London: Routledge, 1992), pp. 118‑120. 孚雷确实注意到，尽管全国性选举在社会层面上仍有诸多限制，但市一级和县一级的选举权利却有更多实质性进步，在市镇和县议会议员选举中，选举名额扩大至约100万名男性公民。

3. McPhee, *Social History*, p. 119.

4. 20世纪70年代，经济史学者开始提出，人们不应该用英国标准来衡量19世纪法国的经济发展模式，或认为这种模式本身就是一个失败。相反，在法国，缓慢的经济增长步伐、小农手工业及农业部门长期占主导地位，恰恰适应于其地理和人口禀赋。出于人道方面的考量，法国的现代经济转型过程或许实际上比英国模式要可取得多，因为它避免了一些迅速工业化模式会带来的社会和文化的动乱。关于这一观点的最全面描述，参见 Patrick O'Brian and Caglar Keydar, *Economic Growth in France and Britain: Two Paths to the Twentieth Century* (London: Allen and Unwin, 1978)。也可参考 Richard Roehl, "French Industrialization: A Reconsideration," *Explorations in Economic History* 13 (1976): 233‑281; Don Leet and John Shaw, "French Economic Stagnation, 1700‑1960: Old Economic History Revised," *Journal*

of Interdisciplinary History 8 (1978): 531 – 544; Rondo Cameron and Charles E. Freedman, "French Economic Growth: A Radical Revision," *Social Science History* 7 (Winter 1983): 3 – 30; Robert Aldrich, "Late-Comer or Early Starter? New Views on French Economic History," *Journal of European Economic History* 16 (1987): 89 – 100.

    5. Richard Price, *A Social History of Nineteenth–Century France* (London: Holmes and Meier, 1987), pp. 3 – 44.

    6. Christophe Charle, *Histoire sociale de la France au XIXe siècle* (Paris: Le Seuil, 1991), pp. 34 – 38.

    7. Price, *Social History*, pp. 39 – 40.

    8. Ibid., p. 44.

    9. Adeline Daumard, *La Bourgeoisie parisienne de 1815 à 1848* (Paris: S.E.V.P.E.N., 1963), pp. 15 – 21.

    10. Adeline Daumard, *Les Bourgeois et la bourgeoisie en France depuis 1815* (Paris: Aubier, 1987), pp. 85 – 93.

    11. Pilbeam, *The 1830 Revolution*, ch. 7.

    12. Ibid., pp. 130 – 131.

    13. Ibid., pp. 132 – 135.

    14. Ibid., p. 135.

    15. Vincent Starzinger, *Middlingness: Juste–Milieu Political Theory in France and England, 1815 – 1848* (Charlottesville: University Press of Virginia, 1965), p. 79.

    16. Edouard Alletz, *De la démocratie nouvelle ou des moeurs et de la puissance des classes moyennes en France*, 2 vols. (Paris: F. Lequin, 1837), I: vii.

    17. Ibid., I: 39 – 41.

18. Ibid., I: 268 - 269.

19. Ibid., I: 43.

20. Ibid., I: 5 - 7, 37 - 38.

21. Ibid., I: 267 - 268.

22. Ibid., II: 33.

23. Starzinger, *Middlingness*, pp. 16 - 17, 144 - 147.

24. Ibid., pp. 21 - 24, 70 - 80, 85 - 95.

25. 关于这一点，也可参考 Pierre Rosanvallon, *Le Moment Guizot* (Paris: Gallimard, 1985), pp. 265 - 270。

26. Starzinger, *Middlingness*, p. 79.

27. Louis Véron, *Mémoires d'un bourgeois de Paris*, 6 vols. (Paris: Gabriel de Genet, 1853), IV: 42.

28. Roland Barthes, *Mythologies* (Paris: Le Seuil, 1957), see esp. pp. 215 - 217.

29. Starzinger, *Middlingness*, pp. 101 - 118.

30. Furet, *Revolutionary France*, p. 343.

31.Marie-France Piguet, *Classe: Histoire du mot et genèse du concept* (Lyon: Presses Universitaires de Lyon, 1996), p. 169.

32. H.A.C. Collingham, *The July Monarchy: A Political History of France, 1830 - 1848* (London: Longman, 1988), esp. chs. 9, 11, 26, 27; Christopher H. Johnson, *Utopian Communism in France: Cabet and the Icarians, 1839 - 1851* (Ithaca: Cornell University Press, 1974); Edward Berenson, *Populist Religion and Leftwing Politics in France, 1830 - 1852* (Princeton: Princeton University Press, 1984).

33. Shirley Gruner, "The Revolution of July 1830 and the Expression

'Bourgeoisie,' " *The Historical Journal* 11 (1968): 466‒471.

34. Ibid., p. 469.

35. McPhee, *Social History*, pp. 137‒140.

36. 引自William H. Sewell, *Work and Revolution in France: The Language of Labor from the Old Regime to 1848* (Cambridge: Cambridge University Press, 1980), p. 198.. 法语文本以及进一步的讨论可参考William H. Sewell, "La Confraternité des prolétaires: conscience de classe sous la Monarchie de Juillet," *Annales: Économies, sociétés, civilisations 36* (1981): 650‒671。

37. Ibid., pp. 656‒657.

38. Johnson, *Utopian Communism*, p. 32.

39. Sewell, *Work and Revolution*, p. 215.

40. Sewell, "La confraternité," pp. 659‒660.

41. Sewell, *Work and Revolution*, chs. 8‒9.

42. Ibid., chs. 11‒12, quote p. 283.

43. Berenson, *Populist Religion*, p. 38.

44. Frank Manuel, *The Prophets of Paris* (Cambridge, Mass.: Harvard University Press, 1962), pp. 158‒162; Paul Bénichou, *Le Temps des prophètes: Doctrines de l'âge romantique* (Paris: Gallimard, 1977), pp. 279‒281.

45. Manuel, *Prophets of Paris*, pp. 138‒193.

46. Ibid., p. 177.

47. Bénichou, *Temps des prophètes*, p. 309.

48. Berenson, *Populist Religion, chs*. 2 and 4.

49. Ibid., p. 53.

50. Lionel Gossman, *Between History and Literature* (Cambridge, Mass.: Harvard University Press, 1990), ch. 5.

51. Jules Michelet, *Le Peuple* (Paris: Flammarion, 1974), p. 132.

52. Ibid.

53. Ibid., pp. 133 - 134, quote p. 134.

54. Ibid., p. 134.

55. Ibid., p. 137.

56. Ibid., p. 132.

57. Ibid., pp. 163 - 164.

58. Ibid., pp. 210 - 211.

59. Gossman, *History and Literature*, pp. 180 - 181.

60. Ibid., pp. 180 - 185.

61. Sewell, *Work and Revolution*, p. 283.

62. César Graña, *Bohemian versus Bourgeois: French Society and the French Man of Letters in the Nineteenth Century* (New York: Basic Books, 1964), p. 111.

63. Albert Maurin, *Histoire de la chute des Bourbons*, 6 vols. (Paris, 1849 - 52), IV: 86.

64. Michelet, *Le Peuple*, p. 133.

65. Maurin, *Histoire de la chute des Bourbons*, IV: 86.

66. David Pinkney, *The French Revolution of 1830* (Princeton: Princeton University Press, 1972), p. 276. 亦可参见Charle, *Histoire sociale*, pp. 42 - 47; Clive Church, *The French Ministerial Bureaucracy, 1770 - 1850* (Oxford: Clarendon Press, 1981), chs. 9 - 10.

67. Pilbeam. *The 1830 Revolution*, pp. 135 - 139.

68. Ibid., pp. 140 - 141.

69. Pinkney, *French Revolution*, pp. 292 - 293.

70. Ibid., pp. 291 - 295. William Reddy, *The Invisible Code: Honor and*

Sentiment in Postrevolutionary France (Berkeley: University of California Press, 1997), pp. 172 – 183.

71. Jerrold Seigel, *Bohemian Paris: Culture, Politics, and the Boundaries of Bourgeois Life, 1830 – 1930* (New York: Penguin, 1987), chs. 1 and 2. (Henry Murger, spelled this way in French, is often also spelled Henri.)

72. Ibid., p. 6.

73. Ibid., p. 13.

74. Martyn Lyons, *Le Triomphe du livre: une histoire sociologique de la lecture dans la France du XIXe siècle* (Paris: Promodis, 1987), pp. 12 – 13; James Allen, *Popular French Romanticism* (Syracuse, N.Y.: Syracuse University Press, 1981), p. 127; Graña, *Bohemian versus Bourgeois*, p. 127.

75. Lyons, *Triomphe du livre*, pp. 48 – 52.

76. Ibid., ch. 2, passim.

77. Graña, *Bohemian versus Bourgeois*, pp. 37 – 42.

78. Ibid., pp. 35 – 42.

79. 在下一节中将展示这一论证的完整版本，参见 Sarah Maza, "Uniforms: The Social Imaginary in Balzac's La Cousine Bette," *French Politics, Culture, and Society* 19 (2001): 21 – 42.

80. Honoré de Balzac, *La Cousine Bette* (Paris: Gallimard, 1972), p. 31.小说的英文翻译均由本书作者完成。

81. Ibid., p. 38.

82. Emmanuel Failletaz, *Balzac et le monde des affaires* (Lausanne: Payot, 1932), ch. 1; Ronnie Butler, *Balzac and the French Revolution* (London: Croom Helm, 1983), chs. 6 – 9. 关于巴尔扎克书中人物更为全面的指南，参见 Anthony Pugh, *Balzac's Recurring Characters* (Toronto: University of Toronto

Press, 1974)。

83. Balzac, *Cousine Bette*, p. 38.

84. Ibid., pp. 224 - 227, 326.

85. Ibid., p. 325.

86. Ibid., p. 366.

87. Ibid., p. 143.

88. Graña, *Bohemian versus Bourgeois*, pp. 104 - 105.

89. Balzac, *Cousine Bette*, pp. 84 - 86.

90. Ibid., p. 385.

91. 可参考 Peter Brooks, *Reading for the Plot: Design and Intention in Narrative* (New York: Knopf, 1984), ch. 6. 19世纪对妓女的迷恋和商业主义的兴盛之间的联系在近期有关这个主题的两段材料中被含蓄地提及，但这两段材料更多的是以精神分析为导向的，而不是以社会学为导向的，参见Charles Bernheimer, *Figures of Ill Repute: Representing Prostitution in NineteenthCentury France* (1989; rpt. Durham: Duke University Press, 1997), ch. 2, and Jann Matlock, *Scenes of Seduction: Prostitution, Hysteria and Reading Difference in Nineteenth-Century France* (New York: Columbia University Press, 1994), chs. 2, 3, 5.

92. Balzac, *Cousine Bette*, p. 194.

93. Ibid., pp. 74 - 75.

94. Ibid., p. 346.

95. Ibid., p. 163.

96. Ibid., p. 347.

97. Ibid., pp. 356, 80.

98. Ibid., p. 352.

99. Ibid., p. 89.

100. Graña, *Bohemian versus Bourgeois*, pp. 164‑165.

101. Georg Lukács, *Studies in European Realism: A Sociological Survey of the Writings of Balzac, Stendhal, Zola, Tolstoy, Gorki* (London: Hillway Publishing, 1950), ch. 1. 卢卡奇认为，巴尔扎克对其社会中增长的物质主义和"资产阶级"的批判近乎上瘾，这种说法颇具说服力。但巴尔扎克是否"痛惜法国贵族制的衰亡"仍颇具争议(p. 39)。对后一观点的矫正，参见 Camille Laparra, "L'Aristocratie dans La Comédie humaine de Balzac," *The French Review* 68 (March 1995): 602‑614. 重述传统观点的文章（尽管观点传统，但该文章仍十分深刻），参见 Fredric Jameson, "La Cousine Bette and Allegorical Realism," *Publications of the Modern Language Association of America 86* (1971): 253.

102. 经典的、最为详尽的研究，参见 Bernard Guyon, *La Pensée politique et sociale de Balzac* (Paris: Armand Colin, 1967)。遗憾的是，该文章对巴尔扎克的论述只覆盖到19世纪30年代中期以前的部分，参见 esp. ch. 6. 于巴尔扎克对拿破仑的热衷，参见Saint‑Paulien [Maurice Sicard], *Napoléon, Balzac et l'empire de la Comédie humaine* (Paris: Albin Michel, 1979).

103. 然而，历史学家有时也认为，贵族在欧洲社会占支配地位的情况直到20世纪早期才真正结束。参见Arno Mayer, *The Persistence of the Old Regime: Europe to the Great War* (New York: Pantheon Books, 1981).

104. Jo Burr Margadant, "Gender, Vice, and the Political Imaginary in Nineteenth-Century France: Reinterpreting the Failure of the July Monarchy, 1830‑1848," *American Historical Review* 104 (December 1999): 1461‑1496.

105. Furet, *Revolutionary France*, p. 344.

106. Bernhard Groethuysen, *Origines de l'esprit bourgeois en France* (Paris:

Gallimard, 1927), 167 – 177.

107. Pierre Rosanvallon, *La Monarchie impossible: les Chartes de 1814 et 1830* (Paris: Fayard, 1994).

结语 资产阶级、犹太人和美国人

有人曾说，一切历史实际上都是自传。尽管一个人的研究课题与其生活之间的联系也许只会滞后地显现出来，但如果能够显现出来的话，这种关系很可能确实是存在的。在我投身于撰写此书的大部分时间内，我相信我只是在处理一个纯粹的智识性问题而已。直到写作完成时我才意识到，我对法国人对一种想象中的资产阶级的态度的专注研究是如何从我那不同寻常的成长环境中生长出来的。

我在法国长大，是一个美国犹太移民家庭的孩子。在法国，我度过了我的童年和青少年时期。彼时正值法国反美主义高涨的20世纪60年代。在那个时代里，尽管官方对犹太人表示宽容，但无声的反犹主义却仍在到处传播。和大多数孩子一样，我热切地想要融入集体中去。不过，我很早就意识到，美国人以及犹太人的两重身份，对一个从6岁长到16岁的孩子而言，似乎是个无比巨大的困难。我很快就发现，熟练掌握法语并在学校里表现良好还远远不能抹除我身上的美国人印记。上述两样我在一定程度上都做到了，也因此受到人们的称赞，而这称赞听起来就好像我克服了什么可怕的残疾似的："她是一个美国人，但她很聪明呢"这是我从老师和同学那里不止一次听到过的评论。

我的犹太身份则是另外一回事。尽管我从未遇到过最恶劣、最赤裸裸的敌意，但即便在孩童时期，我就已经注意到了那些"礼貌的"反犹主义，并因此明白犹太人（juif）或犹太的（juive）是某种人们不想沾惹的前缀。由于我的姓氏不会暴露我的犹太身份，我就故意略去我的犹太身份，向人撒谎。11岁的时候我遗憾地向我的小伙伴们解释说我不能和他们一样参加天主教坚信礼了（那里有洁白的袍子、礼品和精美的庆典），因为我的家庭是非天主教徒。我希望他们能从这含混的"非天主教徒"一词中得出结论认为我的家庭信奉某种可以被接受的信仰形式，比如新教或无神论。我以一个孩子对文化规范的探知感嗅到了为什么我的这种二重身份是不体面的：直截了当地说，就是钱太多，文化太少。

当我开始从更宏观的历史模式的角度思考法国人对那可被泛称为物质主义的事物的抵触时，这一切记忆都浮现在我脑海中了。法国人（如果这样概括合适的话）并不比其他任何人更讨厌物质享受和物质占有。他们对食物、红酒和色欲的兴趣是真实存在的，这不仅仅只是陈词滥调。对于外国人而言，法国人对保健药物和物理疗法（以康乐，bien-être著称）的热衷程度是惊人的：在法国，药店网络的分布密度能和爱尔兰的酒吧媲美了。在法国社会里，社区生活和组织自古以来就很薄弱。因此，财产，尤其是土地和不动产，不仅仅在保障家庭地位方面发挥作用，在那种基本需求以上的经济保障方面亦是如此。而这些经济保障是政府和职业市场不可能确保的。这些对物质世界的投资既不会与本书探索的法国文化的核心层面相矛盾，也不会对它有所损害。这一核心层面即是，通过拒斥物质价值来实现个人和集体身份的建构。法国人对布尔乔亚这一抽象概念具有的惯常敌意（对此我已论证过了），就是上述这一倾向的一个长期存在且复杂的面向。在不同的历史时期中，这一倾向也通过建构了"犹太人"和"美国人"这样的平行概念而得到了反映。

在18世纪和19世纪早期，正如我们所见，bourgeoisie是一个复杂的、多层面的概念，其承载的大多数意义都是负面的。在旧制度时期，布尔乔亚是一个法定的社会类别，它赋予了那些没有头衔的精英们许多和贵族们相似的市镇特权。尽管巴黎、里昂或沙特尔的许多布尔乔亚们毫不迟疑地以布尔乔亚这个头衔为荣，但历史悠久的传统观念却讽刺布尔乔亚是粗野贪婪之人。对布尔乔亚的偏见源于这个团体的功能性本质——即作为贵族和平民之间不稳定的边界地带。在一个围绕着严格的社会等级原则（假如这只是原则而并非现实的话）而建立起来的有序社会中，布尔乔亚那不伦不类的性质使他们成为人们攻击和嘲笑的对象。从旧制度那里，法国人继承了那种认为布尔乔亚是一个次要的、有缺陷的贵族形式的观点。他们也因此遭受双重唾骂，既由于其贵族般的特权和权力，也因为他们攀龙附凤的罪恶而遭到人们的质疑。

在法国历史上，只有一次，人们协力将资产阶级的形象塑造为社会和历史的中心团体以及积极的社会规范的代言人：这发生于19世纪20年代到19世纪40年代，在复辟时期的自由派们撰写的历史中，资产阶级被演绎为反贵族英雄，而路易–菲利普的君主制随后又被贴上了"资产阶级"的标签。这个实验只能说是一次短暂的成功，或者说就是个失败。法国后革命时期的君主制是公开的精英主义，它把投票权限制在一个极小部分的人口之内。如果仅有百分之一的法国人享有投票权，那么将资产阶级和第三等级或法国人民画等号的自由派修辞就只能成为空话。

最终，"资产阶级"概念的传统消极内涵——不劳而获的特权和文化缺失——又添上了新的恶名。对于像米什莱这样的浪漫派共和主义者、不计其数的艺术家和作家，最后还有社会主义者和共产主义者来说，资产阶级变成了新兴的现代性中一切可怕东西的代表：漂浮不定的城市生活、市场的暴政、工业主义到来的最初的标志。除了社会无能的黑锅之外，茹尔当先生们（Monsieur Jourdain）[*]很快还背上了资本主义剥削的罪名。直到今日，当法国人在某些语境中谈及资产阶级时，他们思维中所想的明显是个上流阶级。这群人今天当然存在，就像彼阿特利克丝·勒·维塔（Béatrix Le Wita）在她那充满智慧的人类学研究中对这个既易辨识又广受蔑视的上流社会所进行描述的那样：围着爱马仕围巾并穿着巴宝莉风衣的女人、在私人天主教学校上课的孩子、用祖辈传下的古玩装点的巴黎公寓，以及夏日避暑的乡间大别墅。数代的财富和文化积累会产生这样的家庭：为初入社交界的女孩子举办舞会，而孩子们对他们的家长使用"您"（vous）的敬称。就像其他所有人那样，他们拒绝"资产阶级"的标签。然而，无论它是什么，这个资产阶级指的都并不是中间阶级。[1]

的确，即便负面内涵比资产阶级要少得多的中间阶级的概念，在法国也从未像它在英美世界里那样盛行过。尽管在历史上许多时候，法国领导者曾唤起过一种中庸性的社会理想——比如说，基佐在19世纪20年代关于中间阶级的修辞，或是莱昂·甘必大在19世纪80年代使用的新社会阶层（nouvelles couches sociales）的概念——但是这些概念都没能引起共鸣或者持续存在下去。社会上中间阶级规范的缺失可能与信条派的中庸政治方案的失败有关。无论将其用于政治还是社会，一个中庸立场的概念在法语语境中看起来似乎没有提供任何内在价值：正如我们在最后一章里看到的，七月王朝下的政治生活被广泛地描述成空洞的，甚至连政权支持者也这么说。对于法国大革命之后的一代人而言，政治就是关乎意识形态，而不是建立联盟，因此，人们难以为将价值寓于立场而非寓于内容的政治方案进行辩护。[2]推行"中庸"蕴含着一种愿景——认为社会**和国家的维系依**

---

* 茹尔当先生是法国著名戏剧家莫里哀（Moliere）撰写的戏剧《贵人迷》（Le Bourgeois Gentilhomme）中的主角。在该戏剧中，茹尔当是典型的法国旧制度下的布尔乔亚，拥有大量资产，渴望跻身上流社会，却又粗俗不堪，没有文化，虚荣心极强。——译者注

276

赖于数量的逻辑，这样一种行为潜在地将社会和政治范畴缩小到仅仅只是物质的领域，从而剥离了公共生活中的那些超越性意义。

一旦下述事实变得明确起来（而且很快事情确实也是这么发生的），即重建旧制度式的君主制无法给社会秩序重新注入神圣的意义，那么超越性又应该去哪里寻找呢？这个问题和它的答案能从一位接近法国大革命的同时代人的说法中得到最好的理解，这个人就是弗里德里希·黑格尔。在19世纪早期写作的黑格尔并未把资产阶级和资本主义的发展模式联系起来，因为那种资本主义还尚未在德国和法国出现。取而代之的是，他把市民（Bürger）一词当作将对社会人的灵魂进行分割的对立两极中的一极；市民的反面并不是贵族或是工人，而是公民。[3]

资产阶级/公民的二重对立反映了一种根本的分裂，这一分裂发生在法国大革命之后，发生在平民生活与政治生活之间：现代人要如何克服自私、私人利益与公共政治身份之间的张力呢？黑格尔的答案当然是国家应当作为重新合一的动因（agent of reintegration），治愈现代人灵魂分裂造成的创伤：只有国家才能给予人们自由，这是通过把他们重整为一体而实现的。这就是为什么那些为国家效劳的人，那个公务员阶级，组成了社会的规范性集体，这个阶级既是普遍的也是神圣的。这最后一个观点被黑格尔的最出名的和最天才的批评家卡尔·马克思以讽刺的方式着重强调。他在一条对黑格尔的注释中写道："官僚精神纯粹是一种耶稣会的精神、神学的精神。官僚是国家的耶稣会教徒和神学家。官僚组织就是教士的共和国（la république prêtre）。"[4]

我在本书中曾提出，如果将公务机关当作现代法国的普遍阶级和支配性社会规范，我们也许能有所收获。这个强有力的为国效劳的典范深深植根于旧制度之中，尤其是体现在贵族成员身上：那些在国王的内阁中效劳的人，那些端坐于皇家法庭之上的人，那些在学术上表现卓越的人，或是那些在战场上赢得荣誉的人。这个理想典范在大革命中得到了更为广泛的传播，作为应对商业、安逸和私生活的威胁与诱惑的对策，也许还作为一种连贯性的来源，在紧随大革命而来的眼花缭乱的政权更替中持存。正是从这种理想化的荣誉源于为国家奉献的公务员视角来看，资产阶级就是一个不折不扣的他者。换句话说，想象中的资产阶级不是资本主义的化身，而是威胁政治体的自私冲动的体现，这恰如贵族在18世纪90年代体现了威胁革命共识的所有可能的危险一般。（尽管只是一种强烈的推测，我们仍可以很轻易地认为资产阶级在那些批判它的人心中代表了自私自利的物质主义的诱惑。）

一旦资产阶级从中心被移置到了边缘地带，法国文化的很多方面都会变得更加清晰。例如，我会提出，对荣誉的崇拜在革命后的数十年中之所以能够兴盛，并非如罗伯特·奈（Robert Nye）论证的那样是资产阶级为了使他们的文化合法化而拥护这种返祖式的概念导致的，而是因为报效国家和智识或军事上的卓越，这种典范从旧制度开始就几乎毫无变化地流传下来了，而荣誉则与这类追求紧密相连[5]（我对巴尔扎克的《贝姨》的分析就试图表明这一点）。历史学家们迟迟才挖掘出的一个相关概念即竞秀（emulation）*，托马斯·克劳（Thomas Crow）认为这个概念在大革命头等艺术圈的话语中处于核心地位，这个才气横溢的小圈子是由雅克–路易斯·大卫（Jacques-Louis David）和他们的学生们组成的。卡罗尔·哈里森（Carol Harrison）在研究19世纪法国东部外省城市中间阶级男性的社交能力的过程中，发现了许多"竞秀社团"（Emulation Societies）以及当地人写的赞美竞秀的散文和颂歌。[7]

我意图将竞秀视为现代法国精英文化的核心。竞秀的原则与通常认

---

* 为了区分emulation和competition，因此不将emulation译为竞争，而根据作者在下文解释中的含义而译为"竞秀"。——译者注

为的占主导地位的资产阶级文化的竞争性（competition）和自利性截然不同。当竞争能被水平地想象为起点平等的人们对胜利的追逐时，竞秀则是垂直地起作用，竞秀的参与者们相互对抗以求达到那个想象中的高峰。[8]竞争着眼于实质，而竞秀则着眼于形式；前者旨在确保胜利所带来的战利品，而后者则旨在实现美德和等级区分；卓越只不过是竞争带来的副作用，却是竞秀的全部意义。最重要的是，竞秀的概念意味着一种价值赋予式的凝视（valorizing gaze）。如果人们竞争主要是为了获得胜利和实现自我尊重，那么一个人竞秀则是为了得到更高权力的认可：老师、君主，或是国家的认可。正如卡罗尔·哈里森所说，实践于19世纪法国地方社团的竞秀精神是联合性的而不是对抗性的：社团成员们避免他们的言行举止基于任何形式的经济自利，社团也避免潜在的可能造成分裂的政治辩论，而是专注于在科学和智识探索以及慈善事业中超过别的社团。[9]竞秀作为训练和挑选法国精英的统治性原则得以持续存留下来。

对植根于竞秀理念中的社会团结的强调，以及它所隐含的对更高等的评判性权力的需求，将我们带回了法国人对政体和社会理解中的宗教和精神的层面。伯恩哈特·格罗图伊森指出，天主教廷只承认两种权力的基础，以上帝为模本的伟大或以救主基督为代表的贫困。[10]把它们翻译到后革命时期政治的领域中，这两种模型最初生成了两种对立的主张——一方面是君权神授的神圣性，另一方面则是民主共和主义。在19世纪对介于这两种传统的中间道路的探索中，失败的选项就是想要恰切地立足于寻求中间立场的奥尔良派式的，或者说中庸的妥协方案。中间道路没有任何的超越性，它就像肥胖的路易–菲利普本人那样世俗平凡。那种有效的妥协方案，也就是波拿巴主义，则是设法将两种形式的伟大性结合在一起，而不是同时否定它们。1848年之后，人们也许会说，法国政治中真正的轮替并不是在1789年所定义的右派和左派之间进行的，而是在左翼共和主义与波拿巴主义的各种变体之间进行的。在不同方式和不同程度上，拿破仑三世、菲利普·贝当（Philippe Pétain）和夏尔·戴高乐（Charles de Gaulle）都将他们的政权建立在拿破仑式的对暧昧不明的意识形态、军事威望和民粹主义的成功的混合之上；他们提供了一种作为民主共和主义替代品的政府，这个政府自称是对宗教式君主制的伟大复兴，但同时它至少也会对人民的神圣地位做做表面文章。

这个在法国政治中持续存在的精神维度，以及在理解政治体制时与社会视野相联系，解释了为什么资产阶级长久以来成了法国社会想象中不可或缺的替罪羊或类似的角色，成了具有分离性的物质主义和自私自利的体现。然而，他们也并不是被塑造成这一角色的唯一人选，因为犹太人（尤其是在19世纪）和美国人（在20世纪）已经加入了他们的行列。值得注意的是，当代法国反犹主义最早的几个文献之一，[11]阿方斯·图斯内尔（Alphonse Toussenel）的《犹太人，我们时代的国王》（*Les Juifs,rois de l'époque*）在1845年发行，那正是反资产阶级情绪和作品广泛散播的时代。图斯内尔是空想社会主义者夏尔·傅立叶（Charles Fourier）的追随者，也许还是法国第一个鼓吹"犹太人就是资产阶级恶棍"主题的法国左翼作家。他的书中只有一部分是关于犹太人的，而总体上则是一种巴尔扎克式的对路易–菲利普统治下的拜金现象的谴责；有趣的是，它的主旨与18世纪晚期反对奢侈的批评遥相呼应，因为在他的书中犹太人是指任何被商业利益动机驱动的人。正因如此，英国人、荷兰人，以及日内瓦人都是犹太人。正如图斯内尔得意地（尽管令人感到困惑）总结道："人们说到犹太人时，也是在说新教徒。"[12]

在19世纪法国，许多犹太家族为摆脱贪婪的物质主义的指控而采取的策略是很有效的。正如法国研究犹太人的历史学家中的领军人物之一，皮埃尔·伯恩鲍姆（Pierre Birnbaum）展示的那样，这一时期的法国犹太人在欧洲是很特殊的，因为他们能够进入国家公务机关，许多人还成了高级公务员和军官。伯恩鲍姆观察到，也许阿尔弗雷德·德雷福斯（Alfred Dreyfus）上校身上最令人瞩目的地方，就是他在丑闻发生前在融入社会和职业成就上所达到的高度，而这在欧洲的其他地方是完全不可能的。正如伯恩鲍姆那令人难忘的陈述所言，那些能够通过改变自己来逃脱金钱烙印的法国犹太人，从juifs de cour（宫廷犹太人），即备受鄙视却又不可缺少的货币经纪人，变成了juifs d'état（国家犹太人），即完全拥护法兰西共和国的文化和理想的犹太公民。[13]残酷的反讽是，在第三和第四共和国之下，那些知名的犹太人恰恰变成了这个本应该给他们带来无可指摘的荣誉策略的受害者：正是因为他们在占据高级政府职位上的成功使他们变成了右翼反犹主义炮火的靶子，这股反犹主义伴随着爱德华·德吕蒙（Edouard Drumont）的《犹太人的法国》（La France juive）一书于1886年的出版而成型。犹太人的成功并未证实他们能够拥护最高等的法国价值，反而向反犹主义者证明了，以阿尔弗雷德·德雷福斯，莱昂·布鲁姆（Léon Blum）或皮埃尔·孟戴斯-弗朗斯（Pierre Mendès-France）为代表，第三和第四共和国已经变成了一个犹太共和国（les républiques juives）。[14]就像大约一个世纪前的资产阶级王朝一样，犹太共和国见证了它的支持者变成替罪羊的过程。

在开始于19世纪晚期并一直持续到20世纪中期的反犹主义浪潮中，犹太人显然在经济和社会现代性方面体现着最令人害怕的东西。米歇尔·维诺克（Michel Winock）指出，在与被附加在圣女贞德形象上的那些意义的对比之中，犹太人代表着能够被最清晰地把握到的东西：这个奥尔良少女在这一时期变成了国民偶像，她受到了来自天主教徒和反犹主义右派们最热烈的拥戴，尽管这并非她受到的拥戴的唯一来源。贞德代表着法国的土壤和健康的、生产性的农耕生活，而犹太人则代表了无根的城市营生、经济寄生虫和疾病；恐英情绪和贞洁少女所体现的精神性的民族主义与犹太人所代表的世界主义、物质主义以及有奶便是娘的妓女做派相互对立，诸如此类。[15]诚然，犹太人的形象与资产阶级的形象在许多方面有所不同。那些在资产阶级中看不到任何救赎性的智识或艺术品质的法国知识分子们，通常会认同犹太文化中精神性或智识性的维度：因此，巴尔扎克在创造了邪恶的高利贷者葛步塞（Gobseck）之余，也创造了诸如以斯帖（Esther）或约瑟法（Josépha）这样光彩照人的犹太演员交际花，她们最终被艺术或爱所拯救。而马塞尔·普鲁斯特则以唯美主义者斯旺（Swann）平衡了粗俗的攀龙附凤者布洛赫（Bloch）。并且，显而易见，没有一个资产阶级曾经像犹太人那样受到迫害。然而引人注目的是，19世纪90年代及其后的反犹主义文学的主题看起来和18世纪70年代和80年代的反奢侈的作品，以及19世纪30年代和40年代的反资产阶级文学是何等的遥相呼应！

恶性的反犹主义尽管一时甚嚣尘上，如今也已经边缘化了；维希政权和大屠杀最终使其变得令人难以接受，虽然它在一些地方无疑仍能兴盛。第二次世界大战以后反美主义变得远比反犹主义显眼得多，在20世纪60年代，伴随着戴高乐主义者和左翼人士（主要是共产主义者）对有时被称为"美国癌"（the American Cancer）的敌视逐渐形成了共识，反美主义达到了一个高峰。当然，法国的反犹主义和反美主义之间存在着许多区别，例如后者出现得非常晚，在1930年前后对美国文化和政治的系统性敌视才取代了对新世界的漠视、轻度鄙夷或好奇。[16]并且，这两者所体现的威胁在本质上是相当不同的：犹太主义被想象成一种处于被察觉边缘的危险，总是存在于社会的缝隙之中；美国则是一个反乌托邦（dystopia），是整个社会世界可能达成的负面模型。不像犹太人、英国人，或是德国人这样历史上的他者，对法国人而言，美国人的现状极有可能成为他们的未来，美国人是一个"和我们并没有根本不同"的角色。[17]当单个的犹太人从内部对法国性（Frenchness）产生威胁时，美国则代表了一种不同种类的威胁，它是来自未来的一曲塞壬之歌。而且，一些针对美国文化的控诉与人们对资产阶级抑或犹太性的刻板印象都截然不同。除了物质主义和文化缺失之外，美国人还常常因他们所谓的清教主义、种族主义和暴力而被污名化。[18]

尽管如此，20世纪法国人关于美国的论述包含着与奢侈、资产阶级和犹太性有关的早期言论相类似的有趣内容，因为这些话语都是谈论物质主义的危险方式。当然，对美国的厌恶以及对资本主义和英美自由法则的反感也密切相关。比方说，在20世纪30年代，反美情绪的一个突出来源即是以"人格主义"（personalism）著称的运动，这一运动以天主教杂志《精神》（*Esprit*）及其创立者伊曼努尔·穆尼耶（Emmanuel Mounier）为中心。历史学家们在穆尼耶和他的杂志属于左翼还是右翼传统的问题上争论不休，但是毫无疑问的是，这群人对资本主义、个人主义和物质主义充满了敌视。在其文章中，穆尼耶经常使用"资产阶级"一词来形容北美文化中那些腐败的成分：以舒适、安全及占有更多物质为目的的追求，这样的追求不仅狭隘，且会使人的灵魂畏缩犹疑。美国是个资产阶级天堂，但这种梦想若在法国变成现实，反而会夺去使这个古老的天主教文明在历史长河中脱颖而出的特质，即崇尚牺牲与奋斗、神秘、善于忍受痛苦和表达喜悦的能力。[19]

反美主义最突出的特点是它不仅被用作抵抗资本主义和工业主义的载体，还被用于抵抗他们20世纪的特征：技术专家治国体制、大批量生产和大众文化。这些是20世纪现代性令人惧怕的方面，然而这些畏惧与19世纪通过犹太人的形象所表达出来的畏惧遥相呼应。实际上，犹太人和美国人有时候被一并加以谴责，在乔治·贝纳诺（Georges Bernanos）写于20世纪40年代的著作《法国对抗机器人》（*La France contre les robots*）中便是如此。这位天主教作者发出疑问：纽约，这个现实版"童脑巨人"（baby-brained giant）的首都，竟是一个拥有300万犹太人的城市，这难道是个巧合？[20]在20世纪30年代和40年代里，美国之于知识分子，就像资产阶级之于巴尔扎克：这是一个机械性再生产抹杀真正的创造、表象和广延取代深度的环境。

对知识分子地位的威胁与之类似：恰如19世纪30年代和40年代的作家们把他们对文学领域商业化的抵制投射向资产阶级，一个世纪后，他们的晚辈们用反美主义来表达他们对大众文化之诱惑的恐惧。[21]就像反资产阶级情绪和反犹主义那样，对美国的敌视也同时来自政治光谱的左翼和右翼。它发源于诸如罗伯特·阿伦（Robert Aron）和阿诺·丹德里厄（Arnaud Dandrieu）等20世纪30年代的作家之手，后者是右翼运动"新秩序"（Ordre Nouveau）的发起人，该运动呼吁进行反对美国威胁的"精神革命"。[22]维希政权特别注意到这一恐美（Americanophobia）的紧张感，而戴高乐将军对美国抱有的敌意更是家喻户晓。然而，当冷战达到顶峰的时候，最响亮的声音却来自于左翼，他们站在反资本主义和反帝国主义的立场上对美国进行控诉。[23]尽管其间存在重大区别，人们还是可以从总体上设想，无论是对资产阶级、犹太人还是美国人的谴责，在所有这些例子中天主教保守主义和近期的雅各宾主义融合在一起，塑造了一个共同的敌人。当然，我们需要了解更多的在这些例子中广泛传播的大众意见，但将这三个例子作为个人和群体基于对物质主义和现代性的拒斥而进行身份建构的重要步骤来考察也是有意义的。

对于这本书所涉范围之外的历史时期而言，我的论点只是试探性的。19世纪后期的工业资本主义发展和那一时期全国范围内有组织劳工运动的出现，以及工人阶级意识的形成，也许终于使一种资产阶级或中间阶级意识成型了。但在我脑海中这仍是一个开放性问题，同样没有解决的还有在何种程度上，经典阶级分析的那些形式可以被运用于法国这一更宽泛的问题。法国曾给卡尔·马克思提供了他那些最具爆炸性的历史学弹药中的一部分，它提供的正是法国大革命的独特经验以及由基佐那一代人为这个事件撰写的历史作品。但耐人寻味的是，20世纪末期影响力最大的两个法国社会理论家，米歇尔·福柯和皮埃尔·布迪厄，他们对社会力量的分析绕开了传统的经济决定论，转而强调诸如知识、思维训练（intellectual discipline）、文化、品味和教育。没有人会认为在法国金钱和权力是毫无关系的，然而事实是那些顶尖的法国政治家们都急切地想把他们对艺术和建筑的专业知识公之于众，夸耀他们对莫泊桑或普鲁斯特的熟知，这个现象绝非无关紧要。

本书所描述的信念模式对于法国而言究竟有多特殊呢？调查其他国家对社会的文化认知也许会显示出，在欧洲大陆地区的其他地方也存在有趣的对比。比如说，德国就与法国形成了醒目对比。一方面，德国城邦（city states）历史上的自治权和商业倾向促进了资产阶级和市民身份之间的强关联：Bürgerlichkeit一词表达的意思就是市民社会。另一方面，18世纪和19世纪的德国文化和它的法国对照物在社会态度方面分享了显著的相似性。就像法国一样，德国是一个相对而言更晚走上工业化道路的国家，并且拥有一个庞大的、有威望的、强大的国家官僚机制。人们还会在那个年代的德国文化中找到与法国模式相并行的显著特征：一种敌视谋财求利行为的强大的基督教精神（尽管是路德式的而不是天主教式的）；对资本主义和企业家精神颇有影响的贵族式警惕；相应的，对知识性职业、军人，尤其是公务员的高度尊重；以及无疑与法国所宣扬的一般，对教养（Bildung）和文化（Kultur）的崇敬。[24]然而，从另一个角度来看，德国的例子可以被看作是法国的镜像：如果说1789年至1850年间法国在资产阶级社会规范缺失的情况下建立起了自由派政治体制，那么有人就会说，19世纪德国在现代政体缺失的情况下建立了强大的资产阶级市民文化和经济。[25]无论如何，现在是时候停止把英美模型，以及它与资本主义、自由民主制和中间阶级个人主义不可避免的联系投射到欧洲大陆的社会上去了。也许目前更应该思考的是，英美模型是否建构了一种例外，而不是西方文化发展的规范。

开始这个计划前，我的脑海中有两个目标。第一个目标是去质疑一些未经检审的方法，历史学家们曾用它们来描述这一时期的法国社会，尤其是那种认为一个名为资产阶级的团体从18世纪某个时刻开始确立了长期存在的支配地位的假定。尽管我们无法否认这个富有的、主要是非贵族的团体19世纪在法国掌权，但我希望通过打碎资产阶级的神话，我们也许能找到一种描述法国精英身份与文化的更加确切和更加有趣的方式，以及描述外人是如何对这个群体进行理解的。更概括地说，我希望将注意力集中在社会范畴被建构的方式上，集中于政治在社会身份创造中的重要性上。大约40年以前，现已过世的阿尔弗雷德·科班，一位学识渊博且不拘常例的法国史专家如此评论道："我们历史中所谓的社会范畴（资产阶级、贵族、无套裤汉）实际上都是政治范畴。"[26]直到现在历史学家才开始注意到这一深刻见解的内涵。社会身份是从内部塑造出来的，通过家庭、性和物质世界的私人体验完成的；外部同样也施加了压力，通过那些想要获得我们忠诚的人——从政客到广告商到艺术家——赋予我们的标签、梦想和嘲讽而完成。作为社会存在的我们究竟是谁，这是由我们持续不断接受到的信息所塑造的，那些信息告诉我们谁该被欲求，谁该被鄙夷。

注释

1. Béatrix Le Wita, *French Bourgeois Culture*, trans. J. A. Underwood (Cambridge: Cambridge University Press, 1994).

2. Vincent Starzinger, *Middlingness: Juste-Milieu Political Theory in France and England, 1815 - 1848* (Charlottesville: University Press of Virginia, 1965).

3. Charles Taylor, *Hegel* (Cambridge: Cambridge University Press, 1975), chs. 15 - 16; Karl Marx, *Critique of Hegel's Philosophy of Right*, trans. Annette Jolin and Joseph O'Malley (Cambridge: Cambridge University Press, 1970), pp. xl - xlix.

4. Ibid., p. 46.

5. Robert Nye, *Masculinity and Male Codes of Honor in Postrevolutionary France, 1814 - 1848* (Oxford: Oxford University Press, 1993).

6. Thomas Crow, *Emulation: Making Artists for Revolutionary France* (New Haven: Yale University Press, 1995).

7. Carol Harrison, *The Bourgeois Citizen in Nineteenth-Century France: Gender, Sociability and the Uses of Emulation* (Oxford: Oxford University Press, 1999).

8. 有趣的是，竞秀看起来不仅是与那些上级或同僚们的模仿和竞争，而且还包括与后来居上的竞争者进行对抗。画家大卫对他最杰出的学生画家让·日耳曼·德鲁埃（Jean Germain Drouais）的死如此哀悼说："我失去了我的竞秀对手。"参见Crow, *Emulation*, p. 1.

9. Harrison, *The Bourgeois Citizen*, pp. 3 - 5, 56 - 58.

287

10. Bernhardt Groethuysen, *Les Origines de l'esprit bourgeois en France* (Paris: Gallimard, 1927), pp. 167 - 177.

11. 当我说"现代反犹主义"时，我是指基于世俗观点而非基于宗教观点的反犹主义。

12. Michel Winock, *Nationalisme, antisémitisme et fascisme en France* (Paris: Éditions du Seuil, 1990), pp. 125 - 127.

13. Pierre Birnbaum, *The Jews of the Republic: A Political History of State Jews in France from Gambetta to Vichy*, trans. Jane M. Todd (Stanford: Stanford University Press, 1996); Pierre Birnbaum, *Jewish Destinies: Citizenship, State and Community in Modern France*, trans. Arthur Goldhammer (New York: Hill and Wang, 2000).

14. Pierre Birnbaum, *Un Mythe politique: la "république juive" de Léon Blum à Mendès-France* (Paris: Gallimard, 1988).

15. Ibid., pp. 150 - 156.

16. Richard Kuisel, *Seducing the French: The Dilemma of Americanization* (Berkeley: University of California Press, 1993), pp. 12 - 13; Seth Armus, "The Eternal Enemy: Emmanuel Mounier's Esprit and French Anti-Americanism," *French Historical Studies* 24 (2001): 217 - 304.

17. Winock, *Nationalisme*, p. 50.

18. Kuisel, *Seducing the French*, p. 3.

19. Armus, "The Eternal Enemy," 280 - 284; Kuisel, *Seducing the French*, p. 12.

20. Winock, *Nationalisme*, pp. 410 - 411.

21. Ibid., p. 71; Jean-Philippe Mathy, *Extrême-Occident: French Intellectuals and America* (Chicago: University of Chicago Press, 1993).

22. Armus, "The Eternal Enemy," pp. 277 – 278.

23. Mathy, *Extrême-Occident*, pp. 141 – 162.

24. Fritz Stern, *The Failure of Illiberalism: Essays on the Political Culture of Modern Germany* (New York: Knopf, 1972); Jürgen Kocka, *Industrial Culture and Bourgeois Society: Business, Labor and Bureaucracy in Modern Germany* (New York: Bergahn Books, 1999), chs. 4 and 9.

25. David Blackbourn and Geoff Eley, *The Peculiarities of German History: Bourgeois Society and Politics in Nineteenth-Century Germany* (Oxford: Oxford University Press, 1984).

26. Alfred Cobban, *The Social Interpretation of the French Revolution* (Cambridge: Cambridge University Press, 1964), p. 162.